城市商业银行
发展报告(2016)

Report on the Development of
City Commercial Banks in China

中国银行业协会城商行工作委员会 著

中国金融出版社

责任编辑：董　飞
责任校对：潘　洁
责任印制：陈晓川

图书在版编目（CIP）数据

城市商业银行发展报告.2016（Chengshi Shangye Yinhang Fazhan
Baogao.2016）/中国银行业协会城商行工作委员会著. —北京：中国金融出版
社，2017.2

ISBN 978 - 7 - 5049 - 8794 - 5

Ⅰ.①城…　Ⅱ.①中…　Ⅲ.①商业银行—经济发展—研究报告—中国—
2016　Ⅳ.①F832.33

中国版本图书馆CIP数据核字（2016）第273065号

出版
发行　　中国金融出版社

社址　　北京市丰台区益泽路2号
市场开发部　　（010）63266347，63805472，63439533（传真）
网上书店　http://www.chinafph.com
　　　　　　（010）63286832，63365686（传真）
读者服务部　　（010）66070833，62568380
邮编　　100071
经销　　新华书店
印刷　　北京市松源印刷有限公司
装订　　平阳装订厂
尺寸　　169毫米×239毫米
印张　　21.5
字数　　267千
版次　　2017年2月第1版
印次　　2017年2月第1次印刷
定价　　70.00元
ISBN 978 - 7 - 5049 - 8794 - 5
如出现印装错误本社负责调换　联系电话（010）63263947

编委会

青岛银行：赵　建

贵阳银行：郑维丹

重庆银行：陈邦强　魏　琪

吉林银行：张光华　何　珊

成都银行：周雪梅

汉口银行：张绍君

晋商银行：李　璟

安永华明会计师事务所（特殊普通合伙）：许旭明　陈　露
楼　坚　刘晓颖

齐商银行：李　刚　程远水

莱商银行：刘纯琪

宁波银行：王　栋

课题协调人：

中国银行业协会中小银行服务部：叶　晴　朱　童　齐丽荣
侯　哲　杜　峰　杨　虹　曲艺

不忘初心　坚守定位
全面深化城商行改革转型

——尚福林主席在2016年城商行年会上的讲话

（代序）

很高兴参加2016年城商行年会。在此，我代表中国银监会，对本届年会的顺利召开表示热烈祝贺！

大家知道，城商行在已经走过的21年历程中，始终坚决贯彻党中央、国务院决策部署，一直积极遵循城商行经营发展规律，坚守特色化发展市场定位，不忘"服务地方经济、服务小微企业、服务城乡居民"的创立初心，总体上经历了从小到大、从弱到强、从问题银行到城市名片的蜕变，在服务实体经济、防范金融风险、改善公司治理和加强内部控制等多方面深化改革转型，取得了积极进展。主要体现在以下方面：一是市场竞争力稳步提升，一些城商行通过差异化服务推进特色发展，通过多种平台抱团合作推进共享发展，通过治理改革精细管理推进稳健发展，已经成长为具有一定知名度的专业化品牌银行。二是风险管理水平显著提高，一些高风险城商行通过引入资本和改革管理，化解了历史包袱，提升了治理水平；不少城商行通过多渠道处置不良资产和加强全面风险管理，缓解了资产质量下行压力，夯实了风险防控基础，目前不良贷款率、拨备覆盖率等重要监管指标处于较好水平。三是服务地方经济社会能力不断提高，城商行坚持眼睛向下，在当地市场精耕细作，目前县域机构覆盖率超过60%；坚持专业化服务导向，持续聚焦小微企业，连续多年实现"三个不低于"目标，小微企业贷款占各项贷款比重高出商业银行平均水平近20个百分点；坚持从战略高度狠抓精准扶贫，大力支持"水电路讯房科教文卫保"等贫困地区重点短板工程，取得了积极成效。四是民营银行常态化设立平稳推进，按照党中央、国务院指示精神，坚持成熟一家设立一家的基本原则，积极辅导、严格把关，新设民营银行工作有序推进，今年民营银行申请已有14家完成论证，其中3家已批复筹建；坚持设立一家办好一家的基本导向，鼓励创新、审慎监管。在推进民营银行设立的初始，即确定了每一家新建的民营银行都要有自己的经营特色。因为当前银行业服务竞争比较激烈，找不到适合自己的特色发展道路，发展就会比较困难。目前看，民营银行基本能按照初始设定的特色经营模式持续推进。首批试点的5家民营银行资产总额已突破1000亿元，业务发展较为稳健，错位竞争优势逐渐显现。

同时，大家也要清醒地看到，一些城商行在发展模式转型、服务实体经济、改进公司治理、加强风险防控等方面还存在薄弱环节，在缓解"融资难、融资贵"问题方面还有一定努力空间，对一些新业务的风险认识还存在不足，案件防控的压力还比较大。为进一步贯彻落实好"四个全面"战略布局和五大发展理念，更好适应经济发展新常态，切实有效支持供给侧结构性改革，务实创新做好补短板工作，坚决守住不发生系统性区域性金融风险底线，要求城商行外借助力、内挖潜力、保持定力，不忘初心，坚守定位，加快改革转型步伐，争取科学发展的新突破。重点是，城商行要不忘服务地方经济的初心，甘做服务本省、本市、本地的本土银行；不忘深耕普惠金融、服务小微企业、服务社区居民的初心，甘做小而美的精品银行；不忘差异化经营、专业化发展的初心，做错位竞争的特色银行，找到适合自身比较优势的业务发展空间，助推拓宽金融市场的广度和深度。为推动城商行顺利实现这一目标，下面我讲四点意见。

一、加快发展战略重点转型，甘做本地特色银行，更好服务当地经济供给侧结构性改革

城商行要不忘服务地方经济的初心，深入分析当地经济发展的阶段、存在的短板，因地制宜、因时制宜、因行制宜，加快发展战略重点转型，将有限的资源专注在擅长的领域，配置在当地供给侧结构性改革的重要部位，促进地方经济转型、推动地方产业结构升级，实现自身经营质效提高与地方经济转型升级的良性互动。这些要求符合我国银行业体系的特点，符合城商行的特色，是一条符合城商行发展规律的正确道路。

一方面，要加快发展理念转向。城商行要尽快摒弃"规模求大、地域求广、业务求全"的发展情结，坚守做精做优做强的发展理念，结合自身禀赋特点，改进发展方式，优化发展重点，在金融服务的供给侧上做好文章。现在一些规模很大的商业银行也感觉到求大、求广、求全的模式难以为继，正努力寻找自己的发展策略、寻找自己的发展优势，城商行更有必要做好这方面的文章。要坚持特色服务的市场定位，专注于普惠金融、小微金融、扶贫金融、社区金融、消费金融、绿色金融，围绕大型银行意愿不强、覆盖不到、微型银行能力不够的领域，加大资源投入，提升服务水平。因为金融市场是分层的，这些领域恰恰又是城商行能更好发挥优势的地方，所以城商行要聚焦、聚焦、再聚焦，努力形成特色化的比较竞争优势。要坚持服务当地的区域定位，主动对接当地经济发展战略，对当地市场进行深度细分和深入挖掘，准确把握当地经济的短板、企业的痛点、居民的难点，运用有保有压、有扶有控的信贷政策，支持优质企业，稳住有前途的困难企业；按照中央鼓励大众创业、万众创新的精神，探索投贷联动模式，优化科技金融服务机制，改进"轻资产"企业的抵质押融资方式，与当地有核心技术、有市场竞争力的创新创业企业相伴成长，

培育地方经济发展新动能。要坚持专业服务的业务定位，提高专营支行、专营部门、专营中心的运营管理水平，探索运用互联网、大数据、云计算等信息技术手段，进一步探索智慧银行、网上银行、移动服务等新型服务方式，积极推广错峰上班、错时上门、扫街走访等专业服务模式，大力推行无还本续贷、循环贷款、分期偿还本金、合理设置贷款期限等专业管理机制，做成经营质效高、市场口碑好、服务体验佳的专业精品银行。

另一方面，要加快业务模式转型。城商行要充分意识到，跟随大银行做业务、给别人当通道、拼盘融资垒大户，既缺乏业务竞争能力，又没有商业谈判优势，还容易埋下风险隐患。城商行要尽快扭转投资超过贷款、表外业务发展过快的局面，这些业务的快速发展，实际上意味着隐藏的信贷风险，可能会影响金融安全。对传统业务，坚持"简单化、回归主业"思路。这是金融危机以后，全球银行业总结经验教训，形成的主流观点。国际上一些银行过度创新，搞了很多远离实体经济的金融产品，模型复杂、杠杆高企，导致了危机的发生，到现在全球经济还没有走出金融危机的阴影，这些教训足够深刻，要认真思考总结。城商行要按照这一思路，优化管理模式，改进业务流程，探索适合我国国情、契合当地实情、吻合本行行情的经营路子，降低服务门槛，缩短融资链条，压降融资成本，提高金融服务的覆盖面和可获得性，弥补金融服务短板。对创新业务，坚持依法、合规、稳健前提，注重优化调整资产结构，增强主动负债能力，提高资产负债匹配度，积极拓展新的利润增长点，适应日益激烈的市场竞争环境和金融市场化改革趋势；同时，要严守依法合规底线，严堵监管套利渠道，严防资金体内"空转"，严禁游走于灰色地带。对综合经营试点，坚持通盘考虑、审慎把握原则，支持现代治理水平高、风险管控能力强、经营态势长期稳健的城商行审慎探索综合化经营，提供商业银行、金融租赁、汽车金融、消费金融、投贷联动、资产管理等一体化金融服务。在综合化经营方面，我们已进行了一些探索，既有失败的教训，也有成功的经验。下一步探索综合化经营过程中，要做好总结反思，加强风险防范，重点要通过设立子公司等模式建好风险隔离墙，提足风险准备，提高并表管理能力，应对好风险管理复杂性迅速提升的挑战。总体而言，城商行无论采取什么业务模式，都要着眼长远发展，坚持商业可持续原则，不能为了短期利益留下长期隐患，为建成"百年老字号"打好基础。

二、加快公司治理转型，打造精细管理品牌银行，更好提升金融服务质效

城商行要不忘打造精细管理品牌银行的初心，按照架构简洁、功能齐备、运转高效、务实管用的原则，针对城商行差异化的经营环境、业务状况、风险形势，加快公司治理转型，探索符合我国国情、适应自身特点的现代治理最佳实践，为持续提升金融服务质效打下更为坚实的管理基础。

一方面，要以提高公司治理科学化水平为目标，持续完善城商行现代化治理体系。推进治理能力的现代化，是城商行亟待破解的重大问题之一。在股权结构方面，要有效保护利益相关方合法权益，处理好推进股权多元化与防止股权过度分散的平衡，解决好一股独大、内部人控制等问题，防止行权过界、关联交易违规；要支持城商行长期稳健发展，维护城商行市场主体地位，充分调动各类股东参与公司治理的积极性、长期持股的稳定性、补充资本的持续性，同时防止发展目标脱离实际等问题；还要充分借助战略投资者的资源优势，将引进资本、引进人才、引进技术全面结合起来，增强城商行持续发展后劲。在治理架构方面，董事会、监事会成员选择要遵循多元化、专业化、精简高效要求，充分考虑其履职意愿和履职能力；各相关委员会的设置要突出重点，涉及重点风险管控、重大事项把控的要应设尽设，其他能够进行职能整合的可以精简合并，力戒形式主义；人才选聘要在党管人才的前提下，充分运用市场机制纳贤聚才，按照激励相容、约束对等原则设计

薪酬考核机制，缓解新兴金融业态争夺人才的冲击；同时，要科学界定董事会、监事会、高管层之间的职责边界，设计好决策机制、执行机制、评估机制、纠偏机制和报告路径，切实提高董事会、监事会和高管层的履职效能。在信息披露方面，城商行要站在接受社会监督、宣传品牌形象、保护金融消费者知情权的战略高度，把满足监管要求作为信息披露的基本底线，主动拓展舆论宣传阵地，提升舆情应对处置能力，提高信息披露质量，切实做到披露内容真实、详实、及时，真正发挥公众、市场对城商行的外部监督作用。上市公司的信息是公开披露的，虽然城商行许多还没有上市，但是可以按照上市公司的要求进行信息披露，提高知名度，促进相关各方对城商行增进理解、增强信心。

另一方面，要以大幅提高内控管理精细化水平为目标，持续提升内控执行力，大力加强合规文化建设。内部控制是银行依法合规经营、有效防控风险的重要生命线。近年来，商业银行不仅高风险业务压力增大，而且票据、保函、账户等低风险业务也案件频发。究其原因，有的源于内控制度不够密实，但更多的是由于制度执行不力、监督不到位。追本溯源，有的对内控管理的特殊价值认识不足，认为内控管理增加经营成本、制约创新发展；有的对内控管理的压力传导不够，导致内控制度仅仅挂在墙上、留在纸上，没有入脑入心。对此，城商行一定要强化底线思维，增强"内控优先"意识，确保内控建设与业务发展同步，与监管政策同向，严防业务创新"埋雷"，严禁经营管理"踩线"。要注重内控文化建设，使员工都有严格遵守业务制度的自觉性。内部案件的产生和内部文化建设、教育有很大关系。历史上山西钱庄的汇票业务，200多年没出现过一次案件，其中一些合规文化建设方面的经验值得我们学习。第一，要进一步巩固"制度先行"理念。动态跟进、准确把握监管机构出台的各项规定，及时检查修补现有业务制度面临的新问题、出现的新漏洞，及早做好新业务、新产品的制度衔接和流程规范，确保内控制度横向到边、纵向到底、覆盖到位。第二，要坚决抓好制度执行。坚持把规矩挺在前面，把制度融入流程，把执行摆在突出位置。进一步完善内控执行的评估检查和督导问责机制，做好内控执行的压力传导和责任落实工作，避免内控执行不力，严防内控管理流于形式。尤其是对基层一线、异地机构等总行管理难以有效覆盖的地方，要经常加强执行力度的监督检查、执行问责的跟踪反馈。内部管理不能靠信任，信任不能代替制度，不能代替监督。严格的制度一定要执行起来，银行如果发生这种情况，必须追究管理者责任。第三，要强化正向激励保障。当前，全球经济仍处在持续调整中，国内经济又面临"三期叠加"考验，城商行要准确把握形势，鼓励管理层和员工树立正确的业绩观、发展观，降低对盈利、规模方面的考核，突出风险合规、资本节约等指标，落实好对重点岗位和关键人员的延期支付制度，从根子上避免激励扭曲导致员工心态失衡、行为失范、内控失效。第四，要加强合规文化建设，提高员工自觉。在座的各位董事长、行长要深刻认识到，合规也是生产力，合规也产生利润，加强合规能降低违规造成的经济损失、减少违规处罚的可能性，降低违规引发声誉风险冲击的概率，巩固正面市场形象，提高市场竞争力。因为出现重大案件和合规事件会牵扯银行管理层很多精力，在经济上会造成较大的隐性损失；同时，随着监管趋严、违规处罚趋重，加大合规力度可以减少处罚，本身也会增加盈利。城商行管理层要以身作则、率先垂范，带头抓好合规文化建设，确保依法合规理念融入到经营管理的每个层面和环节，引导员工将合规要求内化于心、外化于行，形成人人重视合规、自觉坚守合规的良好局面。

三、加快风险防控体制机制转型，建设长期稳健值得信赖的银行，更好坚守风险底线

城商行要不忘建设长期稳健值得信赖的银行的初心，按照前瞻性、敏感性、充分性原则，加强对各类重点风险隐患的监测评估，做好重大风险演变的预判预警，筑牢风险抵御的拨备和资本防线；坚持市场为本、综合施策，加快不良资产处置进度，提高不良资产残值回收率；坚持科学定责、严肃追责，合理划分、层层压实风险管理责任，加快风险防控体制机制转型，健全适应业务发展转型的全面风险管理体系，持续提高风险防控和抵御能力，坚决守住不发生系统性区域性金融风险底线。

一是加强各类风险的监测评估与预判预警。加强风险监测预警，是城商行实现风险管控关口前移的重要基础，也是城商行风险防控的薄弱环节之一。要加强重点业务、重点客户和重点交易对手风险状况的调查研究、跟踪监测和排查摸底，及时掌握传统业务领域的风险变化态势，动态识别新型业务领域的风险演化趋势，及时调整风险偏好，合理设定风险承受度，及早做好风险应对预案，严防风险隐匿、积累和放大，避免成为风险转嫁受体。针对信用风险，要加强统一授信管理，合理确定对单一客户、集团客户、特定地区的授信限额，科学设定分级审批权限，严防客户风险集中、银行承担风险过度。针对流动性风险，要健全监测框架，完善指标体系，充分发挥存贷比等传统监测指标的预警作用，进一步探索完善同业流动性互助机制，提高应对处置能力。针对资管计划和债券投资等跨金融市场、跨业务领域的新业务，要探索建立统一共享的产品监测台账，构建涵盖表内外各类资产的风险监测体系，强化对交叉金融产品的投向、额度和交易对手的风险管理。

二是提高风险抵补能力，及早处置风险。城商行要未雨绸缪，科学制定资本补充规划，争取股东持续支持，拓宽资本补充渠道，确保资本充足率保持较好水平；要坚持以丰补歉，适当降低分红比例，合理进行利润留存，针对各类风险及时足额提取拨备，着力备足风险处置资源，提高风险抵御能力和损失吸收能力，提振市场信心。要按照市场化、法制化方向，探索不良资产证券化，试点不良资产收益权转让，研究扩大不良资产受让主体，推进不良贷款批量化处置，提高不良资产处置效果；用足相关政策空间，加大不良资产核销力度，防止风险积累放大。要积极发挥债权人委员会作用，遵守债权人委员会的工作原则和议事规则，做到集体协商、集体决策、一致行动，"一企一策"做好增贷、稳贷、收贷工作，保全银行资产，支持当地经济去产能、补短板。债权人委员会制度，是我们针对当前经济金融形势，结合金融工作中遇到的一些实际情况，在年初银行业监管工作会议上提出来的新措施。通过债权人委员会制度的推广，将其运用到银行日常的贷款管理中，缓解了单家抽贷诱发资金链断裂等问题，有效稳定住了一批贷款多头、贷款余额比较高的临时困难企业，为稳定今年贷款投放、支持实体经济发挥了重要作用，也为今后处置僵尸企业，实施债转股打下良好基础。

三是强化责任落实和追责问责。城商行要以明晰风险管理责任为重点，做到科学合理定责、严格分级负责、严肃分岗担责、严厉追责问责。要坚持权责明晰、职责到岗、责任到人，落实好风险防范的主体责任，进一步明确董事长、行长、监事长在风险管理中的责任底线，严格落实好风险防范、风险控制、风险监督第一责任人的职责要求，其他高级管理人员也要切实负起分管领域的风险防控责任；进一步明确业务部门、风控部门、内审部门在风险防范中的岗位责任，构筑好风险入口把关、风险过程控制和风险事后监督三道防线。要坚持科学定责、合理担责，深入分析风险成因，对外部环境、客观规律和不可抗力等因素诱发的风险，要实事求是提高容忍度，建立健全尽职免责机制，并确保落实到位；对道德风险、失职渎职、违法犯罪等造成的风险，要坚决零容忍，从重从严追责问责。按照"上追两级"、"双线问责"要求，结合"两个加强、两个遏制"回头看，紧盯重点人员、重要岗位和关键环节，对风险事件早发现早问责，保持警钟长鸣，努力将风险遏制在萌芽状态；对违法违规人员切实加大惩戒力度，提高违规成本，增强问责的威慑力，以高压态势降低失责风险；探索推行黑名单制度，实施行业禁入，防止带病流动，坚决清除队伍中的害群之马。

四、坚持从严治党，为银行发展提供组织人才保障

坚持党的领导是我国银行业的独特优势，是我国商业银行提高现代治理水平的重要保障。城商行要坚持党建引领方向，不断增强政治意识、大局意识、核心意识、看齐意识，把思想行动统一到中央决策部署上来，推动从严治党与公司治理良性互动。

一是转变理念作风，提高党组织影响力。城商行的党委书记通常兼任董事长或行长，要认识到自己首先是党员和党委书记，然后才是董事长、行长，党委班子成员也要严格履行"一岗双责"，牢固树立抓好党建是本职、不抓党建是失职、抓不好党建是不称职的理念，注重从思想转变、作风转变中要战斗力、要生产力。要把党建和业务工作同部署、同落实、同检查、同考核，从"两张皮"转变到"两促进"，推动实现专题教育和业务活动两不误、两手硬，深入推进全面从严治党各项工作，促进核心竞争力持续提升，提高为民服务水平。要坚守纪律底线，始终把纪律和规矩挺在前面，把从严治党与从严治行紧密结合起来，遵党章守党纪严党规，大力加强党风廉政建设，协同加强内控管理，全面推进合规建设，为银行健康发展保驾护航。

二是完善工作机制，实现党建与公司治理的有机统一。城商行要把加强党组织建设和完善公司治理有机统一起来，畅通党委会与董事会、监事会、高管层的沟通协调机制，使党的政治优势成为城商行现代企业建设的坚强组织保障，使公司治理的体制机制优势成为城商行发展前行的重要推动力量。城商行党委要把握好政治方向，承担好全面从严治党的主体责任，发挥好党委管战略、谋大局、议大事的引领作用，推动城商行全面贯彻落实党的方针政策，确保城商行始终在党的方针政策指引下开拓创新、健康发展。

三是坚持党管人才与市场化选人用人机制有机结合。习近平总书记指

出，面对复杂多变的国际形势和艰巨繁重的国内改革发展任务，实现党的十八大确定的各项目标任务，进行具有许多新的历史特点的伟大斗争，关键在党，关键在人。城商行要在下一阶段改革转型中取得主动，必须坚持党管干部、党管人才，建立适应现代企业制度要求和市场竞争需要的选人用人机制。目前，许多城商行仍是地方政府控股，干部是由地方选任、管理，城商行要尽力争取地方和股东的支持和理解，坚持德才兼备、任人唯贤、五湖四海，确保干部选拔和人才使用着眼于银行长远发展大业，培育专业高效、勤勉尽职、生机勃勃的人才队伍。

同志们，城商行发展21年来，经历风风雨雨，走到今天，取得了巨大成绩，为支持经济发展发挥了非常重要的作用。我国经济的转型发展对城商行改革转型提出了新的要求，城商行已经站到了新的历史起点。让我们紧密团结在以习近平同志为总书记的党中央周围，不忘初心，坚守定位，坚定信心，奋力前进，推动城商行改革转型再上新台阶，为全面建成小康社会作出更大贡献！

中国银行业监督管理委员会主席

尚福林

2016年9月

内容提要

2015年，面对错综复杂的国内外经济金融形势，我国综合运用宏观调控政策，金融改革有序推进，商业银行各项业务规范发展。银行业资产负债保持稳健增长，产品服务不断丰富，转型升级明显加快，业务模式持续转变。监管部门通过简政放权、加强监管联动并推动分类监管、强化风险管控、深化改革引导、支持创新资本融资工具等多项举措，促进城市商业银行平稳健康发展。

城商行积极应对复杂变化的经营环境，始终坚持服务地方经济、服务小微企业、服务城乡居民（以下简称"三服务"）的市场定位，不断深化经营管理改革，大力推进战略转型、综合化发展，探索互联网+业务模式，加快形成自身发展特色，努力提高金融服务能力，在支持地方经济转型升级、发展普惠金融、突出区域业务特色等方面取得实效，促进了全行业稳步发展，主要经营指标保持较好水平，行业地位持续提升，行业特色更加鲜明。城商行通过多渠道充实资本，资本压力得到有效缓解。

城商行继续保持了稳健发展势头，部分业绩指标高于行业平均水平。资产业务持续保持中高速增长，资产结构调整优化，非信贷资产份额不断扩大。公司贷款规模和增速持续提升，小微业务、个人贷款增速加快；应收款项类投资、可供出售金融资产等增长迅速。负债业务多渠道拓展资金来源，传统负债更加注重增存稳存，央行借款、发行债券、同业存单等主动负债能力持续增强。中间业务继续保持快速增长。结算类、投行类、银行卡、保函及承诺、代理类等多种业务共同发展，多源拉动中间业务收入增长，轻资产业务发展成效明显。截至2015年末，城商行资产规模22.68万亿元，同比增长25.44%，增速高于银行业平均水平9.77个百分点；负债总额21.13万亿元，同比增长25.51%；中间业务收入636亿元，同比增加154亿元，增长32.09%；中间业务收入在营业收入中占比9.9%，同比增加1.3个百分点。

城商行努力构筑差异化、特色化经营模式。扎根本土，围绕服务实体经济，保障重点项目建设，助力产业结构优化升级，支持民生工程，深化银政合作，着力推动地方经济社会发展。创新小微业务商业模式，丰富小微企业专属产品，健全小微业务体制机制，持续提升小微企业金融服务能力。贴近居民，构建独具特色的社区金融发展服务模式，做优物理网点，做实移动应用，持续做深做实社区金融服务。积极顺应互联网金融变革，布局直销银行，深化平台建设，加强跨界交流，培育数据能力，提质微信银行，推广移动支付，不断探索互联网金融新模式。以打造特色服务品牌为抓手，在科技金融、文化金融、养老金融、绿色金融、旅游金融等细分领域加大资源投入力度，创新服务模式，完善产品体系，特色品牌在市场竞争中形成了比较优势。

城商行积极应对外部经营环境变化，以实施巴塞尔新资本协议为契机，积极承担自身风险防控主体责任，持续优化风险治理架构，明晰风险管理策略，健全风险考核机制，丰富风险计量方法，提升数据质量管理，推进风险资本管理，强化风险导向内审，构筑全业务、全流程、全口径的全面风险管理体系。严控资产质量，丰富市场风险管理工具，优化流动性风险管理体系，筑牢操作风险系统防线，搭建声誉风险管理框架，增强信息科技风险管理能力，有效阻断跨界跨区域风险，消除潜在风险隐患；管控交叉金融产品风险，防范表外业务风险，风险管理水平显著提升，资产质量保持稳定，守住了不发生系统性区域性风险的底线，为维持金融市场稳定和促进实体经济发展作出积极贡献。

城商行注重加强精细化基础管理工作，持续改进公司治理机制，尝试专营机构改革，提升公司治理现代化水平。制定战略发展规划，强化城商行战略合作，提升战略发展规划能力。健全人才培训机制，完善选人用人机制，改进激励约束机制，加强党的领导和廉政作风建设，增强人才队伍素质。加快科技系统建设，提升数据运营水平，提高自主研发能力，发挥科技支持保障作用。推动运营集约化发展，加强运营监督管理，强化安全保卫和后勤保障作用，提升运营保障质量。完善资产负债系统管理，优化产品定价体系。通过加强基础管理，为业务的可持续发展提供了有力保障。

城商行主动履行社会责任，将履行社会责任全面融入业务发展、产品创新、客户服务、员工成长、公益奉献之中，持续增强责任意识，不断完善治理体系。紧紧围绕国家重点发展战略，主动对接重大战略实施项目，加大绿色信贷支持力度，着力发展小微金融、民生金融、"三农"金融，牵头发起设立村镇银行，在金融空白区域布设营业网点，普惠金融服务范围不断扩大，消费者权益保护持续巩固，员工团队凝聚力及向心力持续增强，工作质效与品牌形象得到进一步提升。

展望未来，对城商行既是一个创新发展的机遇期，同时也是一个转型发展的考验期。站在新的历史起点，城商行将在"创新、协调、绿色、开放、共享"五大发展理念引领下，以自身转型升级、创新发展为动力，抢抓住国家和区域发展战略布局、人民币国际化、地方经济发展升级、供给侧结构性改革深化布局新兴产业、国企改革资产重组优化、普惠金融战略实施、市场融资闸门放开、互联网金融等新机遇，积极应对经济金融环境的不确定、利率市场化改革和新金融挤占市场份额等带来的新挑战，加快调整发展战略，积极转变盈利模式，继续坚持扎根实体经济，专注小微金融，构筑比较优势，严防金融风险，做精品牌，做专业务，做新机制，培育城商行发展的新动能。

城商行将秉承开拓创新理念，顺应供给侧结构性改革的时代要求，坚持"三服务"市场定位，创新特色金融服务，提升核心竞争能力，加强全面风险管理体系建设，实现又好又快发展。

目 录

▶▶▶ 第2章　整体发展 ◀◀

▶▶ 第6章　基础管理 ◀◀

第7章 社会责任

第1章 发展环境

2015年，全球经济增速放缓，经济体之间分化明显，资本流向开始逆转，国际金融市场波动增大。中国经济增速继续放缓，但仍保持在合理区间。投资、进出口增速回落，消费拉动明显。产业结构继续优化，第三产业比重持续提高，地区之间发展态势出现分化。民生领域持续改善，就业形势基本稳定。国内金融市场交易活跃但波动加大，市场利率低位运行。

面对错综复杂的国内外经济金融形势，政府综合运用宏观调控政策，中国人民银行、中国银监会进一步加强监管，引导商业银行各项业务规范发展，金融改革有序推进。银行业资产负债稳步增长的同时，资产质量和盈利的压力在增大，市场参与主体日趋多元，产品服务不断丰富，转型升级取得显著进展。面对不断变化的经营环境，监管部门进一步加强对城商行的指导，促进城商行规范、平稳、健康发展。

1.1 宏观形势政策

1.1.1 国际经济增长疲软 金融市场波动加大

1. 发达国家复苏缓慢，新兴经济表现各异

美国经济稳步复苏，GDP增速为2.4%，与2014年持平，消费状况总体向好，失业率降至7年来最低值，通胀水平全年保持低位。欧元区受益于低油价、低利率、货币宽松等因素，经济缓慢企稳，GDP增速保持在1.6%。日本经济持续低迷，GDP增速为0.4%，仍然没有走出通缩的困境。新兴经济体增速普

降，金砖国家中除印度经济增长的状况较好外，其他金砖国家都面临不同程度的经济下滑压力，特别是巴西和俄罗斯，近几年的经济负增长延续至今。

2. 美元步入加息通道，金融市场波动增大

国际金融市场受全球经济复苏放缓、部分国家或地区金融市场波动加大以及美联储进入加息通道等冲击，整体波动幅度加大。新兴经济体经济增速放缓，出现资本净流出。在美元加息政策和预期冲击下，大宗商品价格大幅下跌，全球主要风险资产价格波动加剧，新兴经济体尤其是资源型国家的货币出现大幅贬值。

3. 各国政策分化加剧，国际环境日趋复杂

主要经济体政策分化加剧，国际贸易持续低迷，贸易保护主义开始抬头，国际政治环境日趋复杂。2015年12月，美联储正式启动加息，未来几年美联储将进入缓慢加息通道。与其相反，其他一些发达经济体继续选择宽松的货币政策，日本央行继续维持基础货币年增加80万亿日元的计划，欧洲央行也选择维持低利率政策，并延长QE结束时间至2017年3月。同时，国际贸易政策也开始分化，由美国主导的TPP、TIIP等区域性贸易协定、部分国家出台的贸易保护主义措施对自由贸易体系产生巨大挑战。WTO数据显示，从2015年10月到年底，G20经济体平均每周出台5项新的贸易限制举措，是2008年国际金融危机以来的最高水平，一定程度上阻碍了全球自由贸易。

1.1.2　国内经济缓中趋稳　结构调整有序推进

2015年，国内经济总体运行平稳，整体呈现缓中趋稳的态势。消费对GDP贡献继续提高，新兴战略产业快速发展，结构持续优化，发展质量逐步提升。受国内外各种因素冲击，传统产业增长速度减缓，区域增长出现分化，经济下行压力增大但处于合理区间。金融市场波动加大，市场利率低位运行，货币市场和债券市场交易活跃。

1. 经济增长缓慢下行，物价总体低位运行

2015年，中国经济增速从中高速转入中速，GDP增长6.9%。居民消费价格涨幅有所回落。全年居民消费价格（CPI）同比上涨1.4%，涨幅回落0.6个百分点。受国内经济缓中趋稳、工业品价格下跌、国内粮食库存较高等因素影响，物价总水平呈温和上涨态势。全年工业生产者出厂价格指数（PPI）维持走低态势，年末PPI指数同比下降5.2%，表明工业订单不足，工厂生产开工不足。

2. 内外需求总体稳定，消费拉动贡献明显

2015年，消费对经济的拉动效应增强。全年社会消费品零售总额为30.1万亿元，同比增长10.7%。网络零售消费继续保持快速增长，全年网上消费零售额达到3.9万亿元，同比增长33.3%。固定资产投资增速放缓，固定资产投资(不含农户)达到55.2万亿元，同比增长10.0%，增速下滑5.7个百分点。全年进出口总值达到24.6万亿元，同比下降7.0%；贸易顺差持续扩大，为3.7万亿元，同比增长56.7%；实际使用外资1263亿美元，同比增长6.4%。

3. 产业结构继续优化，区域发展分化加深

第三产业增加值增速高于第二产业，第三产业占比进一步提高。2015年，三大产业增加值分别为6.1万亿元、27.4万亿元和34.2万亿元，同比分别增长3.9%、6.0%和8.3%，占GDP比重分别为9.0%、40.5%和50.5%。第三产业在三大产业中占比同比上升2.4个百分点，高于第二产业10个百分点。工业结构调整继续加快，其中，新的产业、业态、产品增长较快，产业结构向中高端水平提速迈进，但不同行业间发展情况有所差异。一是产能过剩行业出现较大困难，重化工业、资源类行业普遍面临较大困难，生产增速大幅下滑。其中，水泥、钢铁、煤炭等产量出现大幅下降，生产库存压力依然较大。二是新兴服务业增长较快。其中，物流快递、电子商务等行业表现得较为突出。三是高新技术产业快速发展，医药制造、3D打印、大数据、新能

源、新材料等行业发展优势明显，增长速度明显高于传统制造业。

从区域来看，经济发展呈现"东部缓慢回落、中西部保持高速、东北下行加快"的分化态势。东部除福建、天津、江苏外，地区生产总值增速均不高于8%。中部除山西（增长率为3.1%）之外，地区生产总值增速均高于8%；西部除四川、陕西、内蒙古和宁夏之外，地区生产总值增速均高于8%。其中，重庆、西藏和贵州3省地区生产总值增速均超过10%，分别达到11.0%、11.0%和10.7%。东北三省经济增速下行加快，明显低于全国平均水平。辽宁、吉林、黑龙江的地区生产总值增长率分别为3.0%、6.5%和5.7%，增速下滑至30年来的最低点。

4. 民生领域持续改善，收入就业表现良好

2015年，国内居民人均可支配收入为21966元，同比增长8.9%，扣除价格因素后，实际同比增长7.4%。其中，城镇居民人均可支配收入为31195元，实际同比增长6.6%；农村居民人均可支配收入为11422元，实际同比增长7.5%。2015年国内就业情况表现良好，全年城镇新增就业1312万人，年末城镇登记失业率为4.05%。

5. 金融市场波动上升，市场利率整体下行

2015年，国内股票市场波动较大。上半年股票市场指数快速上升，7、8月大幅回落，8、9月以来波动中有所回升。2015年末，上证综指收于3539点，较年初增长9.4%；深证成指收于12665点，较年初增长15.0%；创业板指数收于2714点，较年初增长84.4%。债券市场交易较为活跃，各类市场主体积极参与，市场活力显著提升。2015年，银行间债券市场现券交易86.7万亿元，日均成交3483亿元，同比增长115.8%。

货币市场利率低位平稳运行。2015年，货币市场利率整体明显下行。截至2015年末，质押式回购加权平均利率为1.95%，同比下降154个基点；同业拆借加权平均利率为1.97%，同比下降152个基点。标准债券远期产品开始

交易，利率互换交易增长较快。全年283家机构在银行间市场发行同业存单6101只，发行总量为5.3万亿元。

1.1.3　宏观政策松紧适度　金融改革持续深化

2015年，政府出台多项宏观政策，多管齐下应对当前较为复杂的经济金融形势。中国人民银行继续实施稳健的货币政策，不断完善货币政策工具，引导金融机构降低融资成本，促进国内经济结构优化，继续推进金融市场化改革。

1. 综合运用宏观调控政策，着力于稳增长调结构

随着经济下行压力持续增加，政府实施定向调控和相机调控相结合的宏观政策。实行积极的财政政策，推行普遍性降费。2015年共发行地方政府债券置换存量债务3.2万亿元，降低利息负担约2000亿元，较大程度缓解了地方政府的偿债压力。实行松紧适度的货币政策，通过多次降息降准、丰富货币政策工具等方式，加大了金融机构对实体经济的支持力度。产业政策更加注重提质增效，推动产业创新升级。出台推动"大众创业、万众创新"的配套政策，提升经济发展活力。针对企业效益下滑、工业增速下降的现状，一方面促进传统产业改造升级，另一方面继续培育和推进新兴产业发展。

2. 灵活运用货币政策工具，保持流动性合理充裕

"双降"组合释放流动性。2015年，中国人民银行五次下调金融机构人民币存贷款基准利率，五次定向降准，四次普遍降准。为进一步完善存款准备金制度，自2015年9月开始改革存款准备金考核制度，实施平均法考核存款准备金制度。

适时开展借贷便利。中国人民银行通过多种货币政策工具，对中小金融机构提供流动性支持。通过中期借贷便利（MLF）、常备借贷便利操作（SLF）等货币政策工具，向金融机构投放基础货币、引导金融机构加大对中小微企业等重点领域和薄弱环节的支持力度。全年累计开展SLF 3348亿元，MLF操作21948亿元，年末MLF余额6658亿元。

2015年，货币供应量、贷款余额和社会融资规模平稳增长，融资成本逐步下降。截至2015年末，广义货币供应量（M_2）同比增长13.3%，增速同比上升1.1个百分点。人民币贷款余额较年初增长14.3%。社会融资规模存量较年初增长12.4%。非金融企业及其他部门贷款加权平均利率为5.27%，同比下降1.51个百分点。[①]

3. 完善宏观审慎政策框架，发挥逆周期调节作用

面对金融市场波动上升、系统性风险压力加大的形势，中国人民银行完善宏观审慎政策框架，更好地发挥逆周期调节作用。一是将差别准备金动态调整机制"升级"为宏观审慎评估体系（MPA），在继续对宏观审慎资本充足率保持关注的基础上，设计了七个方面（资本和杠杆情况、资产负债情况、流动性、定价行为、资产质量、外债风险、信贷政策执行）十多项指标，兼顾间接融资和直接融资、量和价，由事前引导"升级"为事中监测和事后评估，建立了更富弹性、更为全面的宏观审慎政策框架。二是将跨境资金流动和外汇流动纳入宏观审慎管理范畴，对远期售汇征收风险准备金，扩大本外币一体化的全口径跨境融资宏观审慎管理。

4. 多措并举优化信贷结构，加大重难点领域支持

制定科学的信贷政策，灵活运用再贴现、再贷款和抵押补充贷款等政策工具，引导金融机构加大对小微企业、"三农"和棚户区改造等重难点领域的支持力度。

中国人民银行加强对金融机构的窗口指导、信贷政策引导，指导金融机构更好地创新金融产品服务，大力支持实体经济发展。截至2015年末，全国小微企业贷款余额23.5万亿元，占各项贷款余额比重23.9%，较年初增长13.3%，高于各项贷款平均增速0.4个百分点。金融机构本外币"三农"贷款

[①] 中国人民银行《2015年第四季度中国货币政策执行报告》。

余额共计26.4万亿元，较年初增长11.7%。

5. 有序推进金融市场改革，关键性工作取得突破

利率市场化改革基本完成。2015年，中国人民银行五次下调金融机构人民币存贷款基准利率，并于8月26日放开金融机构一年期以上（不含一年期）定期存款利率浮动上限；10月24日，放开商业银行和农村合作金融机构等活期及一年期（含）以内定期存款利率的上限，标志着我国利率市场化改革基本完成。

存款保险制度稳步推进。截至2015年末，共计有3000多家银行业金融机构办理投保手续，参与存款保险制度。

继续完善人民币汇率市场化机制。通过优化做市商报价等方式，继续提高人民币价格形成机制的市场化程度。2015年，人民币对国际主要货币汇率表现各异，总体处于平稳区间。2015年末，人民币对美元、欧元和日元汇率中间价分别较上年末贬值5.8%，升值5.08%和贬值4.65%。2015年12月，国际货币基金组织(IMF)宣布人民币进入特别提款权（SDR）篮子，权重超过日元和英镑，达到10.92%，成为SDR篮子中权重排名第三的货币。[①]

人民币资本项目可兑换取得新进展：一是直接投资实现完全可兑换；二是正式实施内地与香港基金互认；三是进一步开放境内商品期货市场。

1.2 银行业发展态势

2015年，商业银行经营压力有所增加，但总体保持稳健运行。随着金融体制改革的不断深入，基本形成了多层次、广覆盖的金融体系，市场结构日益多元，潜在进入者不断涌现，竞争格局日趋复杂，金融创新不断加快。与此同时，各项监管政策密集出台，保证商业银行规范有序发展。

---

① 中国人民银行《2015年第四季度中国货币政策执行报告》。

1.2.1 发展实力持续壮大 总体风险基本可控

截至2015年末，银行业金融机构总资产达199.35万亿元，较年初增长15.67%；总负债184.14万亿元，较年初增长15.07%。商业银行总资产达155.83万亿元，较年初增长15.60%，占银行业金融机构比重为78.17%；总负债达144.27万亿元，较年初增长15.33%，占银行业金融机构比重为78.35%。

受经济下行压力增大影响，商业银行不良贷款额和不良贷款率"双升"态势明显，资产质量压力正不断加大。截至2015年末，全国银行业金融机构不良贷款余额1.96万亿元，较年初增加5290亿元；不良贷款率1.94%，较年初上升0.34个百分点。其中，商业银行不良贷款余额为1.27万亿元，较年初增加4319亿元，不良贷款率1.67%，较年初上升0.43个百分点。

同时，商业银行的关注类贷款占比上升、拨备覆盖率下降。截至2015年末，商业银行关注类贷款占比3.79%，较年初上升0.68个百分点；拨备覆盖率181.18%，较年初下降50.88个百分点。[①]

1.2.2 盈利能力保持增长 金融产品不断丰富

在经济下行期，实体经济面临较大困难，商业银行整体表现为利润增长趋缓、盈利能力下降。2015年商业银行实现净利润15926亿元，同比增长2.4%，增速同比下降7.2个百分点；商业银行平均资产利润率为1.10%，同比下降0.13个百分点；平均资本利润率14.98%，同比下降2.61个百分点。

在同业竞争愈发激烈的环境下，商业银行积极创新业务产品，进一步优化产品服务结构，为企业和个人提供多渠道的融资途径和投资机会，获取市场竞争优势。一方面，商业银行积极拓展中间业务，担保承诺类、投行等中间业务呈现高速增长态势；另一方面，商业银行加大对教育、健康、文化、

---

① 中国银行业监督管理委员会网站。

养老、旅游等服务业金融产品的创新力度，扎实推进"三农"和小微企业金融服务。

商业银行在监管指导下，根据自身特点，大力推进绿色金融、科技金融服务。2015年，监管机构陆续出台绿色信贷相关政策，促进了绿色金融服务的发展。截至2015年末，全国绿色信贷余额达7.01万亿元，同比增长16.4%。多家城商行建立了科技金融专营机构或专门团队，积极扶持科技型、创新型企业，助力企业发展壮大。

1.2.3 转型升级换挡提速 业务模式加快转变

2015年，伴随着中国经济的发展转型，商业银行积极推动经营模式转变，加快综合化经营步伐，大力发展国际化业务。随着互联网技术与金融业的融合愈加成熟，商业银行纷纷推进互联网金融战略，提前建立竞争优势。

1. 业务结构不断优化

随着国内金融改革的步伐提速，商业银行面临着利率市场化、金融脱媒、息差收窄等挑战。商业银行积极推进业务转型，不断优化业务结构，大力发展小微业务、零售业务、新型中间业务，谋求新的利润增长点。截至2015年末，全国小微企业贷款余额23.5万亿元，占各项贷款余额比重23.9%，较年初增长13.3%，高于各项贷款平均增速0.4个百分点。多家银行已经把零售业务列为未来主要战略目标，制定相应措施，深化零售业务转型。此外，商业银行纷纷选择发展资产管理、同业金融、交易银行、投行业务等新型中间业务，谋求打造新的利润增长点。

2. 综合化经营步伐提速

随着利率市场化不断推进，提高非利息收入占比已成为银行应对挑战的主要选择之一。居民财富和企业收入的迅速增长，也带来了更加综合化和专业化金融产品及服务需求。

目前，大型商业银行和股份制商业银行综合化经营起步较早，大多数银行先后进入投行、证券、信托、基金和保险等业务领域，基本搭建起以商业银行为主体、横跨多个金融领域的综合经营格局。

城商行综合化经营起步较晚，但规模较大的城商行近年来在综合化经营方面均取得了实质性进展。各家城商行综合化经营主要是设立保险公司、基金管理公司、金融租赁公司、汽车金融公司以及消费金融公司等，目前尚无城商行投资证券公司、期货公司。2015年，城商行又陆续发起设立了一批消费金融公司、金融租赁公司。杭州银行发起设立了杭银消费金融公司，晋商银行发起设立了晋商消费金融公司，江苏银行发起设立了苏兴金融租赁公司等。

3. 国际化进程持续推进

人民币国际化进程加速，为商业银行的国际化经营创造了有利条件和发展契机。截至2015年末，共计有20多家中资金融机构在海外59个国家和地区设立了近1300家分支机构。其中，有9家中资银行在"一带一路"沿线国家设立了56家一级分支机构。

城商行国际化起步较晚，部分城商行利用区位优势，通过新设机构、引入战略投资者等方式推进国际化进程。2015年，东莞银行香港代表处正式获批，标志其正式实施国际化战略。吉林银行2011年引入韩亚银行作为战略投资者，截至2015年末，韩亚银行持股比例为16.98%，为吉林银行第一大股东。

4. 互联网金融快速发展

为积极应对互联网金融的挑战，金融机构加速推进"互联网+"布局，银行业互联网金融战略纷纷进入落地阶段，各家银行根据自身特点，选择不同的战略战术。大型商业银行纷纷选择打造自己的电商平台参与互联网金融领域的竞争。兴业银行、浦发银行、民生银行等股份制银行积极参与电商经营，将原有的信用卡积分商城升级改良成电商平台。许多商业银行选择直销银行的模式来发展互联网金融业务，截至2015年末，先后有北京银行、民生银行、兴业银行、浙商银行、浦发银行、上海银行、平安银行等30家左右的银行上线了直销银行。此外，银行与互联网企业的合作也越来越广泛。

1.2.4 竞争格局更加多元 监管环境日趋完善

利率市场化的深入推进，各类金融机构的不断增加，金融产品的持续丰富，使客户产品和服务可选择范围越来越广，议价能力不断增强，在压缩银行利润空间的同时，提高了同业竞争的激烈程度。

一方面，商业银行面对来自基金、保险、信托等非银行金融机构的跨业竞争压力；另一方面，随着机构准入机制的放开，民营银行逐步增多。2015年，上海华瑞银行、温州民商银行、天津金城银行、深圳前海微众银行、浙江网商银行相继开业，民间资本进入银行业的渠道进一步打开。大型商业银行、股份制银行、城商行以及农商行等银行业金融机构的差异化经营格局逐步形成，银行业态不断丰富。

截至2015年末，全国共有银行业金融机构4262家，全年新增171家；其中政策性银行、大型商业银行、股份制银行机构数量保持不变；城商行合并减少2家，新增2家，机构总数量维持不变，达133家；村镇银行新增144家,达1377家；农村商业银行新增194家，达859家。

伴随着银行业金融机构数量的增加，各金融机构市场份额出现变化。截至2015年末，我国大型商业银行总资产占银行业金融机构比重为39.21%，较年初下降2个百分点；股份制商业银行总资产占比18.55%，较年初上升0.35个百分点；城商行总资产占比11.38%，较年初上升0.88个百分点。①

从市场份额的变化可以看出，大型商业银行虽然在银行业市场份额依然占比最大，但是市场份额已呈现下降趋势，说明银行业市场竞争格局正向更加多元化方向转变。

---

① 中国银行业监督管理委员会网站。

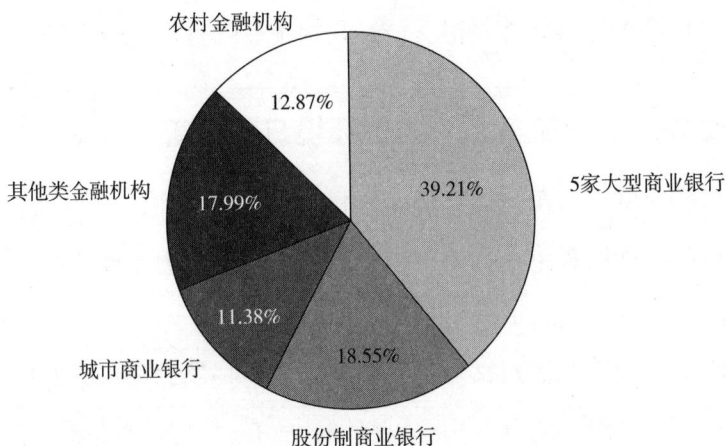

农村金融机构

12.87%

其他类金融机构 17.99%

39.21% 5家大型商业银行

城市商业银行 11.38%

18.55%

股份制商业银行

数据来源：中国银监会网站。

注：①农村金融机构包括：农村商业银行、农村合作银行、农村信用社和新型农村金融机构。

②其他类金融机构包括政策性银行及国家开发银行、民营银行、外资银行、非银行金融机构和邮政储蓄银行。

图1.1 银行业金融机构资产

在竞争格局多元化程度加深、银行业态日益丰富的同时，监管体系也在不断完善，引导城商行规范、健康发展。

1. 密集出台监管政策

结合我国银行业实际发展情况及需求，中国银监会出台多项规定，调整完善银行业监督管理体系，以适应经济金融环境变化，遏制行业不良发展态势，防范系统性风险，引导行业健康发展。

规范委托贷款业务。2015年1月，中国银监会起草《商业银行委托贷款管理办法（征求意见稿）》，明确了委托贷款适用范围、业务管理、风险管理、法律责任等要求规范。《办法》着力解决由于委托贷款业务快速增长带来的问题和风险隐患。

建立更加全面和精细的流动性监管体系。2015年1月，中国银监会相继印发《商业银行杠杆率管理办法（修订）》和《商业银行流动性风险管理办法

（试行）》。《管理办法（试行）》对流动性风险监控指标、风险计量、检测管理等方面进行了规定，将存贷比由法定监管指标转为流动性监测指标。

规范票据业务、并购贷款及柜面业务。2015年1月，中国银监会下发《关于票据业务风险提示的通知》（银监办发〔2015〕203号）。《通知》主要对票据同业业务专营治理落实不到位、通过票据转贴现业务转移规模等7种典型的违规问题进行提示。2015年2月，中国银监会发布《商业银行并购贷款风险管理指引》（银监发〔2015〕5号），要求银行业金融机构积极支持优化产业结构、不断优化并购贷款投向、持续强化并购贷款风险防控体系建设、不断完善并购贷款风险管理。2015年6月，中国银监会发布《中国银监会办公厅关于加强银行业金融机构内控管理有效防范柜面业务操作风险的通知》（银监办发〔2015〕97号）。《通知》要求银行业金融机构加强内控体系建设、加强"三道防线"建设等，强化柜面业务的操作风险防控，保护消费者的合法权益。

2. 规范引导信贷投向

为落实国家节能低碳发展战略，促进能效信贷持续健康发展，中国银监会印发《关于印发能效信贷指引的通知》，《通知》要求银行为能源利用效率较高、能源消耗降低的用能单位提供信贷融资。同时，积极鼓励银行业金融机构开展能效信贷业务，提倡银行将能效信贷理念贯穿于其他信贷业务之中，积极开展贷前能效筛查，严控能耗过高行业信贷风险。

完善农村和小微企业金融服务是金融服务实体经济的重要举措。中国银监会在2015年相继印发《关于做好2015年农村金融服务工作的通知》、《2015年小微企业金融服务工作的指导意见》。《通知》要求金融机构争取实现"三农"贷款增速高于全部贷款平均水平，继续发展农村普惠金融，为现代农业发展提供金融支撑。要求金融机构强化支农服务社会责任，深入推进金融机构相关体制机制改革，持续改善农村金融服务。同时，《意见》将

2015年银行业小微企业金融服务工作目标由以往单纯注重小微企业贷款量的增加，调整转变为更加注重服务质效的提高和服务覆盖面的扩大。

为促进银行业全面贯彻落实国家重大战略部署，助力国家重点领域重大工程项目的建设，中国银监会印发了《关于银行业支持重点领域重大工程建设的指导意见》，《指导意见》从总体要求、持续推进金融创新、优化信贷管理与政策等方面，对银行业金融机构支持国民经济中的重大工程提出有针对性的政策指引，引导银行业金融机构以重点领域重大工程为核心，切实服务好国家重大战略部署。

3. 有序开放行业准入

2015年6月，中国银监会相继印发了《关于促进民营银行发展的指导意见》以及《外资银行管理条例实施细则》。《意见》从准入条件、许可程序、稳健发展、加强监管等方面作出详细规定。在加强有效监管前提下，《细则》规定适当放宽外资银行准入、经营人民币业务等方面的相关条件，为外资银行提供更加宽松便利的政策环境。两份重要政策文件的印发实施，标志着民间资本进入银行业的渠道已全部放开，外资银行准入条件也进一步放开。

为进一步推动银行间债券市场对外开放，便利境外机构投资者投资银行间债券市场，2015年7月，中国人民银行发布《中国人民银行关于境外央行、国际金融组织、主权财富基金运用人民币投资银行间市场有关事宜的通知》。《通知》主要内容为放开境外资本进入中国银行间市场准入条件，引入更多符合条件的境外机构投资者，取消投资额度限制，简化管理流程。

4. 改革行政审批制度

为落实简政放权，推进行政审批制度改革，营造健康金融市场环境，2015年6月，中国银监会相继印发中资商业银行、农村中小金融机构、外资银行、信托公司、非银行金融机构等各类金融机构行政许可事项实施办法。

实施办法旨在清减行政审批事项，重置行政审批流程，下放审批权限，规范统一行政许可条件，提高监管透明度。

1.3　城商行监管导向

面对错综复杂的国内外经济金融形势，监管部门通过简政放权、放管结合、优化机制和深化改革等多项措施，从各个层面规范和加强监管引导。城商行也积极顺应监管政策变化，以内部经营管理转型为动力，持续推动自身稳健发展。[①]

1.3.1　科学谋划指明方向　引导城商行行稳致远

1. 鼓励城商行扎根地方经济

面对地方经济转型升级的迫切需求，中国银监会从三个方面为城商行深耕地方经济发展指明了方向。一是鼓励城商行对接地方经济转型战略，积极服务地方经济发展的战略重点，深度参与培育地方经济未来增长的潜力点。二是协助推进地方产业结构升级调整，尊重产业发展规律，在地方产业结构调整升级进程中发挥重要作用。三是鼓励增强创新驱动发展能力，在贯彻自贸区、创新改革试验区等政策精神的基础上，创新金融配套产品服务等机制。

2. 引导城商行发展普惠金融

针对不断扩大的金融需求，中国银监会从三个方面指出发展普惠金融的着力点。一是继续推动普惠金融覆盖面延伸，推进人员下放、服务下沉、网点下伸，创新发展普惠金融，确保接地气、服水土、广受益。二是积极推动信用信息基础设施建设，发挥熟悉本地文化、贴近社区住户等优势，扩大信用记录覆盖面，基本实现小微企业、城市居民信用档案的全覆盖。三是积极解决服务门槛和

---

① 中国银行业监督管理委员会：《中国银行业监督管理委员会2015年报》。

服务价格两大问题，基础性服务更注重成本节约，竞争性服务更注重效率提升。

在监管政策指引下，城商行积极发展普惠金融。加快网点布局，服务不断覆盖城市盲区、薄弱领域以及弱势群体；加大科技手段的运用，降成本和提效率齐头并进；不断更新完善信用档案，并以此为基础创新金融产品。

3.参与完善多层次银行体系

2015年，银行业呈现出"两头小中间大"的格局。一头是高端金融服务等方面还存在不足；另一头是小微企业、"三农"、城市社区等金融服务还相对薄弱；中间则是传统工商企业信贷服务规模占比较大，同质化竞争问题较为突出。对此，中国银监会要求城商行充分发挥自身独特优势，提供更为全面的金融服务。

1.3.2 突出特色聚焦区域 促进城商行加快转型

2015年，中国银监会重点引导城商行积极向专业市场领域的特色银行转型，根据地方经济的发展特点，选择发展潜力较大，符合自身特点的特定市场领域，打造独具特色的银行品牌。同时，引导城商行充分利用互联网、大数据技术，大力开展竞争力强、客户吸引力大的特色业务，切实做专、做精、做强特色业务，成为某一领域金融服务的佼佼者。

在监管政策指引下，城商行发挥自身机制灵活、规模小、船小好调头的优势，加快转型发展步伐，并积极拥抱互联网金融，为专业化发展、特色化转型提供有力支持。

中国银监会支持城商行根据客户多元化金融需求，审慎开展综合化经营，提供综合性金融服务，实现多元化金融发展；在确保银行风险管理、内控、人才、IT系统能够支撑综合经营的条件下，切实发挥综合服务的协同效应。按照分类监管的原则，支持符合条件的城商行投资设立信托、保险、金融租赁、消费金融、汽车金融、财务公司等非银行金融机构；支持城商行推进业务治理体系改革，探索设立信用卡、资产管理、理财等专营子公司，发展理财资产管理业务；支持城商行积极参加股权联动试点，创新业务模式；支持城商行加强对高科技行业的研究，大力支持"大众创业、万众创新"。

1.3.3 强化管理规范流程 严守城商行风险底线

中国银监会重点从三方面对城商行风险防控提出要求并给予政策指引。一是要遏制不良贷款上升势头，通过不良核销、资产转让、贷款重组等措施消化存量，通过加强风险管理、规范授信流程等举措减少增量。二是要防范流动性风险，适时开展压力测试，做好流动性风险识别、计量、检测和应对，加强主动负债管理，优化负债结构。为充分发挥行业互助对流动性风险防控体系的补充作用，指导中国银行业协会积极推动搭建流动性互助平台。三是着力防范案件风险，积极开展案件风险排查，及时掌握相关案件信息，严肃追究责任，同时提高制度执行力，加强员工队伍建设。

1.3.4 抓住两头带好中间 推动城商行分类监管

中国银监会按照"抓两头，带中间"的总体思路，提出引领计划和帮扶计划，以强化对城商行的分类监管。在促进共同进步的基础上支持有条件的城商行率先发展，推行"领头羊"计划，分三个步骤推进：第一步是引领和支持"领头羊"更好更快发展，按照"一行一策、分类监管"原则，根据不同城商行实际情况，有针对性地推出监管支持政策，鼓励城商行创新金融产品服务。第二步是督促"领头羊"更好地发挥示范带头作用，督促其在改革创新、监管政策落实、流动性互助、支持实体经济、重点课题研究等方面增强主动承担意识，成为开展各项工作的"排头兵"，带动其他银行更好发展。第三步是总结和推广经验，总结"领头羊"工作亮点，提炼先进经验，通过座谈交流会、先进报告会、调研学习等形式，向其他城商行交流推广。

1.3.5 调整架构强化联动 最大化增强监管合力

2015年2月，中国银监会启动了自2003年成立以来首次大规模的架构调整和监管转型，将原有的27个部门调整为22个部门，11个监管部门增至17个，强化监管主业和功能监管，其中首次设立了城市银行部、信托部、普惠金融部等部门。中国银监会监管架构调整之后，城市银行部的大部分市场准入职能下放到各地银监局，现场检查职能剥离至现场检查局。同时，更加注重完善上下联动机制和横向协同机制，加强与属地局和机关其他部门的联动协同，形成监管合力，进一步提升监管效能。中国银监会组织编制城商行主要问题及整改情况表，按季展开评估并提出解决措施，明确整改时限并狠抓整改落实。中国银监会强化与各地规制监管部门、功能监管部门、机构监管部门的合作交流，进一步加强中国银监会各职能部门之间的协调沟通。各地银监局积极探索联动监管方式，联动开展法人机构风险评估、评级等工作。

1.3.6 拓宽渠道创新工具 多维度支持资本补充

2015年，在风险资产扩张较快、资本补充渠道有限的背景下，城商行普遍面临较大的资本补充压力。对此，监管部门积极鼓励城商行通过各种方式增强资本实力，包括引进合格股东进行增资扩股；境内外上市、新三板挂牌融资；通过资产证券化、银行业信贷资产登记流转平台等途径，盘活存量资金，处置不良资产，调整资产结构；发行新型资本工具和二级资本工具，拓宽资本补充渠道。

各家城商行选择各种资本补充方式，积极补充资本。青岛银行、锦州银行、郑州银行等城商行先后在H股上市；2016年，江苏银行、贵阳银行、上海银行、杭州银行四家城商行先后成功上市；大连银行引入东方资产管理公司作为战略投资者，入股注资150亿元。截至2015年末，债券市场共发行商业银行二级资本债62只，合计金额为2698.64亿元。其中，城商行发行金额占比达50%左右。①

　　2015年，国际经济金融环境更趋复杂多变，金融市场波动持续加剧，投资者避险情绪明显升温。国内经济面临较大的下行压力，但总体增长平稳。增长速度虽然趋缓但发展质量有所提高；经济结构持续优化，新旧动能转换加快，产业升级提速，第三产业和战略性新兴产业对经济增长的贡献继续提高。金融体制改革和各项宏观政策在股市和汇市波动加剧的情况下保持定力、稳步推进。面对国内外复杂多变的宏观经济金融环境，我国银行业总体表现平稳，同时也出现了一些新的变化。总体规模增长仍然较快，但资产质量和盈利压力有所上升。面对客户需求升级、跨界产品替代、新竞争者涌现、监管约束趋紧等挑战，商业银行加快转型改革步伐，抓住金融改革深化机遇积极发展资产管理和投资银行等新兴业务，充分利用互联网信息科技提升运营效率和服务质量，优化资产负债布局逐步形成丰富、多元的盈利结构。为充分激发城商行深耕细作、扎根地方的区域优势，推动其在新的经济环境下更好地承担起"服务地方经济、服务小微企业、服务城乡居民"的责任，监管部门密集出台各项监管政策，通过鼓励支持地方转型升级、引导发展普惠金融、突出区域业务特色、强化监管联动并推动分类监管、支持创新资本融资工具等举措，总体上保证了城商行稳健运营、科学发展。

---

① 数据来源：Wind资讯。

第2章　整体发展

2015年是国家"十二五"规划的收官之年,也是迈向未来"十三五"承上启下的关键之年。步入新常态的中国经济，旧动力逐步更替，新动力蓄势待发，结构性调整与优化并存，城商行面临着前所未有的机遇和挑战。

2015年，全国133家城商行对实体经济新情况的认识进一步加深，推进战略转型力度明显加大。各家城商行认真执行监管要求，立足地方，努力探索适合自身发展的差异化和特色化路径，不断提升服务实体经济效率和自身稳健发展能力。在中国银行业协会"陀螺"评价体系中，城商行77家，占比接近60%。在中国银行业协会前100家银行排名中，有61家城商行入围。

2.1　经营稳健　行业地位继续提升

2015年，尽管受到诸多因素的影响，城商行整体发展保持稳健前行，主要经营指标保持较好水平，行业地位不断提升。

2.1.1　资产负债　增长达到历史新高

1. 总资产保持快速增长。中国银监会公布的月度数据显示，按境内口径，2015年全国133家城商行总资产呈现逐月递增的态势，年末总资产余额22.68万亿元。从月度增速看，明显高于全国银行业平均水平。

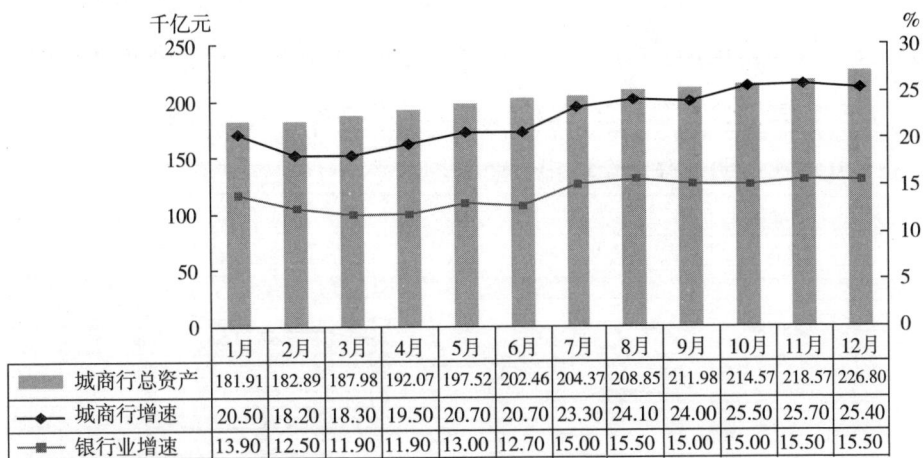

	1月	2月	3月	4月	5月	6月	7月	8月	9月	10月	11月	12月
城商行总资产	181.91	182.89	187.98	192.07	197.52	202.46	204.37	208.85	211.98	214.57	218.57	226.80
城商行增速	20.50	18.20	18.30	19.50	20.70	20.70	23.30	24.10	24.00	25.50	25.70	25.40
银行业增速	13.90	12.50	11.90	11.90	13.00	12.70	15.00	15.50	15.00	15.00	15.50	15.50

数据来源:中国银监会。

图2.1 2015年城商行总资产及增速和全国银行业的比较(月度数据)

　　城商行总资产行业占比持续提升。中国银监会公布的数据显示,按境内口径,2015年,133家城商行总资产在银行业金融机构中的占比呈现逐月递增的趋势,12月末达到11.7%,较1月末上升1.0个百分点。

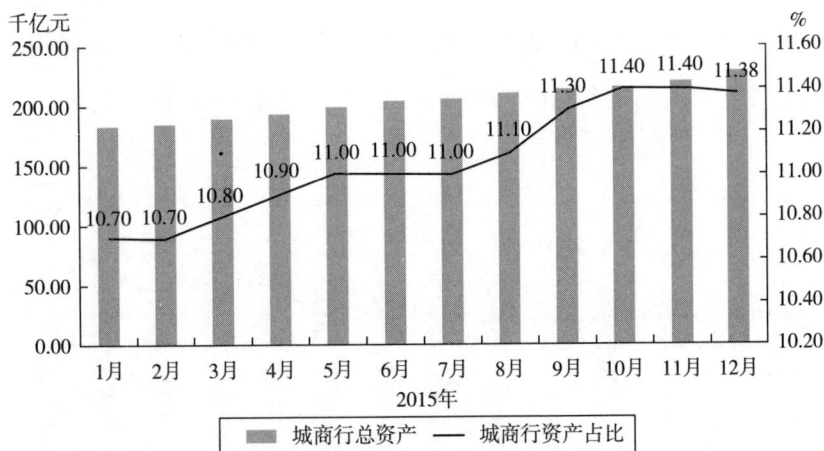

数据来源:中国银监会。

图2.2 2015年城商行总资产在全国银行业中的占比变化(月度数据)

2. 总负债持续增长。2015年末，全国133家城商行的总负债余额为21.13万亿元，较年初增加4.3万亿元，增长25.51%，增速较年初上升超过7个百分点。从中国银监会公布的月度数据看，2015年城商行总负债保持逐月上升的趋势，其增速也明显高于全国银行业平均水平。

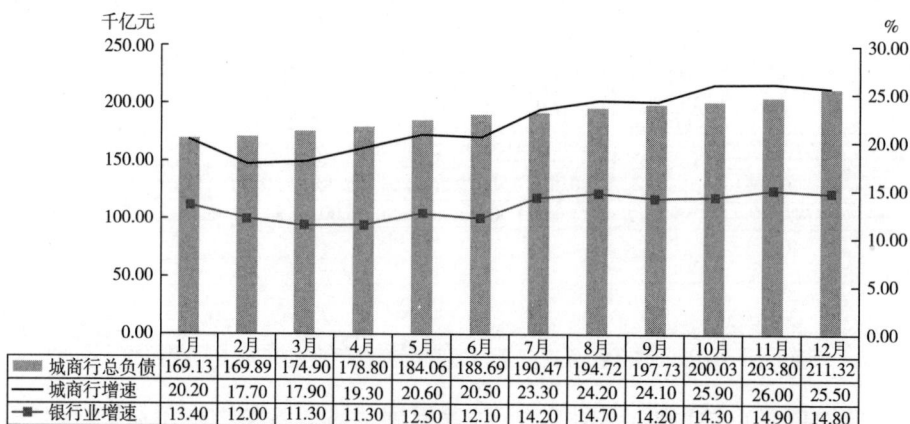

	1月	2月	3月	4月	5月	6月	7月	8月	9月	10月	11月	12月
城商行总负债	169.13	169.89	174.90	178.80	184.06	188.69	190.47	194.72	197.73	200.03	203.80	211.32
城商行增速	20.20	17.70	17.90	19.30	20.60	20.50	23.30	24.20	24.10	25.90	26.00	25.50
银行业增速	13.40	12.00	11.30	11.30	12.50	12.10	14.20	14.70	14.20	14.30	14.90	14.80

数据来源:中国银监会。

图2.3　2015年城商行总负债及增速与全国银行业的比较（月度数据）

2015年，全国城商行总负债行业占比也达到历史新高。根据中国银监会公布的月度行业占比数据，2015年城商行总负债在全国银行业金融机构的占比总体呈现逐月提高的趋势。12月末较1月末占比提高1.0个百分点。

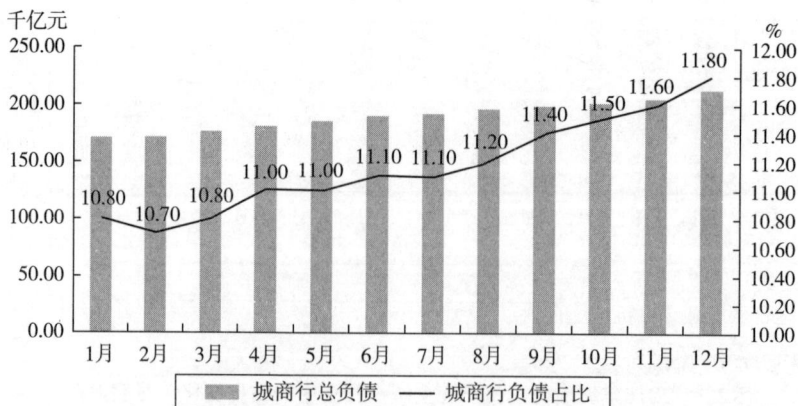

数据来源:中国银监会。
图2.4　2015年城商行总负债在全国银行业的占比（月度数据）

2.1.2　存贷款额　保持中高速增长

1. 存款增速回升。2015年末，全国133家城商行各项存款余额为14.16万亿元，较年初增加2.08万亿元，增长17.61%，增速较年初上升2.86个百分点。[①]

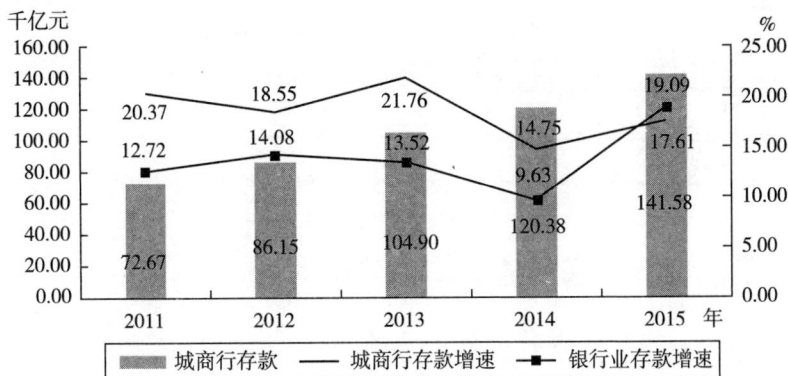

数据来源: 2015年数据来源于中国银行业协会，其余年份数据来源于《中国金融年鉴》。
图2.5　城商行存款及增速的同业比较（2011—2015年）

2. 贷款增速趋缓。2015年末，全国133家城商行各项贷款余额8.66万亿元，较年初增长17.29%，增速比银行业金融机构平均水平高出2.82个百分点。城商行贷款增速呈现逐年回落的趋势，2015年增速比2011年的22.80%下降5.51个百分点，比2014年的18.17%下降0.88个百分点。

---

① 注：全部银行业金融机构的存款口径为监管口径。自2015年起，中国人民银行调整存贷款监管统计口径，将非存款类金融机构存放在存款类金融机构的款项纳入"各项存款"统计口径。因此从数据严谨性看，2015年末全部银行业金融机构的存款与上年末同项数据，及据此计算的2015年度存款增长率与城商行的增长率存在不可比性。

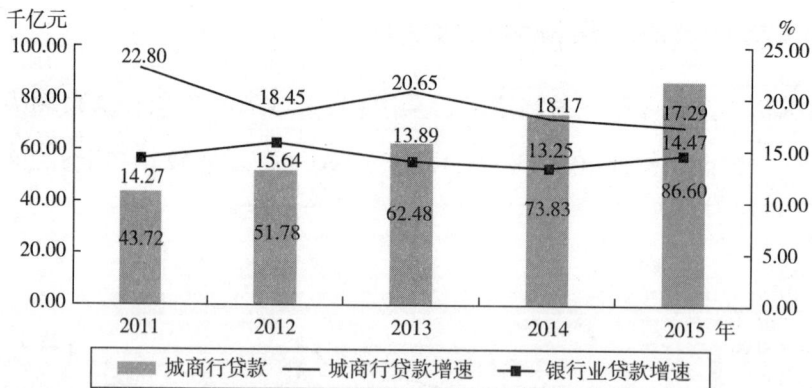

数据来源: 2015年数据来源于中国银行业协会，其余年份数据来源于《中国金融年鉴》。

图2.6　城商行贷款增速与全国银行业比较（2011—2015年）

2.1.3　盈利指标　增长放缓仍超同业

1. 利润增速高于行业平均水平。2015年，全国133家城商行实现税后利润总额1993.6亿元，同比增加134.1亿元，增长7.21%，比全国银行业金融机构同期税后利润总体增速高4.78个百分点。

尽管利润总额保持增长，但由于受宏观环境和利率市场化等因素的叠加影响，中国银行业盈利出现"拐点"以来，城商行盈利增速不断下行。继2014年维持13.3%的增速后，2015年城商行利润增速开始进入个位数，达到7.2%。相比全国银行业金融机构同期利润2.4%的增速，城商行高于同业平均4.8个百分点。

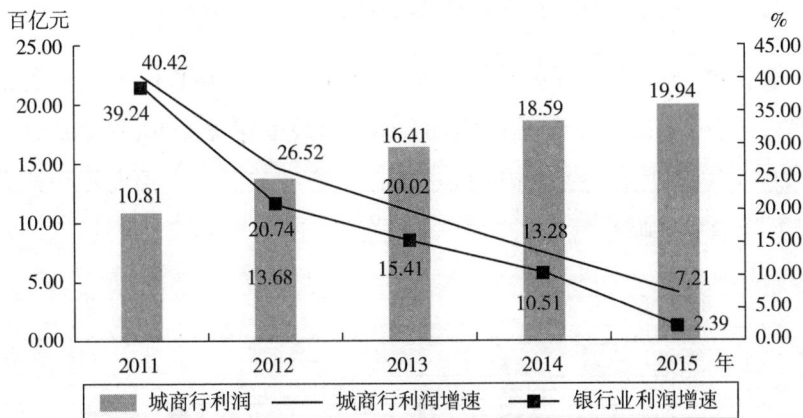

数据来源: 2015年数据来源于中国银监会2015年年报, 其余年份数据来源于《中国金融年鉴》。

图2.7 城商行利润及与全国银行业的比较情况(2011—2015年)

2. 资产利润率低于行业平均水平。2014年以来, 城商行与全国银行业金融机构资产利润率呈现同向下滑趋势, 且一直低于全国银行业金融机构平均水平。2015年末, 全国133家城商行资产利润率为0.98%, 同比下降0.14个百分点。全国银行业金融机构2015年末的资产利润率为1.1%, 同比下降0.13个百分点。2015年, 城商行资产利润率低于全国银行业金融机构0.12个百分点, 而2014年同期为0.11个百分点, 差距扩大0.01个百分点。

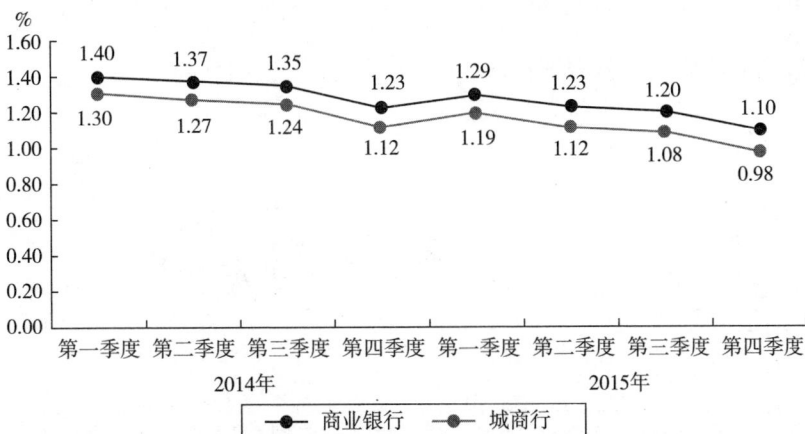

数据来源; 中国银监会。

图2.8 城商行资产利润率与商业银行的比较(2014—2015年, 季度数据)

2.1.4 抗风险力 保持定力持续增强

1. 拨备覆盖率高于行业整体水平。2015年末，城商行拨备覆盖率达到221.27%，超过全银行业金融机构181.18%的拨备覆盖率40.09个百分点。从2014—2015年中国银监会公布的拨备覆盖率季度数据看，商业银行拨备覆盖率呈现下降趋势，城商行拨备覆盖率下降速度慢于平均水平。

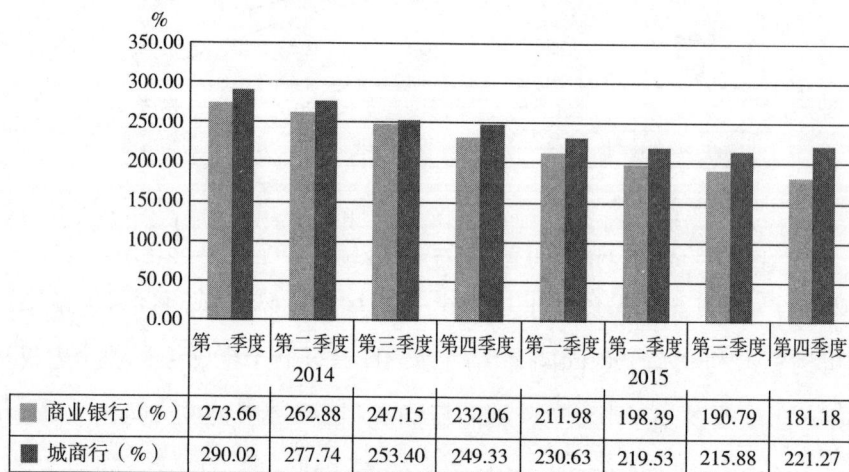

	第一季度	第二季度	第三季度	第四季度	第一季度	第二季度	第三季度	第四季度
			2014				2015	
商业银行（%）	273.66	262.88	247.15	232.06	211.98	198.39	190.79	181.18
城商行（%）	290.02	277.74	253.40	249.33	230.63	219.53	215.88	221.27

数据来源:中国银监会。

图2.9 城商行与商业银行拨备覆盖率比较（2014—2015年，季度数据）

2. 资本充足率稳健提升。2015年，城商行按照监管要求，通过多渠道增加资本，注重轻资本经营的商业模式转型，资本充足率稳中有升。2015年末，城商行资本充足率达到12.59%，较年初上升0.4个百分点。

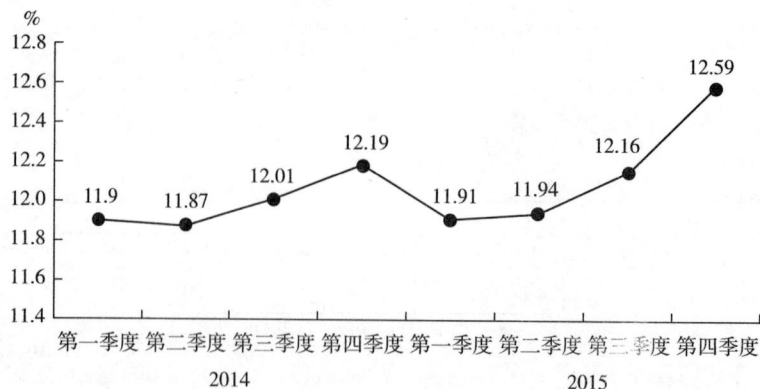

数据来源：中国银监会。

图2.10 城商行资本充足率（2014—2015年，季度数据）

3. 行业地位继续提升。2015年，133家城商行认真应对复杂变化的宏观经济金融环境，不断深化改革，努力推进战略转型，明显促进了全行业的稳步发展。2016年，中国银行业协会首次发布前100家银行排名，其中，城商行有61家，进一步彰显了城商行不断壮大的发展实力。

表2.1 2016年中国前100名银行排名（以核心一级资本净额排序）

排名	机构名称	核心一级资本净额（亿元）	资产规模（亿元）	净利润（亿元）
1	中国工商银行	17014.95	222097.80	2777.20
2	中国建设银行	14081.27	183494.89	2288.86
3	中国银行	11823.00	168155.97	1794.17
4	中国农业银行	11246.90	177913.93	1807.74
5	交通银行	5184.87	71553.62	668.31
6	招商银行	3474.34	54749.78	580.18
7	中信银行	3161.59	51222.92	417.40
8	中国民生银行	3068.73	45206.88	470.22
9	兴业银行	2890.36	52988.80	506.50
10	上海浦东发展银行	2881.95	50443.52	509.97
11	中国邮政储蓄银行	2690.07	72963.64	348.57
12	中国光大银行	2018.35	31677.10	295.77
13	平安银行	1500.70	25071.49	218.65
14	华夏银行	1182.48	20206.04	189.52
15	北京银行	1118.13	18449.09	168.83
16	广发银行	961.76	18365.87	90.64
17	上海银行	922.69	14491.40	130.43
18	江苏银行	653.54	12903.33	95.05
19	恒丰银行	558.38	10681.56	81.01
20	浙商银行	502.49	10316.50	70.51
21	南京银行	472.48	8050.20	70.66
22	重庆农村商业银行	470.69	7168.05	72.28
23	盛京银行	415.56	7016.29	62.24
24	徽商银行	414.51	6361.31	62.12
25	宁波银行	399.70	7164.65	65.67

排名	机构名称	核心一级资本净额（亿元）	资产规模（亿元）	净利润（亿元）
26	上海农商银行	397.52	5870.14	58.07
27	北京农商银行	357.95	6282.83	51.95
28	渤海银行	354.85	7642.35	56.89
29	广州农商银行	350.31	5828.07	50.00
30	哈尔滨银行	335.27	4448.51	45.10
31	中原银行	330.46	3061.47	31.30
32	天津银行	330.18	5656.68	49.32
33	杭州银行	317.57	5453.15	37.05
34	成都农商银行	309.47	6445.96	42.97
35	厦门国际银行	270.88	4592.05	33.18
36	包商银行	260.84	3525.95	34.18
37	锦州银行	257.83	3616.60	49.08
38	昆仑银行	228.45	2901.79	29.57
39	顺德农商银行	226.14	2260.36	29.69
40	重庆银行	212.02	3198.08	31.70
41	东莞农村商业银行	208.28	2996.26	38.19
42	成都银行	201.87	3214.45	28.21
43	天津农商银行	200.81	2559.59	26.35
44	吉林银行	200.35	3575.34	26.38
45	江西银行	200.12	2130.88	7.21
46	广州银行	197.90	4151.92	31.62
47	大连银行	182.88	2443.60	1.29
48	长沙银行	177.63	2854.20	27.67
49	郑州银行	175.34	2656.23	33.56
50	苏州银行	172.28	2309.01	18.41
51	青岛银行	164.48	1872.35	18.14
52	汉口银行	158.26	1831.42	14.95
53	深圳农村商业银行	152.04	1843.14	28.35
54	河北银行	151.99	2226.39	22.40
55	东莞银行	150.77	1920.62	18.74
56	武汉农村商业银行	150.23	1705.12	23.33

续表

排名	机构名称	核心一级资本净额（亿元）	资产规模（亿元）	净利润（亿元）
57	西安银行	143.86	2100.24	19.94
58	贵阳银行	140.96	2381.97	32.40
59	富滇银行	140.56	1540.35	15.37
60	兰州银行	138.87	2055.74	17.49
61	贵州银行	133.67	1654.54	14.41
62	青岛农商银行	132.95	1648.86	18.51
63	江苏江南农村商业银行	131.43	2343.29	15.96
64	洛阳银行	129.41	1667.08	21.35
65	九江银行	127.95	1748.76	17.97
66	华融湘江银行	127.48	2111.25	22.87
67	甘肃银行	122.28	2101.84	15.95
68	龙江银行	121.65	2159.60	11.43
69	杭州联合农村商业银行	118.52	1433.17	17.43
70	南海农商银行	115.15	1324.64	19.92
71	广西北部湾银行	109.72	1130.28	3.52
72	湖北银行	108.52	1547.04	10.80
73	萧山农商银行	108.40	1196.50	7.50
74	浙江稠州银行	108.29	1330.49	13.67
75	广东南粤银行	107.19	1659.85	11.18
76	吉林九台农村商业银行	106.56	1419.53	14.02
77	南充市商业银行	105.74	1544.47	23.50
78	台州银行	101.02	1234.00	24.37
79	齐鲁银行	99.97	1528.81	11.96
80	天津滨海农村商业银行	99.13	1299.17	8.09
81	长安银行	98.73	1598.92	10.86
82	重庆三峡银行	98.27	1326.30	16.64
83	温州银行	98.22	1560.67	8.13
84	陕西秦农农村商业银行	97.58	926.72	10.67
85	宁夏银行	95.44	1189.98	8.81
86	威海市商业银行	92.27	1512.78	15.80
87	晋商银行	89.34	1572.43	10.85

续表

排名	机构名称	核心一级资本净额（亿元）	资产规模（亿元）	净利润（亿元）
88	珠海华润银行	85.48	1163.94	0.71
89	内蒙古银行	84.56	1067.74	4.51
90	桂林银行	83.28	1436.36	7.80
91	江苏常熟农村商业银行	82.73	1085.04	9.83
92	厦门银行	81.92	1603.20	8.90
93	唐山市商业银行	81.32	1248.64	12.82
94	阜新银行	79.56	1033.96	13.35
95	营口银行	78.85	1051.40	7.78
96	日照银行	75.43	919.88	8.03
97	乌鲁木齐银行	75.15	1034.39	11.89
98	大连农商银行	75.11	1009.48	3.26
99	江苏江阴农村商业银行	74.81	904.78	8.15
100	福建海峡银行	73.52	1336.83	7.17

数据来源：中国银行业协会。

在英国《银行家》杂志按一级资本的排名中，2015年，73家城商行进入全球1000家银行榜单，较2014年新增了6家城商行。2015年新进入全球1000强的城商行分别为包商银行、大连银行、西安银行、湖北银行、晋商银行、乌鲁木齐银行。2015年全球1000强排行榜的城商行中，除新入选的6家外，有48家排位上升。

表2.2　全球1000强银行中城商行排名变化情况（2014—2015年）

机构名称	2015年	2014年	排位增减	机构名称	2015年	2014年	排位增减
北京银行	77	87	10	南充市商业银行	499	533	34
上海银行	91	108	17	台州银行	515	507	−8
江苏银行	126	136	10	齐鲁银行	520	595	75
南京银行	152	201	49	长安银行	528	528	0
宁波银行	177	196	19	重庆三峡银行	530	645	115
盛京银行	186	192	6	温州银行	531	499	−32
徽商银行	188	191	3	威海市商业银行	548	546	−2

续表

机构名称	2015年	2014年	排位增减	机构名称	2015年	2014年	排位增减
哈尔滨银行	207	209	2	晋商银行	557		新增
中原银行	210	225	15	珠海华润银行	569	532	−37
天津银行	211	219	8	内蒙古银行	572	552	−20
杭州银行	219	235	16	桂林银行	577	610	33
厦门国际银行	242	356	114	营口银行	580	584	4
包商银行	246		新增	厦门银行	582	639	57
锦州银行	250	350	100	唐山银行	587	884	297
昆仑银行	274	288	14	日照银行	613	594	−19
重庆银行	290	349	59	柳州银行	626	589	−37
吉林银行	298	307	9	张家口银行	632	750	118
成都银行	304	308	4	鞍山银行	634	609	−25
江西银行	308	453	145	潍坊银行	635	632	−3
广州银行	311	318	7	齐商银行	641	635	−6
苏州银行	319	330	11	辽阳银行	644	621	−23
大连银行	329		新增	浙江泰隆商业银行	647	669	22
郑州银行	338	440	102	福建海峡银行	651	624	−27
青岛银行	353	483	130	浙江民泰商业银行	654	646	−8
汉口银行	363	364	1	乌鲁木齐银行	664		新增
河北银行	371	456	85	广东华兴银行	721	707	−14
长沙银行	373	395	22	乐山市商业银行	722	722	0
东莞银行	374	383	9	临商银行	727	752	25
西安银行	389		新增	莱商银行	744	687	−57
贵阳银行	395	454	59	攀枝花市商业银行	765	765	0
富滇银行	396	397	1	德阳银行	772	776	4
兰州银行	402	510	108	沧州银行	801	815	14
洛阳银行	431	504	73	东营银行	805	808	3
华融湘江银行	438	447	9	绍兴银行	816	797	−19
北部湾银行	481	513	32	金华银行	887	882	−5
湖北银行	491		新增	嘉兴银行	930	925	−5
浙江稠州商业银行	492	481	−11				

数据来源：英国《银行家》杂志2016年第6期。

注：本表"排位增减"栏加"−"的数字为排位下滑情况。

2.1.5　资产质量　位居行业较好水平

1. 不良资产"抬头"，增长势头得到控制。2014年以来，城商行出现不良资产"双升"的态势。2015年末，城商行不良贷款余额1213亿元，较年初增加358亿元，但较第三季度末下降2亿元。同时城商行不良贷款在全国银行业金融机构中的占比年末出现下调，较第三季度末下降了0.7个百分点，增长势头有所控制。

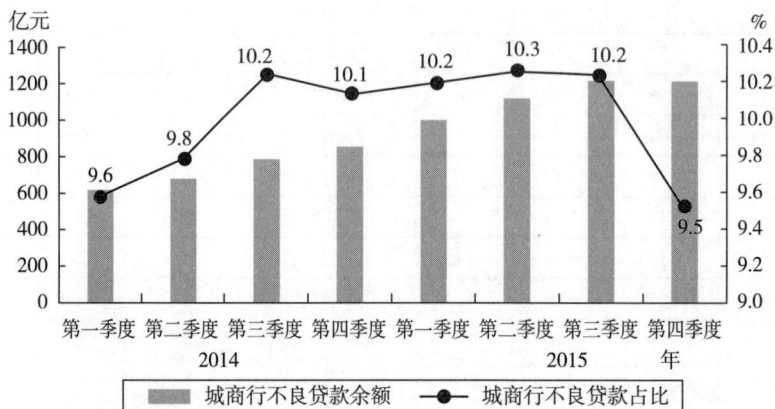

数据来源：中国银监会。

图2.11　城商行不良贷款余额及占商业银行的比例（2014—2015年，季度数据）

2. 不良率上升，低于行业平均水平。2014年以来，城商行不良贷款率呈现上升趋势。2015年末，城商行不良贷款率为1.4%，较年初增加0.24个百分点。城商行不良贷款率在2014—2015年均低于全国银行业金融机构平均水平。2015年末，比全国银行业金融机构不良率低0.27个百分点。

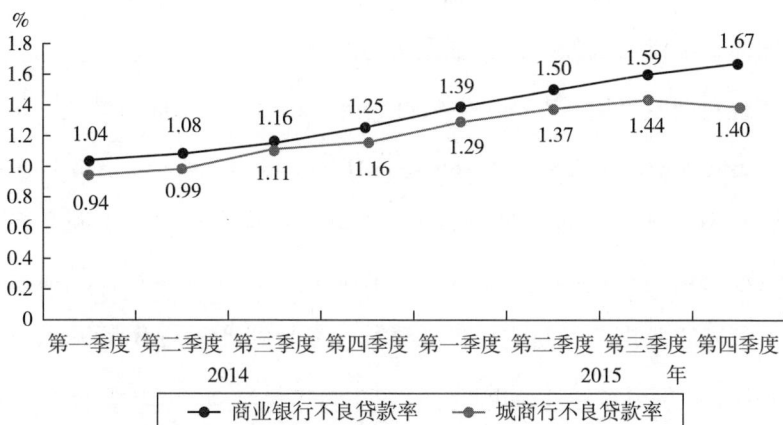

数据来源：中国银监会。

图2.12　城商行与商业银行不良贷款率比较（2014—2015年，季度数据）

2.2　坚守定位　行业特色更为鲜明

　　坚持"三服务"是城商行的立行宗旨，也是城商行区别于国有大型银行、股份制银行的市场定位。2015年，城商行继续秉承初衷，坚守定位，不断加大"服务地方经济、服务小微企业、服务城乡居民"的金融支持力度，加快发展自身经营服务特色。

2.2.1　立足本地　服务地方实体经济

　　1.融入国家战略，立身地方经济。2015年，城商行努力将自身发展嵌入"一带一路"、"京津冀一体化"、"长江经济带"、"自贸区"等国家重大发展战略之中。在积极跟进国家战略落地的同时，努力探索创新，提升参与支持相关产业的能力，促进了城商行的创新发展。一部分城商行抓住国家战略落地地方的机遇，推出了相关的金融服务方案，积极介入国家战略背景下的创新产业协同布局，建立了城商行在地方的竞争优势。一部分城商行发起"一带一路"金融联盟，为联盟银行客户在当地装货卸货、仓储物流、报关报检等环节提供更为便利高效的服务。

2. 围绕新型城市化，支持民生项目建设。2015年，城商行继续立足地方，围绕城市建设规划，全力支持地方保障性住房、棚户区改造、关系民生的基础设施建设。不少城商行立足地方实际，主动对接重大项目，不断完善金融服务，提供项目信贷资金支持。越来越多的城商行适应国家对建设项目投融资体制改革带来的变化，不断优化自身流程，参与到PPP、ABS等新型业务模式中，在提升服务地方经济效率的同时，也丰富了自身的行业经验。

3. 围绕供给侧结构性改革，支持地方产业升级。2015年，各地城商行落实国家"供给侧结构性改革"的要求，认真把握国家产业政策，紧贴地方产业发展规划，在调整信贷投放结构的同时努力优化金融服务与产品，进一步提升金融服务实体经济发展的质效。一些城商行积极发掘地方产业升级潜力大、促进结构转型影响深的重点行业和重点企业作为服务和支持的重点对象，助推其做强、做大，取得了积极成效，如为地方发展特色旅游、生物医药等新兴产业提供强有力支持，并获得社会各界肯定。一些城商行认真执行国家产业政策，支持压缩过剩产能行业，并探索差异化服务措施，推动落后产能平稳有序淘汰，缓冲了"一刀切"可能带来的冲击，为地方经济实现"软着陆"、"硬升级"作出了较大贡献。

重庆银行：弥补供给"短板" 助力县域"双创"

为贯彻落实"供给侧结构性改革"部署，重庆银行认真研判欠发达区县"双创"对金融的实际需要情况，推出"双创"基金并与当地产业建立起可持续的合作模式。

　　针对"大众创业、万众创新"和县域产业状况，重庆银行在提升有效供给能力上狠下工夫，着力于投融资模式的不断创新，实行"一县一策"以增强金融供给的匹配能力，不断弥补金融服务与产品同质化发展的"短板"，致力于成为金融服务与产品的提供商。经过不断努力，重庆银行与全市部分区县政府签订了战略合作协议，合作金额达300亿元左右。地处渝东南彭水县的"双创"基金已成功落地。

　　重庆银行"双创"项目的落地，有效地支持了重点产业和中小微企业创业、创新，引导了社会资本共同参与县域经济建设，助推了城镇改造及公共服务设施改善。

2.2.2　业务下沉　补短板深入推进

　　1. 创新营销模式，实现批量获客。2015年，城商行继续创新营销模式，借助互联网、大数据等手段，通过商圈、园区、产业链上下游营销及与政府、商会、协会、第三方公司等合作，加大对中小企业的营销力度。如一些城商行针对果品行业，通过对果商、园区企业的营销，满足了地方果商、园区企业的资金需求，开创了具有地方特色的商圈融资模式。一些城商行与专业征信公司合作，利用第三方数据，建立风险评估模型，在大数据分析基础上实现批量获客，提升服务更多中小企业的能力。

　　2. 加快产品开发，丰富产品体系。2015年，城商行更加注重产品体系的建设与开发。针对利率市场化影响，尤其是企业在经济转型中遇到的新情况，各家城商行围绕提高产品针对性，不断丰富产品功能，以满足中小企业多种资金需求。围绕解决"融资难"与"融资贵"问题，城商行尤其注重在金融产品的便利性，降低融资成本方面挖掘潜力，开拓创新，进一步提高了产品竞争力，更好地满足了中小企业融资的需要。

3. 深化服务内涵，提升服务品质。2015年，城商行继续创新理念，不断丰富中小企业服务内涵，通过整合内外部各方资源，为中小企业提供开放式综合服务平台。

2.2.3 拾遗补缺 扎根社区拓展服务

1. 提供便民服务，提升客户体验。2015年，城商行继续坚持服务市民的宗旨不动摇，深入探索开展社区金融服务。一是银行网点进社区，设立社区银行。截至2015年末，城商行共设立社区银行1300家。二是在社区银行开设代办生活缴费和纳税、代发工资和社保等便民金融服务，让市民不出社区就能享受到方便快捷的金融服务。三是在社区网点推出错时、延时服务，以满足不同客户的需求。四是部分城商行还在社区网点开设特色服务和增值服务，进一步提升客户体验。如部分城商行针对社区客户特点，推出"空乘式"（社区网点配备大堂经理、茶点、饮品等）特色服务，在当地形成了金融服务新亮点。

2. 借助科技手段，打造生活社区。2015年，城商行通过推出金融IC卡加载生活功能，APP加载生活信息和社交功能，打造集金融服务、生活服务一体，线上线下一体，移动平台与实体平台一体的综合化生活社区。部分城商行推出"物业通卡"，可直接乘坐公交、地铁等公共交通。一些城商行上线手机APP，能为客户提供信息发布、在线交流、物业服务等功能服务。

3. 设立街头银亭，昼夜服务便民。2015年，城商行针对一些银行网点偏少地区和对实体网点有依赖的人群，加大完善离行式自助机具的布放力度。部分城商行依靠与城市治安管理机构的合作，设立部分警银亭，为老年人士和不使用网银的客户提供了便民服务。

2.3 战略转型 综合化发展步伐加快

推进战略转型、综合化发展是近年来城商行经营管理工作的新趋势。2015年，城商行进一步延续这一趋势，结合国家"十三五"规划的推出，科学谋划，加快推进战略转型和综合化经营探索。

2.3.1 科学谋划 编制"十三五"规划

1. 制定规划，战略实施引领发展。2015年，大部分城商行启动或完成了新一轮战略规划编制工作。在分析研究城商行所处经济金融环境和自身优劣势的基础上，提出了更为清晰的发展战略。

2. 科学定位，错位竞争建立优势。2015年，城商行在规划编制中，注重挖掘自身潜力和优势，注重从行业、规模等不同维度，在细分市场中找准定位，谋求可持续增长的发展路径。

2.3.2 多措并举 搭建综合化平台

1. 申请牌照，设立非银行子公司。近年来，为更好地满足客户日益多元化的金融需求，城商行一直在积极探索开展综合化经营，并取得一定成绩，一部分城商行完成了非银行子公司的设立。2015年，城商行共设立16家综合化经营的非银行子公司，其中金融租赁10家、消费金融5家、汽车消费金融1家。截至2015年末，全国城商行共设立37家非银行子公司，其中金融租赁公司21家、消费金融公司7家、汽车金融公司3家、基金管理公司4家、信托公司1家、保险公司1家。

表2.3　2015年城商行发起设立非银行子公司情况

类型	发起/参与行	成立时间	非银行子公司
金融租赁	天津银行	2015.10	天银金融租赁
	徽商银行	2015.4	徽银金融租赁
	宁波银行	2015.5	永赢金融租赁
	江苏银行	2015.5	苏兴金融租赁
	西藏银行	2015.5	西藏金融租赁
	江西银行	2015.11	江西金融租赁
	苏州银行	2015.12	苏州金融租赁
	锦州银行	2015.12	锦银金融租赁
	河北银行	2015.12	冀银金融租赁
	威海市商业银行	2015.12	山东通达金融租赁
汽车金融	西安银行	2015.3	比亚迪汽车金融
消费金融	湖北银行	2015.4	湖北消费金融
	徽商银行	2015.4	徽银消费金融
	重庆银行	2015.6	马上消费金融
	南京银行	2015.5	苏宁消费金融
	杭州银行	2015.11	杭银消费金融

资料来源：根据各行2015年年报整理。

2. 有序创新，参与跨界合作。在设立非银行子公司外，城商行通过获取业务资格涉足跨界合作，如开展资产证券化业务资格、客户证券交易结算资金存管银行资格等。2015年，17家城商行获批开展信贷资产证券化业务。

3. 吸纳民资，组建村镇银行。为贯彻落实中国银监会健全农村金融服务体系的要求，城商行积极有序吸纳民间资本参与设立村镇银行。截至2015年末，全国城商行设立了1377家村镇银行。

表2.4　部分城商行发起设立村镇银行一览表

发起行	村镇银行	设立地点	设立时间
北京银行	北京延庆村镇银行	北京	2008.12
	浙江文成北银村镇银行	浙江	2011.08
	农安北银村镇银行	吉林	2012.01
	重庆村镇银行（2家）	重庆	批准待筹建
	云南村镇银行（5家）	云南	批准待筹建
上海银行	上海闵行上银村镇银行股份有限公司	上海市闵行区	2011.02
	浙江衢州衢江上银村镇银行股份有限公司	浙江省衢州市	2011.06
	江苏江宁上银村镇银行股份有限公司	江苏省南京市	2012.05
	崇州上银村镇银行股份有限公司	四川省崇州市	2012.06
哈尔滨银行	巴彦融兴村镇银行	黑龙江省巴彦县	2008.12
	会宁会师村镇银行	甘肃省会宁县	2009.05
	北京怀柔融兴村镇银行	北京市怀柔区	2010.01
	榆树融兴村镇银行	吉林省榆树市	2010.01
	深圳宝安融兴村镇银行	广东省深圳市	2010.06
	延寿融兴村镇银行	黑龙江省延寿县	2010.08
	重庆市大渡口融兴村镇银行	重庆市大渡口区	2010.12
	遂宁安居融兴村镇银行	四川省遂宁市	2010.12
	桦川融兴村镇银行	黑龙江省桦川县	2011.01
	拜泉融兴村镇银行	黑龙江省拜泉县	2011.04
	偃师融兴村镇银行	河南省偃师市	2011.04
	乐平融兴村镇银行	江西省乐平市	2011.04
	江苏如东融兴村镇银行	江苏省如东县	2011.05
	株洲县融兴村镇银行	湖南省株洲市	2011.05
	洪湖融兴村镇银行	湖北省洪湖市	2011.05
	重庆市武隆融兴村镇银行	重庆市武隆县	2011.06
	新安融兴村镇银行	河南省新安县	2011.06
	安义融兴村镇银行	江西省安义县	2011.06
	应城融兴村镇银行	湖北省应城市	2011.06
	耒阳融兴村镇银行	湖南省耒阳市	2011.06
	海南保亭融兴村镇银行	海南省保亭县	2011.08

续表

发起行	村镇银行	设立地点	设立时间
哈尔滨银行	河间融惠村镇银行	河北河间市	2012.07
	重庆市沙坪坝融兴村镇银行	重庆沙坪坝区	2012.06
	重庆市酉阳融兴村镇银行	重庆市酉阳县	2012.08
包商银行	固阳包商惠农村镇银行有限责任公司	固阳县	2007.04
	毕节发展村镇银行有限责任公司	毕节市	2008.09
	广元市包商贵民村镇银行有限责任公司	四川省广元市	2008.10
	鄂温克包商村镇银行有限责任公司	鄂温克族自治旗	2009.04
	贵阳花溪建设村镇银行有限责任公司	贵州省贵阳市	2009.09
	宁夏贺兰回商村镇银行有限责任公司	宁夏回族自治区银川市	2010.01
	宁城包商村镇银行有限责任公司	宁城县	2010.03
	大连金州联丰村镇银行股份有限公司	大连市金州区	2010.06
	准格尔旗包商村镇银行有限责任公司	准旗薛家湾镇滨	2010.06
	乌审旗包商村镇银行有限责任公司	鄂尔多斯市	2010.07
	莫力达瓦包商村镇银行有限责任公司	内蒙古呼伦贝尔市	2010.09
	九台龙嘉村镇银行股份有限公司	吉林省长春市	2010.09
	西乌珠穆沁包商惠丰村镇银行有限责任公司	内蒙古自治区锡林郭勒盟	2010.10
	北京昌平包商村镇银行股份有限公司	北京市昌平区	2010.08
	天津津南村镇银行股份有限公司	天津市津南区	2010.12
	江苏南通如皋包商村镇银行股份有限公司	江苏省如皋市	2010.12
	鄄城包商村镇银行有限责任公司	山东省菏泽市	2011.04
	武冈包商村镇银行有限责任公司	武冈市	2011.04
	息烽包商黔隆村镇银行有限责任公司	贵阳市息烽县	2011.06
	湖北荆门掇刀包商村镇银行股份有限公司	湖北省荆门	2011.06
	漯河市郾城包商村镇银行有限责任公司	河南省漯河市	2011.06
	江苏仪征包商村镇银行有限责任公司	江苏省仪征市	2011.07
	乌兰察布集宁包商村镇银行有限责任公司	乌兰察布市	2011.07
	兴安盟科尔沁包商村镇银行有限责任公司	兴安盟科右前旗	2011.07
	清徐惠民村镇银行有限责任公司	山西省太原市	2011.08
	新都桂城村镇银行有限责任公司	成都市新都区	2011.09
	化德包商村镇银行有限责任公司	乌兰察布市	2011.09

续表

发起行	村镇银行	设立地点	设立时间
东莞银行	开县泰业村镇银行股份有限公司	重庆万州	2009.09
	东莞长安村镇银行股份有限公司	广东东莞	2010.03
	灵山泰业村镇银行股份有限公司	广西钦州	2010.06
	枞阳泰业村镇银行股份有限公司	安徽安庆	2011.03
	东源泰业村镇银行股份有限公司	广东河源	2011.05
	东莞厚街华业村镇银行股份有限公司	广东东莞	2012.03
鄂尔多斯银行	兴县汇泽村镇银行有限责任公司	山西省吕梁市兴县	2010.10
	鄂尔多斯市康巴什村镇银行有限公司	鄂尔多斯市康巴什新区	2011.01
	柳林汇泽村镇银行股份有限公司	山西省吕梁市柳林县	2011.04
	唐县汇泽村镇银行有限责任公司	河北省唐县	2011.06
	鄂托克旗汇泽村镇银行股份有限公司	鄂托克旗棋盘井镇	2011.09
	兴和汇泽村镇银行有限责任公司	乌兰察布市兴和县	2011.09
	正蓝旗汇泽村镇银行有限责任公司	锡林郭勒盟正蓝旗上都镇	2011.12
	鄂尔多斯市罕台村镇银行股份有限公司	鄂尔多斯市天骄南路	2012.03
	古交市汇泽村镇银行股份有限公司	山西省古交市	2012.10
重庆银行	兴义万丰村镇银行股份有限公司	贵州省黔西南州兴义市	2011.05
南充市商业银行	雅安雨城惠民村镇银行	四川雅安市	2014.06
	上海金山惠民村镇银行	上海金山	2012.02
大连银行	庄河汇通村镇银行股份有限公司	辽宁大连	2008.09
	大连经济技术开发区鑫汇村镇银行股份有限公司	辽宁大连	2010.04
	西昌金信村镇银行有限责任公司	四川省西昌市	2010.06
丹东市商业银行	丹东福汇村镇银行股份有限公司	辽宁丹东市	2014.06
	丹东鼎安村镇银行股份有限公司	辽宁丹东市	2011.03
徽商银行	无为徽银村镇银行	安徽无为县	2010
	金寨徽银村镇银行	安徽金寨县	2013
富滇银行	昭通昭阳富滇村镇银行	云南昭通市	2008.12
	禄丰龙城富滇村镇银行	云南禄丰县	2009.12
	丽江古城富滇村镇银行	云南丽江市	2010.10
	曲靖富源富滇村镇银行	云南曲靖市	2011.08

发起行	村镇银行	设立地点	设立时间
天津银行	天津市蓟县村镇银行	天津市蓟县	2008.05
河北银行	平山西柏坡冀银村镇银行有限责任公司	河北平山西柏坡	2010.12
南京银行	宜兴阳羡村镇银行	江苏宜兴市	2008.12
	昆山鹿城村镇银行	江苏昆山市	2009.12
青海银行	宁夏中宁青银村镇银行股份有限公司	宁夏中宁县	2011.05
杭州银行	浙江缙云杭银村镇银行股份有限公司	浙江省缙云县	2011.01
江苏银行	江苏丹阳保得村镇银行	江苏丹阳	2010.06
库尔勒市商业银行	新疆库尔勒富民村镇银行	新疆库尔勒	2010.03
	广东梅县客家村镇银行	广东梅县	2010.10
兰州银行	甘肃西固金城村镇银行	兰州市西固区	2014.12
	永靖县金城村镇银行	甘肃省永靖县	2012.04
	庆城县金城村镇银行	甘肃省庆城县	2012.04
	合水县金城村镇银行	甘肃省合水县	2012.04
	临洮县金城村镇银行	甘肃省临洮县	2011.12
	陇南市武都金桥村镇银行	甘肃省陇南市	2007.07
吉林银行	磐石吉银村镇银行股份有限公司	吉林省磐石市	2007.02
	东丰吉银村镇银行股份有限公司	吉林省辽源市东丰县	2007.02
	江苏江都吉银村镇银行股份有限公司	江苏省扬州市	2010.10
	长春双阳吉银村镇银行股份有限公司	吉林省长春市	2011.12
	蛟河吉银村镇银行股份有限公司	吉林省蛟河市	2011.12
	舒兰吉银村镇银行股份有限公司	吉林省舒兰市	2011.11
	双辽吉银村镇银行股份有限公司	吉林省双辽市	2011.10
	珲春吉银村镇银行股份有限公司	吉林省珲春市	2011.12
	永清吉银村镇银行股份有限公司	河北省廊坊市永清县	2011.12
	沧县吉银村镇银行股份有限公司	河北省沧州市沧县	2011.12
绍兴银行	浙江兰溪越商村镇银行股份有限公司	兰溪市	2011.01
	浙江兰溪越商村镇银行股份有限公司永昌支行	兰溪市	2012.04
	浙江兰溪越商村镇股份有限公司梅江支行	兰溪市	2013.01
	浙江兰溪越商村镇股份有限公司赤溪支行	兰溪市	2013.12
潍坊银行	青岛胶南海汇村镇银行	青岛市胶南市	2008.12

续表

发起行	村镇银行	设立地点	设立时间
浙江稠州商业银行	吉安稠州村镇银行	江西省吉安县	2009.12
	岱山稠州村镇银行	浙江省岱山县	2010.03
	北碚稠州村镇银行	重庆市北碚	2011.01
	普陀稠州村镇银行	浙江省舟山市	2011.07
	忠县稠州村镇银行	重庆忠县	2011.09
	花都稠州村镇银行	广州市	2012.01
	东台稠州村镇银行	江苏省东台市	2012.04
	龙泉驿稠州村镇银行	成都市	2012.05
	安宁稠州村镇银行	云南安宁市	2012.12
朝阳银行	朝阳柳城村镇银行	辽宁朝阳县	2009.12
	凌源天元村镇银行	辽宁凌源市	2010.08
江西银行	南昌大丰村镇银行有限责任公司	江西南昌县	2010.09
	进贤瑞丰村镇银行有限责任公司	江西进贤县	2012.06
	南丰桔都村镇银行有限责任公司	江西省抚州市	2011.12
	四平铁东德丰村镇银行股份有限公司	吉林省四平市	2011.07
	广昌南银村镇银行股份有限公司	江西省抚州市	2013.12
长治银行	长子县融汇村镇银行	长子县	2011.06
	襄垣县融汇村镇银行	襄垣县	2012.09
盛京银行	沈阳沈北富民村镇银行股份有限公司	沈阳市	2009.02
	沈阳新民富民村镇银行股份有限公司	新民市	2010.06
	沈阳法库富民村镇银行股份有限公司	法库县	2010.10
	沈阳辽中富民村镇银行股份有限公司	辽中县	2010.11
	宁波江北富民村镇银行股份有限公司	宁波市	2011.08
	上海宝山富民村镇银行股份有限公司	上海	2011.09
齐商银行	临沂河东齐商村镇银行	山东省临沂市河东区	2010.12

注：受资料所限，本表未能完整披露所有城商行发起设立村镇银行的情况。

资料来源：相关城商行2015年年报。

2.4 "互联网+"战略 先行先试努力探索

为应对互联网金融带来的挑战，跟上互联网金融创新步伐，部分城商行积极实施互联网+战略，探索"互联网+"业务模式，并不断取得新进展。

2.4.1 银行直连 不断丰富服务渠道

1. 直销银行，32家上线。直销银行可以克服实体网点的区域限制，有效扩大获客范围，同时没有实体网点的营运负担，能够降低成本，受到各家城商行的广泛关注。2015年，18家城商行新上线了直销银行。截至2015年末，共有32家城商行上线直销银行，占国内银行直销银行的比例超过60%。2015年开始，城商行更加注重培育直销银行的独立品牌，形成如潍坊银行的风筝银行、河北银行的彩虹Bank、西安银行的新丝路Bank等品牌。

表2.5 城商行直销银行设立情况（截至2015年末）

银行名称	设立时间	直销银行名称
北京银行	2013.9	北京银行直销银行
珠海华润银行	2014.3	华润直销银行
上海银行	2014.5	上行快线
杭州银行	2014.5	杭州银行直销银行
南京银行	2014.6	你好银行
重庆银行	2014.7	重庆银行直销银行
宁波银行	2014.8	宁波银行直销银行
江苏银行	2014.8	江苏银行直销银行
台州银行	2014.8	台州银行直销银行
广东南粤银行	2014.9	南粤e+
浙江稠州商业银行	2014.11	浙江稠州商业银行直销银行
天津银行	2014.12	天津银行直销银行
攀枝花商业银行	2014.12	芒果银行
兰州银行	2014.12	百合银行
徽商银行	2015.1	徽常有财
西安银行	2015.4	新丝路Bank
河北银行	2015.5	彩虹Bank
齐鲁银行	2015.6	齐鲁银行直销银行

续表

银行名称	设立时间	直销银行名称
郑州银行	2015.6	鼎融易
青岛银行	2015.6	青岛银行直销银行
潍坊银行	2015.6	风筝银行
桂林银行	2015.7	桂林银行直销银行
贵阳银行	2015.7	贵阳银行直销银行
营口沿海银行	2015.7	沿海银行直销银行
包商银行	2015.8	有氧金融
山西晋城银行	2015.8	小草银行
德阳银行	2015.8	UPBANK 成长银行
长沙银行	2015.8	e钱庄
晋商银行	2015.9	晋商银行直销银行
齐商银行	2015.9	齐商银行直销银行
湖北银行	2015.10	天空银行
江西银行	2015.10	金e融互联网金融平台

2. 特色电商平台，单点切入。区别于大型银行的电商平台，城商行设立电商平台时更注重特色化服务。采取以某个特色产品或行业作为切入点，打造有独特风格的城商行系电商平台。桂林银行的电商平台"桂银e购"主推广西旅游，兰州银行"三维商城"加载"牛肉面O2O"应用。

2.4.2　银企合作　探索谋求共赢模式

1. 跨界合作，与互联网企业结盟。城商行与互联网企业合作，互通有无、资源共享、相互学习，形成金融与互联网融合的新优势。大连银行根据主流市场变化趋势和自身实际情况，完成了网络金融、移动金融、自助金融、电商金融和多媒体金融等5大产品服务体系建设，提升了获客能力。

2. 立足专业，服务于互联网企业。长沙银行为拍拍贷客户提供账户资金结算服务；徽商银行为互联网融资平台提供资金存管业务；江西银行推出互联网融资平台资金存管业务。

晋商银行：适应互联思维 嫁接传统业务

为促进晋商银行互联网金融业务的发展，推进业务适应互联网金融发展方向，切实提高各项业务的核心竞争力，晋商银行顺应互联网金融趋势，积极完善电子银行渠道，提升服务效率。在"互联网+金融"的模式下，加强电子渠道整合，提升客户体验，打造智能型全功能电子银行；拓展社区银行网点，提升线下服务，打造智慧银行；建立互联网金融综合服务平台，通过移动营销、商户金融服务、在线统一支付和直销银行的建设，形成线上、线下相结合的金融服务模式。

截至2015年末，晋商银行净增个人网银110199户，企业网银1845户，净增手机银行客户端注册有效客户140476户，通过电子银行渠道销售理财产品102706笔，销售额179.63亿元，分别占晋商银行理财产品销售量的35.50%，销售额的34.97%。布局社区银行共计42个网点，新增直销银行563户，实现了互联网金融与传统业务的良好嫁接。

2.5 充实资本 多种渠道渐成常态

随着新资本协议的实施，资本约束成为城商行发展掣肘。2015年，城商行积极通过上市、定向增发、发行二级资本债、优先股多种渠道补充资本，有效缓解了资本压力。

2.5.1 上市融资 抢滩进入证券市场

2015年，城商行上市步伐加快。锦州银行、青岛银行、郑州银行三家城商行先后成功在港发行H股；齐鲁银行成为全国首家在新三板挂牌的城商行；2016年，上海银行、江苏银行、贵阳银行、杭州银行先后成功上市，西安银行、河北银行等启动A股上市申报程序。截至2015年末，累计有11家城商行通过资本市场实现资本补充。

表2.6 上市城商行情况表

上市银行名称	上市时间	上市地点	募集资金（亿元）
锦州银行	2015.12	香港	52
青岛银行	2015.12	香港	37
郑州银行	2015.12	香港	36
齐鲁银行	2015.06	北京（新三板）	15

资料来源：根据各行2015年年报整理。

齐鲁银行：登陆新三板的第一家城商行

2015年6月29日，齐鲁银行成为国内首家在新三板挂牌的城商行，并在市场上同步完成了15亿元的定向增发，走出一条中小银行差异化上市的新路径。齐鲁银行挂牌后，股票流动性明显改善，投资吸引力不断提升；同时，新三板具有多样化的融资方式，其推出的优先股发行政策使挂牌企业具有与主板上市公司一样的优先股发行资格，融资方式快捷、方便、灵活，融资成本低。

面对新三板众多的中小企业客户群体，齐鲁银行积极加强与新三板的业务融合，通过牵头筹建山东省非上市公众公司协会，与新三板签署战略合作协议、合作举办论坛、共同走访企业，推出连接直接融资和间接融资的"齐鲁三板+"金融服务品牌，为中小企业提供更多元、更多层次的金融服务，进一步夯实客户基础和市场定位。

2.5.2　定向增发　有效增加募资渠道

除上市筹资外，2015年，部分城商行还通过定向增发和发行优先股筹资，以提高一级资本充足率。如上市银行中，宁波银行、北京银行先后发行优先股。此后，北京银行、南京银行、齐鲁银行先后发行优先股，补充一级资本；重庆银行向上汽集团、生命人寿定向增发4.2亿股H股，因此成为H股中第一家成功实现股本再融资的中资城商行。非上市银行中，上海银行向TCL集团等定向增发募资成功；厦门国际银行向福建高速增发募资10亿元，占厦门国际银行股份的4.17%。

表2.7　2015年部分城商行定向增发情况　　　　单位：亿元

时间	银行名称	定增对象	涉及金额
2015.4.4	上海银行	TCL集团	33.39
2015.6.25	桂林银行	莱茵生物	0.4
2015.8.11	厦门国际银行	福建高速	10
2015.9.18	库尔勒市商业银行	冠农股份	0.63
2015.9.25	河北银行	荣盛发展	3.9
2015.11.1	河北银行	栖霞建设	2.56
2015.11.7	贵州银行	南方汇通	2
2015.12.3	宜宾市商业银行	天原集团	2.4
2015.12.8	兰州银行	兰州民百等	31.93
2015.12.25	焦作中旅银行	多佛多	0.75

资料来源：根据有关公开信息整理。

2.5.3　二级资本债　丰富城商行增资来源

发行二级资本债已经成为城商行补充资本的重要渠道。2015年，37家城商行共发行1034亿元二级资本债，同比增长172.55%，占银行业的42.31%。城商行成为在银行间市场发行二级资本债的主力军。

表2.8 2015年城商行二级资本债发行情况 单位：亿元

序号	银行名称	金额	序号	银行名称	金额
1	浙江民泰商业银行	5	20	徽商银行	80
2	青岛银行	22	21	威海市商业银行	30
3	北京银行	180	22	东营市商业银行	12
4	福建海峡银行	20	23	绍兴银行	10
5	上海银行	50	24	温州银行	15
6	苏州银行	45	25	厦门银行	18
7	宁波银行	70	26	承德银行	10
8	乐山市商业银行	20	27	盛京银行	100
9	西安银行	20	28	甘肃银行	32
10	华融湘江银行	30	29	阜新银行	10
11	洛阳银行	25	30	重庆三峡银行	9
12	石家庄银行	6	31	贵阳银行	10
13	攀枝花市商业银行	10	32	广东华兴银行	20
14	成都银行	50	33	九江银行	20
15	德阳银行	6	34	张家口市商业银行	20
16	晋商银行	20	35	营口银行	8
17	天津银行	50	36	包商银行	65
18	绍兴银行	5	37	泰安银行	6
19	潍坊银行	15		合计	1034

资料来源：根据中债登网站各城商行发行材料整理。

2015年，面对诸多发展困难与竞争挑战，133家城商行的资产负债达到了历史新高点，保持着健康稳步发展态势，为"十二五"规划实施画上了圆满句号，也为2016年实施"十三五"规划，实现创新发展奠定了坚实基础。

第3章　业务经营

2015年，133家城商行通过深化改革，推进落实创新驱动战略，整体业务指标保持中高速发展势头，同时部分业绩指标高于全国银行业平均水平，相关业务板块呈现出独有的行业亮点。

3.1　资产业务　仍然保持中高速增长

2015年，面对市场出现的"资产荒"，城商行资产业务仍然呈现良好发展势头，资产规模实现了较快增长。截至2015年末，133家城商行总资产达到22.68万亿元，较年初增加4.60万亿元，增长25.44%，增速高于全国银行业金融机构9.77个百分点。在总量保持增长的同时，资产结构呈现出新的变化。

3.1.1　资产结构出现调整　非信贷资产占比上升

2015年，133家城商行占全国银行业金融机构总资产的比重为11.38%，较年初上升0.88个百分点。其中，新增总资产4.60万亿元，占全国银行业金融机构新增总资产的比重为17.01%。从133家城商行内部资产结构看，信贷资产8.66万亿元，较年初增加1.28万亿元，增长17.34%，占总资产的比重为38.18%，较年初下降2.64个百分点；非信贷资产14.02万亿元，较年初增加3.32万亿元，增长31.03%，占总资产的比重为61.82%，较年初上升2.64个百分点。

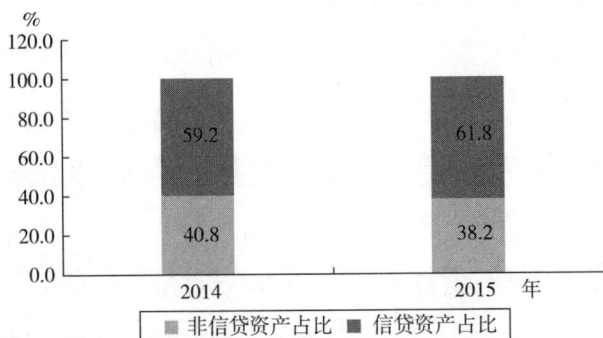

数据来源：133家城商行数据，中国银监会。

图3.1　城商行资产结构变化情况（2014—2015年）

3.1.2　信贷资产持续增长　投向结构逐步改善

1. 信贷投放，更加注重转型发展

2015年，信贷业务发展更加注重向小微和零售业务倾斜。全年小微贷款稳步增长，达到"三个不低于"监管标准。133家城商行统计数据显示，2015年末，城商行个人贷款余额较年初增长19.6%，高于公司贷款的增速，占行业信贷资产的比重为20.7%，较年初上升0.3个百分点。

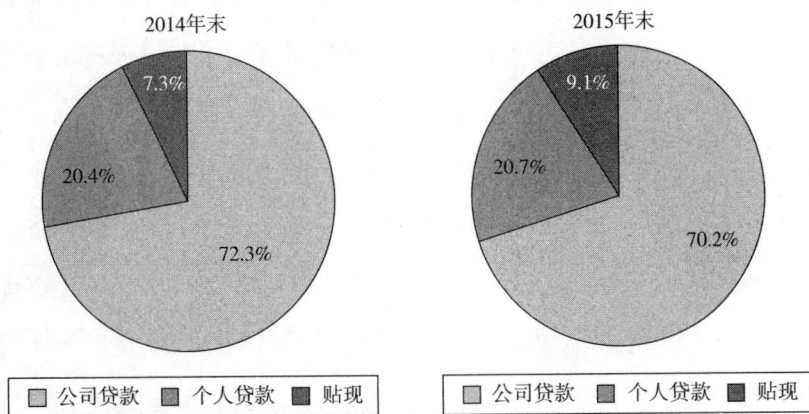

数据来源：133家城商行数据，中国银行业协会。

图3.2　城商行贷款结构（2014—2015年）

2. 公司贷款，更加倾向支持小微

（1）贷款总量增长，增速略有下降。2015年末，133家城商行公司贷款余额（含贴现）较年初增长17.5%，增速略有下降。城商行公司贷款（含贴现）占城商行总贷款的比重为79.3%，较年初下降0.3个百分点。总体而言，2015年，城商行公司贷款余额增长、占比基本维持稳定，反映出城商行面对宏观经济回调压力，仍然保持支持实体经济发展的力度不减。

（2）贴现余额快速增长，比重增加。2015年末，133家城商行贴现余额较年初增长48.2%，占贷款总额的比重达9.1%，较年初上升1.8个百分点。贴现的快速增长，在一定程度上缓解了中小企业融资难问题。

（3）客户结构，中小微比重继续增大。2015年末，133家城商行贷款结构进一步优化，大中型企业贷款占比下降，小微企业贷款占比上升。其中小微企业贷款较年初增长22.9%，高于公司贷款的总体增速。

城商行小微企业贷款保持高速增长及其占比继续提升，反映出城商行2015年落实国家支持小微企业政策措施成效明显。结合国家、地方政府给予的税收免减、产业规划、创新发展等政策支持，以及对小微企业信贷贴息政策，城商行根据区域特点不断调整客户结构，增强了小微企业信贷资金配给。结合供应链金融与互联网技术支持，在服务对象上，城商行重点围绕核心客户价值链、商贸企业聚集圈和制造企业聚集圈，以及专业市场、产业园区和商会集群，开展批量营销和交叉服务。城商行通过专门的小微企业信贷部门，继续推进信贷工厂建设，同时不断强化产品创新，推出网速贷、科技贷等一批新产品服务小微企业，尤其是科技型小微企业。2015年，在优化信贷审批、投放、偿还等流程的同时，城商行通过移动终端信贷操作体验的不断改善，有效降低了小微企业融资成本，提高了融资效率与便利度。

3. 个人贷款，注重消费民生领域

（1）个贷总量持续较快增长。2015年末，133家城商行个人贷款迅速增

长，个人贷款余额较年初增长19.6%。从结构来看，个人住房贷款占比保持稳定，个人经营性贷款占比下降，而个人消费性贷款占比持续上升。

2014年末　　　　　　　　　　　　　2015年末

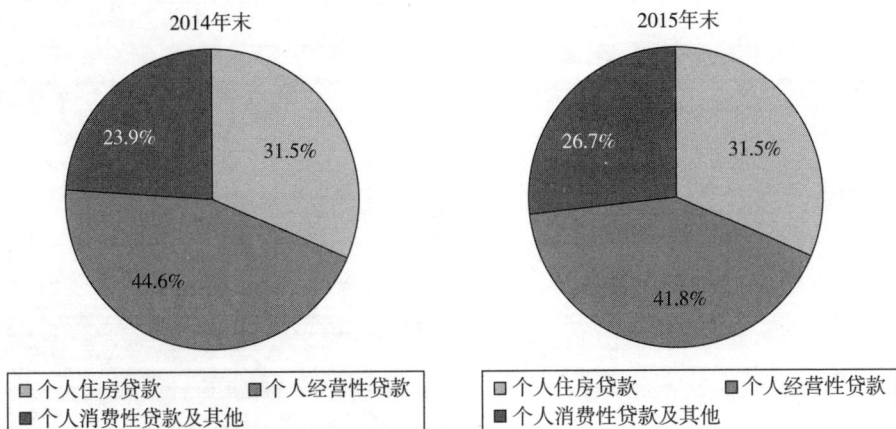

个人住房贷款　　　个人经营性贷款
个人消费性贷款及其他

个人住房贷款　　　个人经营性贷款
个人消费性贷款及其他

数据来源：133家城商行数据，中国银行业协会。

图3.3　城商行个人贷款结构（2014—2015年）

（2）消费贷款持续快速增长。2015年末，133家城商行个人消费贷款及其他贷款余额较年初增长33.8%，占个人贷款的比重为26.7%，较年初上升2.8个百分点。

> **南京银行：坚持差异化市场定位，打造消费金融特色优势**
>
> 　　南京银行消费金融中心在国内市场上率先推出了基于商户店面的无担保、无抵押"购易贷"产品，较早开始了在消费金融服务领域的探索实践。
>
> 　　南京银行在消费金融领域的耕耘实践和经验做法，可以概括为四个"率先"：一是率先打造了国内领先的消费金融风险控制技术。二是率先打造了具有差异化市场竞争优势的业务模式，持续提高产能，提升市场份额。三是率先打造了专业高效的"信贷工厂"运营模式。"信贷工厂"作业模式的形成，使"小而散"的消费信贷业务获得了

"快而精"的处理方式，内部平均审批时间被压缩至1.6天，极大地提升了经营效率。四是率先打造了业内首创的技术输出发展模式。通过技术输出，南京银行积极发挥在国内中小银行消费金融业务领域的"领头羊"作用，探索出一条中小商业银行共同发展消费金融业务、改善消费金融服务的共赢模式。

齐商银行：推出"阳光贷"深耕消费金融市场

家庭光伏发电产品作为国家生态节能计划推广重点，一直备受关注。消费者通过在建筑屋顶安装薄膜太阳能发电组件，即可建立分布式发电站，既满足家庭基本用电需要，余电还可向国家电网申请发电补贴，兼具消费和理财功能。齐商银行与汉能集团联合推出"阳光贷"，旨在降低家庭光伏能源使用门槛，加速新能源推广普及效率。

齐商银行把户用光伏发电与个人贷款相结合的做法，既是推动能源生产和消费革命的有益实践，也是齐商银行大力发展个人消费金融、推进零售业务战略转型的一项创举。业务开展后，齐商银行还将持续发挥"流程简、办理快、服务优、效率高"的比较优势，不断丰富普惠个贷金融产品，帮助居民拓宽消费贷款途径，进一步打造齐商银行个人贷款品牌形象及社会影响力。

（3）个人住房贷款增速稳定上升。2015年，随着房地产市场逐渐回暖，个人住房贷款保持稳定增长趋势，133家城商行个人住房贷款余额较年初增长19.7%；从占比看，2015年末，个人住房贷款占个人贷款的比重为31.5%，较年初基本保持稳定。

（4）经营贷款占比出现下降。2015年末，133家城商行个人经营性贷款余额较年初增长12.0%，增速下降，表明在经济下行压力加大的背景下，经营贷款需求减少。从占比看，2015年末，经营性贷款占个人贷款的比重为41.8%，较年初下降2.8个百分点。

3.1.3 非贷资产份额扩大 业务创新日趋活跃

面对实体经济转型与商业模式变革对城商行服务带来的新需求，各家城商行在做好传统业务基础上积极探索非信贷业务的发展，并取得进展。2015年，城商行非信贷业务发展呈现活跃景象，成为城商行业务增长一大亮点。各家城商行在遵循监管要求情况下，针对自身实际有序开展了应收账款类投资、可供出售金融资产等业务。2015年末，133家城商行非信贷资产总计达到14.02万亿元，较年初增加3.32万亿元，增长31.02%，增速较年初上升11.2个百分点。

1. 应收款项投资快速发展

2015年末，133家城商行应收款项类投资3.92万亿元，较年初增加1.51万亿元，增长62.6%。在监管部门对同业监管更加严格的背景下，城商行不断收紧同业业务，将资产向应收款项类投资调整并主要以信托受益权、资管计划、债券投资等形式进行业务拓展。部分城商行针对相应市场和客户创新产品设计，积极创新，推出了适合客户需要的产品与服务，成为同业的标杆。

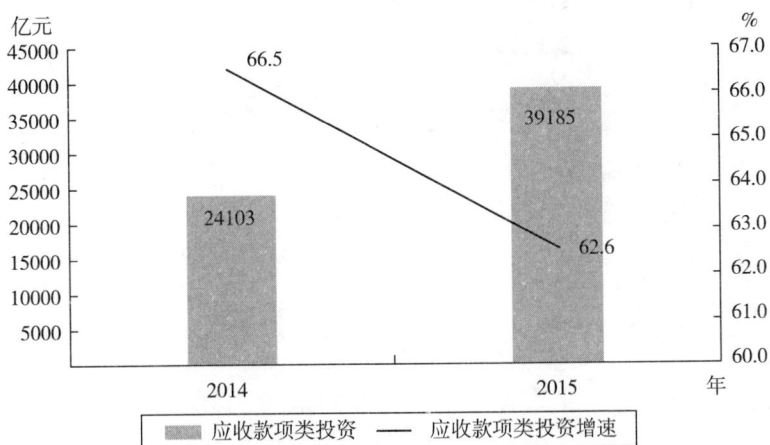

数据来源：133家城商行数据，中国银行业协会。

图3.4 城商行应收款项类投资变化情况（2014—2015年）

2. 可供出售金融资产高速增长

2015年末，133家城商行可供出售金融资产2.1万亿元，较年初增加9302亿元，增长77.2%。城商行可供出售的金融资产主要包括债券投资、同业理财产品、权益工具三大类型业务。债券投资方面，从发行人看，城商行债券投资主要集中于政府、政策性银行、金融机构以及企业，债券投资的快速发展与中国债券市场不断扩容共振。同业理财产品方面，相比过去的存放同业，同业理财获得快速发展。其主要原因是在市场流动性较为充裕的背景下，大量资金寻找投资渠道，由于传统的存放同业受到限制，并且很多银行业金融机构尚不能直接投资收益凭证、打新、两融及相关资管计划等业务，所以资金不断投向安全性和收益率均较高的同业理财业务。

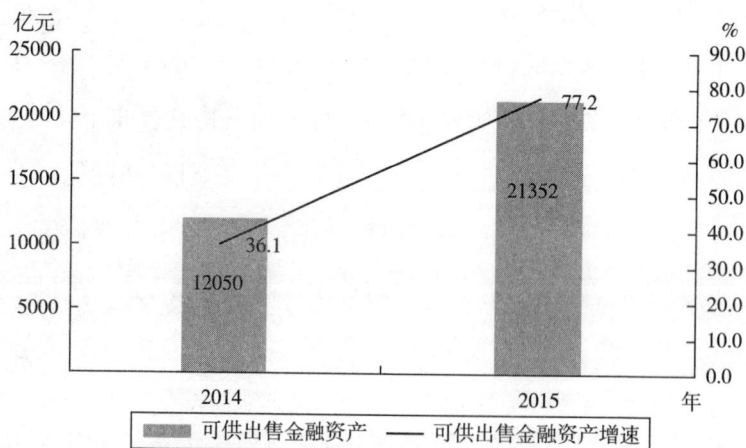

数据来源：133家城商行数据，中国银行业协会。

图3.5　城商行可供出售金融资产变化情况（2014—2015年）

3.2　负债业务　多渠道拓展资金来源

2015年，城商行负债增速经历了连续四年的下降后实现逆势增长。截至2015年末，133家城商行负债余额为21.13万亿元，较年初增加4.3万亿元，增长26%，较年初上升7个百分点。

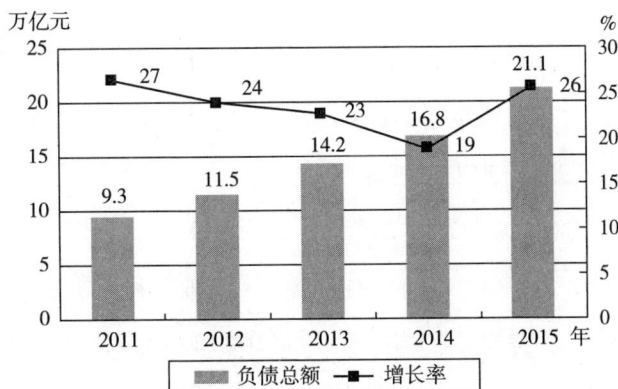

数据来源：中国银监会网站。

图3.6　城商行负债余额及增速（2011—2015年）

3.2.1　存款业务平稳增长　大额存单创新发行

2015年，存款立行的原则继续植根在城商行发展理念之中。尽管面对利率市场化改革、互联网金融、存款加速脱媒等不利形势的叠加发酵，城商行存款业务发展仍然保持良好势头。截至2015年末，133家城商行各项存款余额14.2万亿元，较年初增加2.1万亿元，增长17.6%，增速较年初上升2.8个百分点。

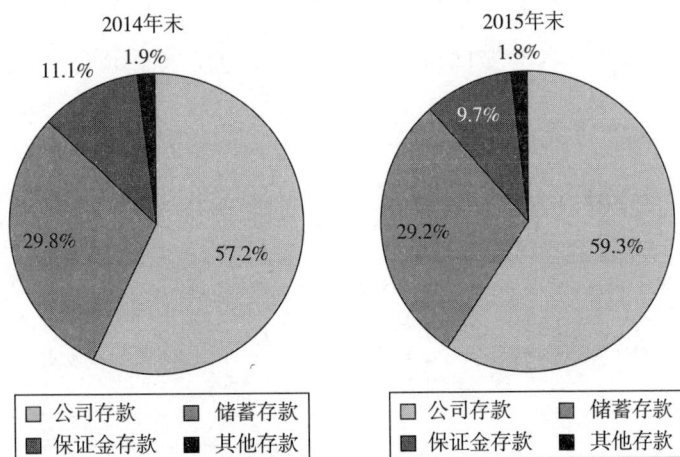

数据来源：133家城商行数据，中国银行业协会。

图3.7　城商行存款结构（2014—2015年）

1. 公司存款增速持续上升

2015年末，133家城商行公司存款较年初增长22.5%，高于整体存款的增速；占各项存款余额的比重为59.3%，较年初上升2.1个百分点。

2. 储蓄存款增速有所下降

2015年末，133家城商行个人存款较年初增长16.0%，低于整体存款的增速；占各项存款余额的比重为29.2%，较年初下降0.6个百分点。2015年，中国人民银行多次宣布降息，同时，居民理财意识逐步增强，投资行为更加差异化和多元化，以券商、基金公司、信托机构、专业理财机构等为代表的资产管理机构快速发展，储蓄存款持续下降。

3. 大额存单实现"零"的突破

2015年6月2日，为规范大额存单业务发展，拓宽存款类金融机构负债产品市场化定价范围，有序推进利率市场化改革，中国人民银行制定了《大额存单管理暂行办法》，大额存单正式推出。大额存单是存款类金融机构向非金融机构与个人发行的记账式大额存款凭证。目前有43家城商行获得了发行资格，为城商行提供相对稳定的资金来源，培育提升了其主动负债能力和市场定价能力。大额存单对中小银行具有重要意义，是其吸收存款、应对竞争的有效工具。未来，各家城商行将根据自身资金需求制定更为灵活多样的大额存单产品。

3.2.2 同业存放大幅提升 主动负债能力增强

2015年末，133家城商行同业和其他金融机构存放资金3.2万亿元，较年初增加5749亿元，增长21.9%。

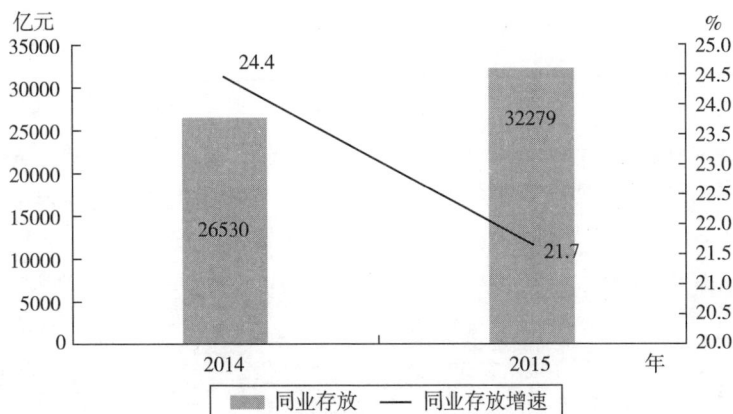

数据来源：133家城商行数据，中国银行业协会。

图3.8　城商行同业存放余额及增速（2014—2015年）

3.2.3　应付债券明显扩容　助力经济转型发展

2015年，133家城商行应付债券5697亿元，较年初增加2741亿元，增长93%。城商行通过应付债券类业务与市场同步发展，在支持小微、"三农"、绿色等国民经济重点领域和薄弱领域的发展上起到重要作用。

1. 小微债券，助力"两创"融资

2015年，响应"大众创业、万众创新"号召，城商行在助力小微企业发展方面发挥重要作用，多家城商行通过发行小微金融债，专门服务于小微企业发展壮大，并取得积极成效。2015年，133家城商行发行小微债券2150亿元，较年初增加661亿元，增长44%。

富滇银行：发行30亿元小微债

富滇银行于9月25日成功发行2015年第二期小微企业专项金融债券，发行规模达30亿元，主要包含两个品种：品种一（3年期）发行规

模15亿元，票面利率4.1%，认购倍数1.73；品种二（5年期）发行规模15亿元，票面利率4.4%，认购倍数1.67，至此，富滇银行获批的70亿元小微企业专项金融债券已全部发行完毕。

富滇银行小微债的发行是富滇银行成功引入省外低成本资金，支持云南省小微企业发展，助力省内经济稳步提升的有力表现。下一步，富滇银行将以小微债发行为契机，继续加大小微企业支持力度，提升小微金融服务水平，建设小微企业金融专属品牌，朝着打造本地"小企业金融的首选银行"的目标不懈努力，确保实现"三个不低于"，为支持实体经济和小微企业，服务地方经济建设贡献力量。

2. 绿色债券，助力可持续发展

随着国家支持绿色金融发展的相关措施逐步落地，绿色债券的规模进一步扩大，部分城商行率先发行绿色债券，助力可持续发展。

青岛银行：获绿色债券发行资格

2016年2月22日，青岛银行公布80亿元绿色债券发行计划，成为国内首批通过中国人民银行审批的三家绿色债券试点行之一，青岛银行也成为国内第一家获得绿色债券发行资格的城商行。青岛银行本次绿色金融债券额为80亿元，主要用于节能、污染防治、资源节约与循环利用、清洁交通、清洁能源、生态保护和适应气候变化等环保项目。目前，青岛银行已建立合格绿色项目清单，初步确定的绿色产业项目数量26个。通过绿色金融债券的发行将进一步完善青岛市绿色金融体系，撬动社会资本为青岛市绿色金融项目建设注入充足资金，迅速推动绿色产业加速发展、提升企业生产效率、实现资源循环利用、降低资源耗费及污染排放。同时，将吸引全球投资者对青岛绿色产业的关注，有利于提高青岛作为绿色城市的全球知名度，进而吸引绿色项目投资，推动绿色经济向更高层面发展。

3.同业存单，改善银行流动性

2015年，同业存单快速发展对城商行具有重要意义。一方面提高了获得资金的能力，成为补充流动性、获得高稳定性资金的重要途径；另一方面增强了资产负债管理的能力，同业存单进一步拓宽银行进行主动负债的渠道，一定程度上解决了银行进行资产配置时的后顾之忧。2015年末，133家城商行发行同业存单15787亿元，较年初增加11716亿元，增长288%。

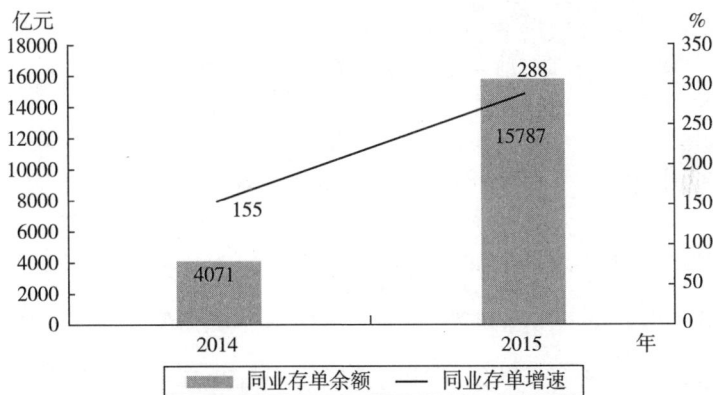

数据来源：133家城商行数据，中国银行业协会。

图3.9 城商行同业存单余额及增速（2014—2015年）

3.2.4 央行借款日趋灵活 政策传导精准及时

2015年初，中国人民银行进一步加强对中小金融机构流动性的支持，在全国推广分支机构常备借贷便利。同时，中国人民银行通过中期借贷便利向金融机构投放基础货币，引导金融机构加大对小微企业和"三农"等重点领域和薄弱环节的支持力度。城商行积极响应政策，全力以赴服务国家重点领域和薄弱环节，达到向中国人民银行借款条件。2015年末，133家城商行向央行借款1023亿元，较年初增加179亿元，增长21.2%，一定程度上增强了自身流动性。

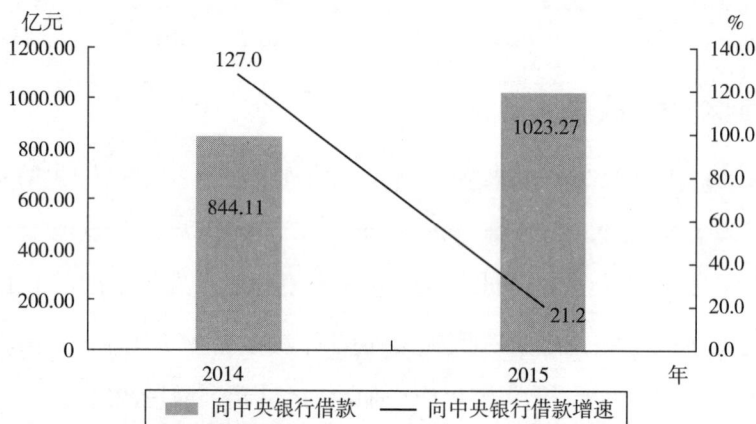

数据来源：133家城商行数据，中国银行业协会。

图3.10 城商行向中央银行借款余额及增速（2014—2015年）

3.3 中间业务 轻资产发展效果渐显

面对利率市场化改革的深入推进、金融脱媒日益明显等影响，城商行负债成本不断上升，息差水平逐步收窄。为应对不利影响，城商行积极寻求转型发展之道，将中间业务的发展作为战略转型的重要选项不断推进，从而逐步提升了中间业务收入在营业收入中的占比。2015年，133家城商行实现中间业务收入636亿元，同比增加154亿元，增长32.1%；中间业务收入在营业收入中占比9.9%，同比上升1.3个百分点。

3.3.1 业务发展势头强劲 收入增长多方助力

为弥补中间业务存在的短板，各家城商行注重挖掘中间业务的来源，不断培育中间业务的增长点，收到较好效果。2015年，133家城商行实现中间业务收入636亿元。从增速来看，中间业务收入同比增长32.1%，同比上升3.1个百分点。从结构来看，中间业务收入占营业收入的比重为9.9%，同比上升1.3个百分点，城商行中间业务整体发展势头良好，轻资产导向下的战略转型效果进一步显现。

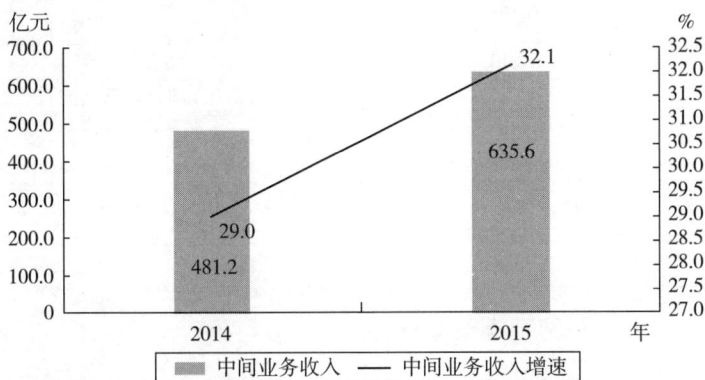

数据来源：133家城商行数据，中国银行业协会。

图3.11 城商行中间业务收入及增速（2014—2015年）

3.3.2 投行业务提速增长 开拓创新寻求突破

2015年，133家城商行投行业务实现中间业务收入76.1亿元，同比增加10.9亿元，增长16.6%；在中间业务收入中占比12.0%，保持稳定。投行业务主要有短票及中票承销、银团安排与承销、并购、重组财务顾问、融资顾问、资产证券化等业务。随着金融市场的不断完善，金融服务需求日益多样，投行业务发展迎来重大发展良机，"大投行"战略深入人心，部分城商行开始先行先试，针对客户多样性需求，加大创新力度。特别是在金融脱媒加快的背景下，直接融资将逐渐成为主要融资来源，投行业务通过提供企业财务顾问、融资顾问以及上市服务等将成为城商行实现创新发展和战略转型的重要契机。

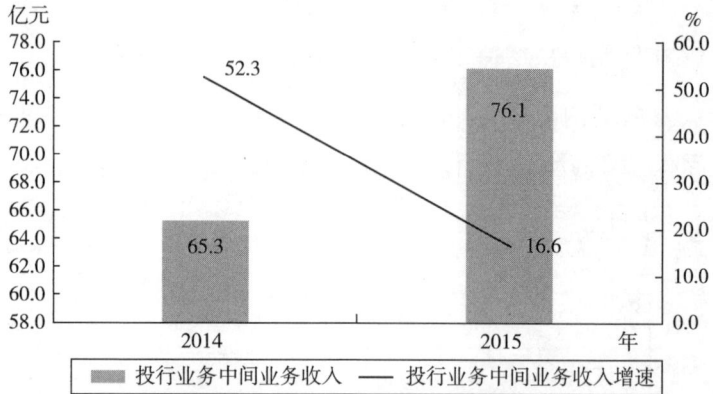

数据来源：133家城商行数据，中国银行业协会。

图3.12　城商行来自投行业务的中间业务收入及增速（2014—2015年）

北京银行：个人住房抵押贷款证券化

北京银行具有丰富的证券化发行经验，于2014、2015年共发行5期，总规模超过342亿元。开展个人住房抵押贷款证券化对于盘活个贷资产、调整资产结构、释放经济资本等都具有深远意义。作为最适合证券化的资产，国内目前个人住房抵押贷款拥有数万亿元的市场规模。

北京银行以相对缺乏流动性的长期按揭贷款作为基础资产，一是进一步盘活了个贷资产，优化大零售业务板块的资产结构，是对"表内+表外"消费信贷业务发展新路径的积极探索。二是进一步释放经济资本，解决资本与规模约束，对实现全行资产流转交易机制生成与提速，具有深远意义。三是进一步促进了业务系统升级，由于个人住房抵押贷款证券化涉及贷款笔数众多、金额分散，无法手工核算，对于系统要求很高，北京银行在发行前夕成功升级改造了行内相关系统，为日后新增发行奠定了系统基础。

3.3.3 资管业务高速增长 业务范围不断扩大

2015年，133家城商行资产托管规模增长迅速，实现中间业务收入48.0亿元，同比增加20.0亿元，增长71.4%；在中间业务收入中占比7.6%，同比上升1.8个百分点。资产托管业务不再局限于资产保管和清算等传统托管服务，部分城商行已形成覆盖全市场资管品种的托管产品线，包括证券投资基金、基金公司资产管理计划、券商资产管理计划、信托计划、银行理财、保险机构资产管理产品、股权投资基金等各类产品。托管产品投资标的涵盖股票、债券、金融期货、期权、QDII、证券投资基金、资产支持证券、非标准债权、非上市股权等全市场投资品种。

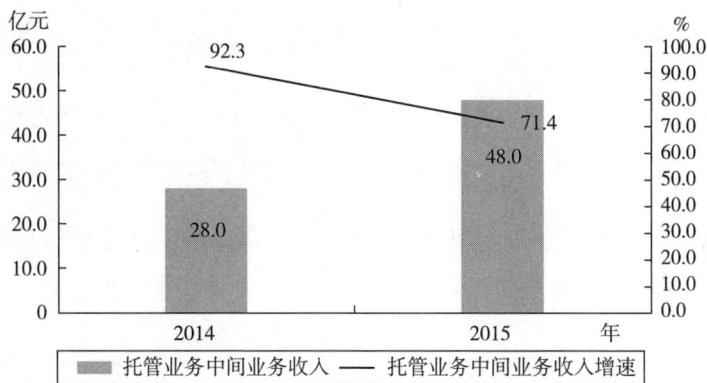

数据来源：133家城商行数据，中国银行业协会。

图3.13 城商行来自托管业务的中间业务收入及增速（2014—2015年）

3.3.4 代理业务异军突起 相关产品日益丰富

2015年，133家城商行代理类业务实现中间业务收入99.6亿元，同比增加30.5亿元，增长44.1%；在中间业务收入中占比15.7%，同比提高1.3个百分点。代理业务的迅速发展，得益于整个金融市场的不断成熟，以及金融产品的日益丰富。

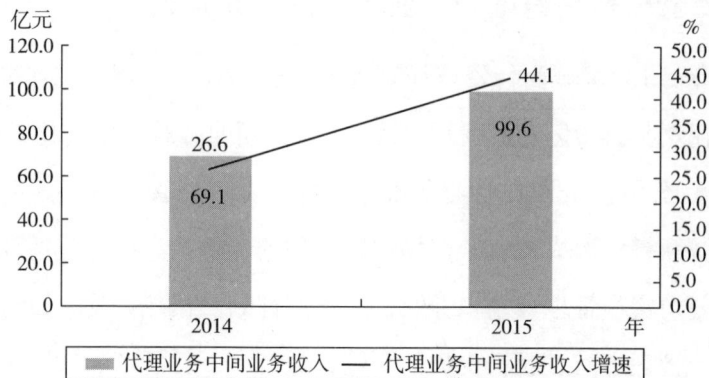

数据来源：133家城商行数据，中国银行业协会。

图3.14　城商行来自代理业务的中间业务收入及增速（2014—2015年）

3.3.5　保函承诺具备潜力　客户多源市场趋好

2015年，133家城商行保函与承诺实现中间业务收入35.5亿元，同比增加8.6亿元，增长32.1%；在中间业务收入中占比5.6%，同比保持稳定。部分城商行加大客户拓展力度，积极推动新老客户服务改善，创新和丰富保函业务品种，不断开拓保函业务市场。

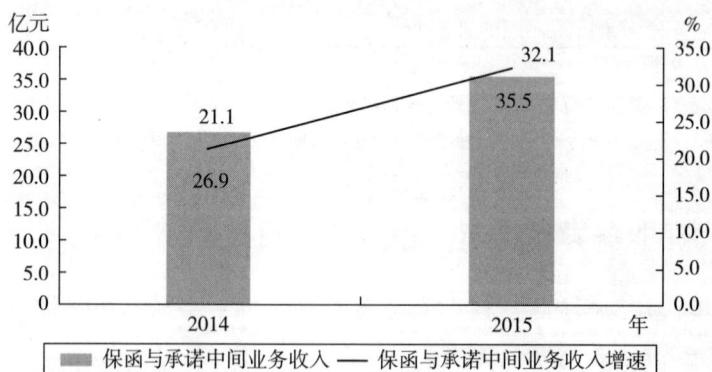

数据来源：133家城商行数据，中国银行业协会。

图3.15　城商行来自保函与承诺业务的中间业务收入及增速（2014—2015年）

3.3.6 银行卡业务快速发展 收入贡献保持稳定

2015年，133家城商行银行卡业务实现中间业务收入89.7亿元，同比增加26.6亿元，增长42.1%；在中间业务收入中占比14.1%，同比上升1.0个百分点。银行卡中间业务收入主要是发卡量和消费额增长以及收单业务发展带动收入增加，现在已经成为我国商业银行中间业务的主打业务。部分城商行不断创新，在保障资产质量的基础上，全力为客户提供更加丰富的产品与更高品质的服务。广东华兴银行推出"映山红家庭卡"，该卡主要为家庭年收入在20万元以上或者家庭存款总额超过50万元的城市中产家庭打造，享有他行转本行交易手续费全免的特权，凡是家庭内成员他行转本行交易手续费全免，持卡人通过银联渠道订购华兴银行理财、存款产品，实现他行转本行交易手续费全免。

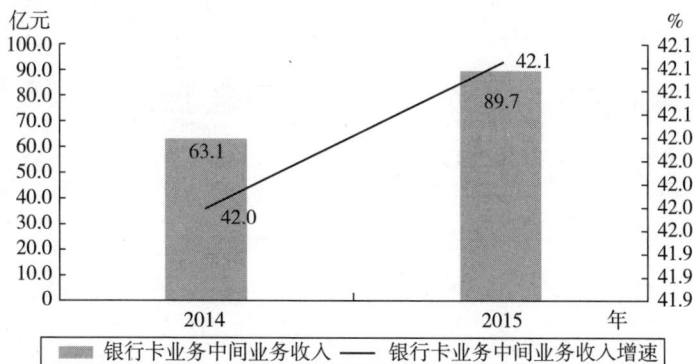

数据来源：133家城商行数据，中国银行业协会。

图3.16 城商行来自银行卡业务的中间业务收入及增速（2014—2015年）

3.3.7 理财业务增速放缓 创新产品陆续面市

2015年，133家城商行理财业务实现中间业务收入89.8亿元，同比增加31.9亿元，增长55.1%，增速同比下降6.4个百分点；在中间业务收入中占比14.1%，同比上升2.1个百分点。按照中国银监会对银行业务的指导，城商行不断加强对开放式产品的管理，主动调整产品结构，向开放式产品转型，从理财产品期限、结构、类型和投资标的等方面加大创新力度，为客户提供更加灵活多样的产品设计。

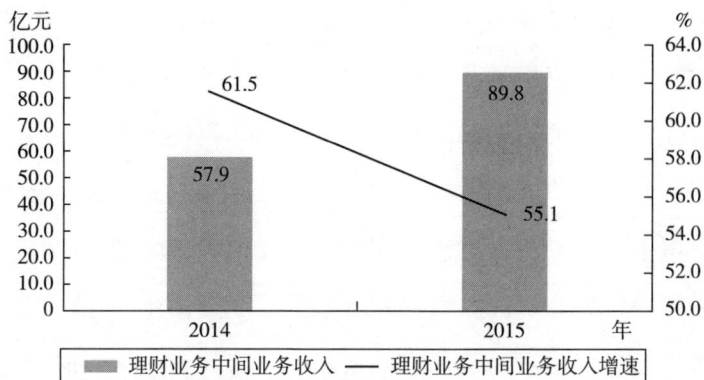

数据来源：133家城商行数据，中国银行业协会。

图3.17　城商行来自理财业务的中间业务收入及增速（2014—2015年）

3.3.8　结算业务收入下降　减免收费回馈社会

133家城商行统计数据显示，2015年，城商行结算类业务实现中间业务收入54.4亿元，同比下降0.5亿元，负增长0.9%；在中间业务收入中占比8.6%，同比降低2.8个百分点。2015年，为切实解决"融资贵"问题，各家城商行严格执行《商业银行服务政府指导价政府定价目录》，加强收费管理，下调部分人民币结算产品收费标准，使得人民币结算业务在业务量增长的同时收入有所下降，从而为实体经济的健康发展作出了应有的贡献。

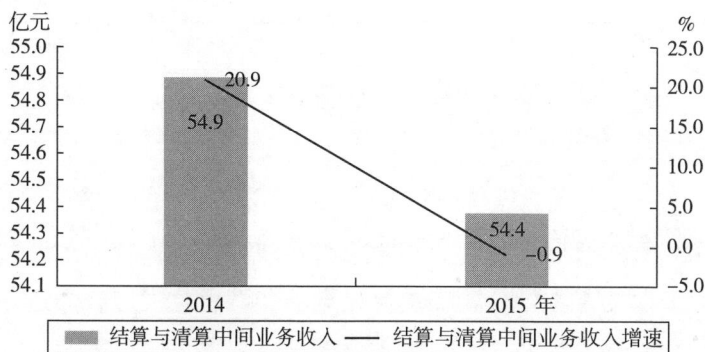

数据来源：133家城商行数据，中国银行业协会。

图3.18 城商行来自结算与清算业务的中间业务收入及增速（2014—2015年）

2015年，资产业务持续保持稳健增长，资产结构不断优化，非信贷业务占比上升；公司贷款规模和增速持续提升，重视小微业务发展；个人贷款增速加快，注重消费民生领域；非信贷资产快速扩张，应收款项类投资、可供出售金融资产等增长迅速。负债业务受经济增速放缓、利率市场化提速、金融脱媒等因素影响，资金的来源受到一定制约，不断通过增存稳存、扩大同业业务、积极发行债券、向中央银行借款等多渠道拓展负债打破制约。中间业务继续保持快速增长，结算类、投行类、银行卡、保函及承诺、代理类等多种业务共同发力，多源拉动中间业务收入增长，轻资本发展价值凸显。

第4章 特色服务

中国银监会主席尚福林在2015年全国城商行年会上指出，城商行要继续坚持"三服务"的基本定位，在差异化竞争和特色化发展方面进一步用功加力，精耕细作社区金融服务、市民金融服务、小微企业金融服务，切实改善相关领域金融服务薄弱局面。坚持差异化、特色化经营，既是城商行应对经济下行周期复杂形势的迫切需求，更是打造核心竞争力、实现科学发展的必然选择。

2015年，城商行进一步深化坚持的基本市场定位，着力推动地方经济转型升级，专注构建独具特色的小微金融、社区金融服务模式，积极试水互联网金融，稳步打造特色服务品牌，特色化发展的整体步伐明显加快。从全局高度上看，城商行特色经营的战略特征更加明显，理念文化、组织体系、发展节奏、资源配置等顶层设计更趋规范和系统。从微观层面上看，城商行特色经营更有针对性，产品和服务更具实效性，在客户选择、渠道拓展、技术应用、创新驱动等要素上形成了先发和比较优势。

4.1 扎根本土 助推地方经济社会发展

作为地方信贷资源、金融服务资源的主要挖掘者和供给者，城商行始终坚守"扎根地方、建设地方"的使命和责任，深入对接地方经济转型和结构调整，全力支持地方经济社会繁荣进步。

4.1.1 保障重点项目 服务重大战略

2015年，城商行围绕地方产业特点不断优化信贷投向和贷款结构，全力保障市政工程、轨道交通、基础设施等重大项目建设，在服务实体经济、服务地方经济方面发挥了重要作用。日照银行优先支持全市重点项目，保证骨干企业资金需求，对109户重点扶持企业给予流动资金支持，向日钢、岚桥、兴业等13家骨干企业提供周转资金74.8亿元；积极支持钢铁深加工、汽车及核心配件、现代物流等产业，2015年累计向威亚发动机、运总集团等企业投放资金50.42亿元。

华融湘江银行：创新服务，为重点项目建设添砖加瓦

面对社会资金需求量大而货币政策继续保持稳健的局面，华融湘江银行坚持"用好增量、盘活存量"，大力创新信贷产品和服务模式，综合运用表内贷款、银行承兑汇票、信用证、银信合作等方式，扩大信用总量，支持全市重点项目建设和重点企业发展。

近两年来，华融湘江银行衡阳分行累计投放到市城建投、市交通投等市级融资平台和县域融资平台的表内外信用额度达43.59亿元，重点支持了滨江新区、船山东路、松木工业园等基础设施建设项目以及衡山县、衡东县、衡阳县等县域经开区建设，有效推进了城镇化建设和新型工业化的转型升级，为地方经济发展注入"源头活水"。

为支持市政府推进国企改制进程，该行主动与弘湘公司对接，发放贷款3亿元，支持完成了18家国有企业的改制，共安置职工11000多人。

盛京银行：支持东北再振兴

2015年，备受期待的辽宁北方金融资产交易中心在辽宁营口经济技术开发区正式揭牌开业，当日挂牌交易数量13宗，挂牌交易总额达80亿元。辽宁北方金融资产交易中心的投入运营，将为营口港口经济的优化升级提供强有力的金融支撑，拉开营口向区域性金融中心快速迈进的帷幕。

盛京银行是辽宁省政府确定的辽宁北方金融资产交易中心主办银行，作为总部银行，盛京银行将积极发挥总部机构比较优势和聚集扩散作用，以自身经营管理方面的先进经验，助力辽宁北方金融资产交易中心建立起专业高效的运作团队，并支持辽宁北方金融资产交易中心在市场组织、产品设计、机制建设等多方面进行制度创新和技术创新。

4.1.2 助力结构优化 培育新经济动能

城商行遵照政策指引，尊重发展规律，考虑资源禀赋，科学倾斜资源，充分发挥金融对实体经济的撬动作用，全力支持产业结构升级。一方面紧密契合地区发展规划，积极抢抓产业升级中的巨大机遇，加快信贷投放节奏，持续提升市场份额；另一方面重点支持战略客户转型升级，优先保障符合产业转型升级要求的龙头企业及其上下游供应链企业的融资需求，完善综合服务能力，推动战略客户做优做强。

4.1.3 践行惠民承诺 支持民生工程

2015年，城商行持续加大对民生基础产业和城市公共服务领域的金融投入，重点支持棚户区改造、供暖、供水、医疗、社保等涉及人民群众切身利益的惠民工程，以实际行动解决人民群众最为关心的民生难题，彰显惠及民生的民本情怀，践行服务民生承诺。齐鲁银行积极对接政府棚户区项目，支持地方民生改善工程，为全省各地棚户区改造项目提供7亿元资金支持。阜新银行紧抓深化改革，以实际行动弘扬和践行"普及大众、惠之于民"的普惠金融服务理念，践行"助力经济发展、服务中小企业、方便社会百姓、倾情回报社会"的银行使命，在打造专业化银行的道路上迈出更大步伐，成为具有核心竞争力的现代精品银行。长沙银行始终坚持"服务市民"的职责和使命，社保卡发卡业务覆盖省内长沙、株洲、常德、娄底、益阳、怀化、湘潭、邵阳等地区，累计发卡93.5万张，实现社保渠道、品种和人群的三个"全覆盖"。

江苏银行：推出"人才贷"，为客户提供定制化服务

针对科技人才，江苏银行率先推出"人才贷"，在此基础上，又探索研发出"人才保"、"人才投"等创新项目，为不同融资需求的客户提供定制化服务。江苏银行"人才贷"具有专项、多样、定制的显著特点，通过贷款支持，增强人才和企业研发能力，助推产、学、研、用协同创新。

从授信对象来说，"人才贷"主要面向各级认定人才，如国家千人计划、万人计划入选者，省市科技企业家，省"333工程"培养对象，省双创计划专家等。"人才贷"授信期限最长可达5年，信用方式贷款利率远低于同业水平。除了对人才自身的支持外，江苏银行人才金融还进一步向人才项目服务、多方资源整合、人才对接服务上延伸，根据其企业发展所处的不同阶段，叠加发放研发贷、孵化贷、创业贷、设备贷等企业贷款。

天津银行：积极拓展"O2O"医疗服务

2015年以来，天津银行紧紧围绕市民百姓就医服务需求，积极探索银医合作新模式，加强"线上+线下"合作渠道建设，延伸服务触角，提高医疗服务便捷性和客户体验，有效缓解了市民就医难题。

2015年，天津银行与"医指通"就医服务平台合作推出手机银行预约挂号服务，市民只需点击天津银行手机银行APP，即可轻松享受本市及全国其他地区的医疗机构在线预约专家应诊等医疗服务，为广大市民开启了"移动金融+医疗"的服务新模式。

在探索线上医疗增值服务的同时，天津银行积极建设"医付宝"自助挂号缴费系统，在天津市胸科医院、第三中心医院、天津医院布设自助服务终端，将银行系统与医院收费系统直联，实现从挂号到缴费的"一站式"自助服务，大大缩短了就医排队等候时间，受到就诊市民的一致好评。

浙江稠州商业银行："三权"抵押贷款缓解农户担保难题

为切实解决农民在生产经营中融资困难、缺乏资金周转、产业发展滞后等问题，浙江稠州商业银行积极响应丽水市农村金融改革试点政策，在丽水地区积极推行"林权抵押贷款"、"农房财产权抵押贷款"、"土地承包经营权抵押贷款"等创新型个人信贷产品，丰富"三农"贷款增信的有效方式和手段，大力发展农村普惠金融。截至2015年末，稠州银行在丽水地区累计发放三权抵押贷款525笔，金额17238万元，其中林权抵押贷款发放265笔，金额6193万元，农房财产权抵押贷款234笔，金额9427万元，土地承包经营权抵押贷款26笔，金额1618万元。

4.1.4　理顺银政关系　深化合作力度

作为地方性商业银行，城商行的持续、快速、健康发展离不开地方党委、政府的大力支持。城商行积极响应政府号召，不断丰富银政合作的形式，在设立城市发展基金、承销政府债券、参与城镇化改造等多个业务层面深度对接，实现社会效应和经济效益双丰收的互利共赢局面。广东华兴银行结合自身发展情况，通过类PPP项目授信的形式，为珠江三角洲地区新型城镇化建设作出自身贡献。截至2015年末，共投放类PPP项目四笔，累计发放授信总额达16.4亿元，全部用于佛山市、清远市的老城区旧改项目。广州银行积极参与国有企业重组发展基金、重大科技创业投资基金、珠江西岸先进装备制造业发展基金、新兴产业创业投资基金等地方重大项目，有力助推省属国有企业改革。

4.2　下沉服务　做实小微金融业务

深化小微企业金融服务，既是监管政策引导的发展方向，也是"新常态"下城商行求新谋变的必然选择。出于历史原因，城商行在服务小微方面具有地缘、亲缘、本土的天然优势，有着深刻的理论认识和实践经验。2015年，城商行将服务小微作为当前稳定可靠的利润增长点和未来生存发展的战略制高点，以模式、产品、机制上的主动创新为突破口，下沉服务深度、延伸服务触角，取得了引人瞩目的业绩。

截至2015年末，全国133家城商行小微贷款连续5年实现"两个不低于"目标。在各种问题挑战不断涌现、整体经济下行压力加大的情况下，城商行恪守服务宗旨，克服种种困难，以高于自己体量的能量努力解决小微企业融资难问题，城商行已成为各类银行业金融机构中服务小微的重要生力军。

4.2.1 创新商业模式　延伸服务领域

城商行认真审视目标市场的整体环境、发展阶段，归纳总结小微客户的基本特征，以解决实际问题、提升服务效能作为出发点，积极探索实践多样性、差异化的服务模式和竞争策略，取得了较好的市场反响。

1. 投贷联动模式

针对科技型初创企业普遍具有的轻资产、弱担保、高成长性等特点，城商行积极尝试推动投贷联动，通过制度安排降低信贷风险，实现服务科创企业的风险管控与收益水平相匹配。通常而言，城商行开展投贷联动包括两种模式：一种是引入风投企业，在科学评估科创企业成长风险的基础上，由风投企业提供股权投资，城商行跟随开展信贷投入、管理咨询、投行承销等金融服务；另一种是部分领先的城商行已设立下属基金子公司，由基金子公司进行风险投资后，母行提供其他传统金融服务。

2015年，监管部门更进一步推动投贷联动模式的创新发展。10月27日，科技部联合中国人民银行和中国银监会，选择若干符合条件的国家自主创新示范区和商业银行试点投贷联动，允许试点银行设立投资功能子公司与设立科技金融专营机构，其中独立法人子公司专门负责科创企业的股权投资业务，实现"投"端；银行指定专营机构负责债权融资，实现"贷"端，两端结合实现"投贷联动"。试点银行积累经验后向全国推广（2016年4月20日，中国银监会、科技部、中国人民银行确定试点银行名单，北京银行、天津银行、上海银行、汉口银行、西安银行共五家城商行列入首批试点银行）。

2. "创客中心"模式

对于大多数初创企业来说，财力资金缺乏、人力资源不足、规范程度不高、风险承受能力较弱，一方面对于资金需求较为迫切，亟须将资源投入迅速转化为生产力；另一方面也需要金融机构能够提供全流程覆盖、深度订制、高附加值的一揽子金融解决方案。北京银行2015年成立了国内首家银行级"孵化器"——小巨人"创客中心",整合企业、机构、银行、政府等多方资源,面向初创型企业,搭建集股权投资、债权融资、创业孵化于一体的平台。中心成立以来,已累计开展了5期导师大讲堂、5次专题讲座、11期投资路演,会员总数达5600家,其中科技、文化、绿色类会员占比超80%,累计为1000余家会员提供贷款90亿元。

3. 线上平台模式

城商行尝试运用互联网思维,借鉴互联网金融企业的领先做法,搭建基于网络的金融服务生态。探索建立线上运营、线下体验的运作模式,逐步将原有线下业务迁徙至线上,方便用户体验,提升运营效率,降低银行与用户沟通连接成本,为小微服务升级换代打好基础。宁波银行在税务部门大力支持下,研发推出小额信用贷款产品——"税务贷"。"税务贷"主要依据中小企业纳税情况,以"纳税信用"换"银行信用",向企业或其实际经营者发放信用贷款额度。借助互联网、大数据的优势,"税务贷"逐步实现从线下走到线上。宁波银行在苏州、深圳、南京、无锡、杭州等地成功试点"线上税务贷",首笔业务从申请到批准历时仅1小时26分。

4. 第三方合作模式

城商行主动对接互联网公司、数据公司等第三方机构,开展不同层级的战略和业务合作,拓宽了获客渠道和信息来源,有效地解决了银行服务小微企业过程中普遍存在的信息不对称问题,既降低了金融机构的信贷风险,又最终实质性地减轻了小微企业的融资成本。为更好地服务小微出口企业、缓解小微企业融资难问题,德阳市商务局牵头搭建了德阳市出口企业综合金融服务平台。平台在全市范围内优选100户上年度出口不超过300万美元的小微企业,对其采取保险费和担保费补贴。德阳银行将为平台企业提供优质高效的金融服务,大力支持符合条件的小微企业在该平台上获取融资。

4.2.2 丰富专属产品 满足多样需求

城商行持续加大在产品研发方面的资源投入，结合小微企业资产轻、经营活以及资金需要短、小、频、快的特点，立足区域和产业特征，创新开发了一批专属化、定制化的特色产品，呈现出"百家争鸣、百花齐放"的产品创新局面。

1. 精准营销类产品

城商行深入了解小微企业的经营情况、融资需求，整合政府、第三方机构等外部力量，从市场定位、价格策略、宣传投放、增值服务、客户培育等多个维度设计开发专属的精准营销类金融产品，对细分市场实现精准出击。2015年12月，烟台银行"税融贷"正式启动，该产品将有力促进企业以"纳税信用"换"银行信用"，缓解融资难题。烟台银行将依托税务系统的大数据支持，在无需抵押、担保的情况下，为诚信纳税的小微企业提供信用贷款。2015年10月11日，威海市商业银行推出"助保贷"业务，该业务是威海市商业银行和金融办等政府部门联合推出的一项全新小微企业金融产品，是由政府部门提供的风险补偿资金和小微企业缴纳一定比例的保证金共同作为增信手段的一种信贷业务。"助保贷"业务的成功推出，将进一步拓宽小微企业融资途径。

江苏银行："税e融"产品精准服务小微企业

基于互联网金融发展的需求，江苏银行开发了首款实现全线上操作的税银产品——"税e融"业务，以小微企业的纳税信用和数据信息为依据，为企业提供信用贷款支持。"税e融"产品具有五大特点：一是全自动，由系统自动审批贷款，改变了以往企业向银行提供大量资料、信贷人员往返调查、审贷人员逐级审批的烦琐贷款流程；二是全信用，该业务充分融入"互联网+"理念，将纳税大数据引入融资领域，仅凭缴税记录即可获得相应额度的贷款；三是全天候，客户可以24小时在线申办贷款，实现足不出户、在线获贷；四是全覆盖，小微企业只要符合正常缴税两年以上、纳税信用等级B级以上、无不良征信记录等条件，均可享受"税e融"产品服务；五是全线上，小微客户可以实现在线申请、线上授权、自动审批和自助提款，并且随借随还。

截至2015年末，全行江苏省内"税e融"授信客户达6574户，累计发放贷款2.09万笔、金额36.97亿元，同时，江苏银行在杭州、深圳地区先后落地"税e融"业务，累计为300余户企业提供1.44亿元贷款。

2. 还款改进类产品

针对小微企业经营规模小、还贷压力大的特点，部分城商行创新推出各类循环贷款产品，通过改进贷款还款方式，力求在控制信贷风险和破解小微企业续贷难题两者之间找到平衡，为正常经营的小微企业抹去不必要的融资成本。同时，银行创新还款方式还能够在一定程度上抑制从事资金"过桥"生意的民间借贷需求，减少资金中介机构和民间资金从转贷环节获利的空间，帮助小微企业摆脱依靠民间短期、高利融资实现转贷的怪圈。邯郸银行为减少企业倒贷时间和成本，创新推出"次日贷"便利措施。要求分支行对存量贷款在贷款到期前1个月开展调查、审查工作，对符合再贷条件的企业，限时审批，争取还款后次日出账。2015年累计办理"次日贷"285笔、金额81.4亿元，占全部对公贷款的25.3%。郑州银行突出信贷重点，完善小微企业授信"六项机制"与"四单原则"，相继推出"保证保险贷"、"应收账款质押贷"和"接着贷"等特色小微企业专用产品，有效缓解小微企业因无担保而产生的"融资难"和因资金不足而产生的"倒贷"等发展难题。

3. 行业定制类产品

部分城商行对围绕商圈融资和贸易链金融开展细致研究，针对"圈内"、"链上"小微企业的数量多、体量轻、担保弱等共性"痛点"，以核心企业为出发点，对配套企业进行系列营销，推出了针对性强、特色鲜明的融资产品，赢得了市场和客户的高度认可。长安银行开发"市场贷"、"富硒贷"、"果商贷"、"园区贷"、"商/协会贷"等融资产品，为地方超过三分之一的果商、园区企业提供资金服务，形成了别具地方特色的商圈融资模式。平顶山银行多举措推进小微企业金融服务：一是建立"以客户为中心，以市场需求为导向"的业务产品创新机制，大力推进"易贷兴"系列产品。二是不断优化信贷业务流程。三是坚持"一杯清水"的信贷纪律。四是密切关注小微金融服务领域新趋势。同时，在注重单户作业的基础上，选取知名商场尝试银企对接，初步实现了部分小微企业贷款批量开发。

4.2.3 健全体制机制 提升管理效能

在明确自身服务小微的战略定位过程中，城商行不断优化体制机制、改进组织形式，向管理要生产力，逐步形成了职能部门、特色（专营）支行、事业部制等三种经营管理模式，服务效能得到进一步提升，在日益激烈的市场竞争中形成了特色、站稳了脚跟。

1. 职能部门模式

多数城商行采用职能部门模式，在原有的"以块为主"的组织架构基础上，形成"总行有部门、分行有中心、支行有队伍"的专业化管理格局，形成分级管理和条线指导的模式。其中，总行层面设置小微业务部，对小微业务进行全面管理和营销指导；分行设立小微业务中心，在属地区域内实施经营管理；支行设立小微业务专岗，专职开展具体营销工作。齐商银行小企业金融服务中心坚持自营业务与条线管理能力双加强、双发展的工作思路。明确"总行总部—分行分部—支行"的连锁经营发展模式,加强条线管理职能,总分支管理模式运行顺畅;加快技术、产品和人才输出,加大辐射力度,全面完成对分行、淄博地区支行的小微技术传输,完成两期16家支行44人的微贷技术培训;加强与分支行小微业务联动,组织调研督导,帮助分支行加快转型推进速度,确保政策措施落地。

2. 特色(专营)分支行模式

2015年,部分城商行积极拓展特色(专营)分支行模式。特色(专营)支行通常选址在小微企业较为集中、产业特征明显的区域,采取专业化、批量化的服务模式,体现规模优势。通过特色(专营)分支行模式与职能部门模式相结合,一方面,两种组织架构的相互配合,一定程度上降低了直接进行事业部制改革的阻力与风险,保持改革步伐相对稳健;另一方面,特色(专营)分支行模式能够充分兼顾目标市场的地域、产业的集中特性,有助于在特定范围内快速提升服务小微能力,赢得市场主动。

3. 事业部制模式

在监管政策的鼓励和指引下,部分城商行也在积极探索采取小微事业部制改革。目前较常采取的是专营机构型和矩阵型两种形式。

专营机构型事业部制,是在总行成立小微企业金融总部,分行设立小微企业专营机构,直线归属总部管理;分行的专营机构集经营与管理于一身,内设营销团队负责业务拓展,设置管理团队负责营销管理;分行的专营机构不再下设专营支行,而依托于同地区支行落地结算,专营机构支付相关费用。在此组织架构下,对小微企业业务开展"双核算"考核,即一笔业务既计入小微企业条线考核指标(如利润、贷款量、客户数等),同时也计入分支行业务考核指标(如结算量、存款等)。

矩阵型事业部制,是在总行层面设立小微企业总部,负责在全行范围内组织开展服务小微工作；下设小微企业部，落地工作则由小微企业专业支行承担。小微企业部、专业支行归属条线垂直管理。小微企业总部内设营销管理、发展规划、产品管理、授信审查、风险管理、运营管理等职能部门，初步具备前、中、后台架构，但人力资源、财务、内控合规等部分核心职能仍由总行部门派驻专门人员直接行使。

4.3　贴近客户　深耕社区金融服务建设

针对中高端服务有余、普通服务不足的结构性金融供需矛盾，城商行以聚焦细分市场、精准服务定位为出发点，通过不断加强产品服务、制度创新，达到深耕社区服务、贴近社区客户的目的，切实改善低端领域金融服务薄弱的局面。2015年，城商行重点发力物理网点、金融IC卡、移动应用建设，金融服务、便民服务和社区服务"三箭齐发"，为客户打造家门口的服务平台、钱包里的服务平台、手机上的服务平台。

4.3.1　拉近距离　做优社区网点

1.优化网点布局

城商行深刻认识社区支行"贴近客户、贴近生活"的本质特征，在社区支行选址时重点考虑人流密集的大型居住社区，开进市民家门口、开进百姓生活圈，真正打通社区金融服务的"最后一公里"，打造家门口的金融服务平台。晋城银行将社区支行定位于服务社区居民的简易型银行网点，功能设置简约、定位特定区域和客户群体、服务便捷灵活，其辐射范围原则上为步行十分钟能够到达的区域，从而为客户提供更好的金融服务创造了有利条件。

徽商银行：创新"整村信用共同体"，培育村镇金融新生态

从2014年起，无为徽银村镇银行创新"整村信用共同体"模式，是无为徽银村镇银行紧密结合当前县域农村社会、经济、金融环境实际，研发的一种农村区域综合性一揽子金融服务解决方案。通过构建"整村信用共同体"，一方面对地方优势、特色农业生产有了较为准确的把握；另一方面，对各农村贫困户的实际情况也有了较为准确的了解。

在整村信用共同体的基础上，无为徽银村镇银行对贫困户进行分类，全力支持贫困户加快脱贫、增加贫困村集体收入。同时，结合贫困户的实际情况，联合政府和相关部门建立风险补偿金完善小额贷款贴息措施，为贫困户提供三年内5万元以下免担保免抵押扶贫贷款。截至2015年，无为徽银村镇银行"整村信用共同体"模式已涉及56个行政村，对10000余户农户授信2.7亿元，累计投放农户生产、生活类贷款6.6亿元。

内蒙古银行：扎根农村，建设"百姓社区银行"

方大村镇银行为阿拉善盟首家新型农村金融机构，为内蒙古银行发起的首家村镇银行。开业以来，该行在增添农牧区金融市场活力、促进县域经济发展等方面发挥了积极的作用。方大村镇银行把支农支牧放在首位，致力于推广普惠金融服务，每年农牧区集中生产期到来前，都以"送贷上门、整村推进、评级授信、利率优惠"为基本原则，深入嘎查（村）为广大农牧民提供上门服务。在扶助小微企业中，以"以优争先、以快取胜"的营销理念，根据客户融资需求"量

身定做"产品。2015年，累计为小微企业发放生产经营贷款22.71亿元，贷款户达到4030户，得到了地方党政、有关部门及广大农牧民的认可，荣获了内蒙古自治区政府"2015年度金融支持民生工程贡献奖"，当地农牧民也亲切地称之为"百姓银行"。

2. 开展错时经营

针对社区居民的生活习惯，城商行社区支行普遍采取错时经营，按照广大客户的作息安排科学摆布营业时间，打造"客户下班，银行上班"的金融夜市，方便了广大居民下班后到银行办理业务。德州银行社区支行实行早8点至晚8点的延时服务方式，解决长期以来客户反映强烈的银行营业时间短、影响业务办理的突出问题，打造客户心中"随时可服务、永远不关门"的便利银行。

3. 提供差异服务

部分城商行以推广智能设备应用、提供增值服务为突破口，针对性地提高社区居民的服务体验，进一步丰富了物理网点金融服务的内涵，形成差异化亮点。大同银行率先推出"空乘式"特色服务，对大堂经理、服务配套设施、茶点及饮品进行统一管理，为客户提供更为舒适的服务体验，形成了服务新亮点。重庆银行重大支行紧邻重庆大学，身处沙坪坝文化区，教育氛围浓厚，确立了"文化金融特色专营支行"的定位，以儿童财商教育为突破口，打造全国首家儿童教育主题支行，通过加入流行时尚的玩具因子，为家长和小朋友搭建了财商教育平台、游戏科普平台，开辟了新的服务领域。

4. 打造专属产品

部分城商行深入分析社区居民的理财习惯，有针对性地进行产品开发，为社区支行配备了多种准入门槛低、收益水平高、期限灵活、流动性好的专属理财产品，加大产品供给，满足社区居民多样化的金融需求。

桂林银行：推出新型现代化健康管理服务

2015年4月10日，桂林银行与中南大学隶属四家医院在中南大学湘雅医学院举行了"湘雅健康之旅"项目签约，合作推出新型现代化健康管理服务。桂林银行将优质的医疗服务引进社区金融服务体系，使该行的高端客户有机会享受湘雅四家医院优质、便捷的"健康体检套餐"、"绿色就医通道"等服务，为客户开启了金融服务与健康服务相融合的服务模式。截至2016年上半年，共有230名客户通过桂林银行进行了湘雅健康体检预约，"湘雅健康之旅"受到客户的青睐。2016年4月18日，桂林银行又引进另一高端医疗资源，与南方医科大学南方医院达成合作，丰富医疗板块健康增值服务。

近年来，桂林银行积极探索社区银行体系建设，不断完善非金融增值服务，打造集"医、食、住、行、玩"于一体的线上线下惠民综合服务平台，倡导"绿色健康"服务理念，为客户提供中医养生、有机蔬菜、优质肉禽、健康蜂蜜、天然矿泉水等一系列健康产品和配套活动，塑造"您的烦恼 我帮解决"的社区金融服务品牌。

4.3.2 聚合功能 做深金融IC卡

金融IC卡以芯片为介质，对比传统磁条卡，金融IC卡可以存储数字证书、指纹、密钥等信息，能够植入并加载更多的应用程序，具有容量大、一卡多用的优势，为持卡人提供更多更好的使用便利。

2015年，城商行不断探索扩展金融IC卡功能，加载公共交通、物业管理、商圈优惠等多种生活服务，进一步打通针对社区客户衣、食、住、行等全方位的金融服务一体化链条，打造钱包里的金融服务平台。徽商银行针对社区客户推出"居家卡"，具有四个方面特色：一是实现存、贷、理财三合一功能；二是实现积分功能，引导客户开展附加消费、自助取现、自助存现等业务；三是实现现金管理功能，通过分档计息、智慧通知存款、日日盈等产品的组合实现账户现金管理功能；四是实现行业应用功能，可用于社区门禁、代收代扣、优惠特惠、会员管理等场景，打造"徽银智慧社区"银行卡品牌。

4.3.3　提升体验　做实移动应用

智能手机和移动互联网技术的快速普及和发展，为银行延伸服务空间、拓宽服务手段提供了更多的可能。在手机银行上办理金融业务、进行生活缴费已经成为很多用户的新习惯，手机银行已经在很大程度上改变了人们的金融行为习惯。为充分发挥移动互联网便捷高效、互联互通的优势，促进线上线下社区金融服务的融合，2015年部分城商行加大移动应用的研发力度，推出了一批功能强大、内容丰富、安全可靠的手机APP产品，着力打造手机上的金融服务平台。"慧管家"社区专属APP是西安银行推出的，集社区业主生活、物业公司管理、周边商圈服务及银行金融业务于一体的智能社区服务管理平台。目前主要有"物业服务"、"社区生活"、"社区特惠"、"小区圈子"及"后台管理"五大功能模块，后期可根据客户需求随时进行功能调整，具有较强的可扩展性。为配合社区专属APP的运行，西安银行又研发了"慧管家"物业管理云平台，该平台作为专业物业管理软件，全方位集成了社区管理与物业缴费等功能，与社区专属APP有机结合，营造物业、商户、社区居民与银行四方合作的共赢局面。哈尔滨银行以提升客户体验为目标，加大移动金融产品的研发及创新力度，2015年推出的新版手机银行客户端，具备指纹登录、账户可视化分析、智能转账、二维码当面付、扫描取款等新型服务。2015年，哈尔滨银行手机银行新增高活跃度客户10万户，并荣获中国网上银行促进联盟"2015年度手机银行最佳客户体验创新奖"。

4.4 顺势变革 探索互联网金融新模式

2015年，城商行顺应时代发展要求，科学、稳健践行互联网金融创新，坚持"以客户为中心、以市场为导向、以科技为依托、以效益为目的"的经营方针，加快推进经营理念、服务模式和信息技术的深层次变革，较好地回答了如何做好"互联网+银行"的难题。

4.4.1 谋发展 布局直销银行

2015年，城商行布局直销银行，在架构调整、产品研发、系统保障等方面全面出击，以"数字一代"客户为目标群体，充分发挥直销银行低成本的优势，为客户提供"全方面、纯线上、全天候"的金融服务，使客户感受到高度的舒适感、自由度和价值体验。北京银行加大与股东之间的合作力度，深化直销银行架构的优化调整。2015年10月26日，在中荷国家领导人的共同见证下，北京银行与ING共同签署完成合作备忘录，约定联合设立合资法人直销银行。江苏银行直销银行自2014年推出以来，坚守"1+3+N"的战略布局，在1个直营店同一账户体系的基础上，搭建"社区帮"、"容易付"和"易行车"3个APP特色店，与N个电商开展合作。截至2015年末，江苏银行直销银行用户总数达204万，客户覆盖率居行业第二位。2015年8月28日，包商银行直销银行"有氧金融"正式上线。客群定位为互联网业态中的小微企业用户和自助能力强、认可线上金融服务的个人用户，并将"数字原住民"列为潜力客户群。为更好地适应互联网时代的变化节奏，及时响应合作伙伴及B端、C端用户的需求，有氧金融采用了高效、扁平的事业部制组织架构，人、财、物相对独立。截至2015年末，该业务平台用户已超30万户，资产总额逾8亿元。此外，2015年还有多家城商行积极试水直销银行，跨越地域和物理边界，为广大客户提供方便、快捷的金融服务。

> **西安银行：从"金丝路"到"新丝路"科技创新发力普惠金融**
>
> 通过在科技创新道路上的不断探索，西安银行已完成了从传统的"金丝路"产品到如今的"新丝路"的转变，搭建了由"新丝路Bank"直销银行、"爱生活"手机银行、微信银行、"慧管家"社区移动平台构成的完整的电子服务综合性架构，持续发力普惠金融，用创新科技手段为市民带来更多的便利服务。
>
> "新丝路Bank"是西安银行依托互联网渠道推出的直销银行品牌，是陕西省内首家直销银行。通过这种全新的纯互联网银行模式，客户无须前往网点，不受地域限制，在"新丝路Bank"中即可办理电子账户的开户、转入、提现、产品购买等业务，非西安银行客户也可享受上述服务。

4.4.2　创模式　深化平台建设

多家城商行抢抓"互联网+"机遇，建立多类型、多功能的网络平台，推动线下业务向线上迁移；同时充分发挥银行信用中介作用，为客户提供资金托管、撮合交易等居间服务。

一是申贷、提款环节线上化。客户线上自助申请、银行线下审批、客户线上提款，大幅提升授信审批效率和资金流运转效率。二是在线自动审贷。

客户自主在网银端发起融资申请，全流程自动化处理后，由市场交易商提供自助短期融资业务。三是提供多模式、多渠道资金存管服务，依托丰富的资金管理经验和强大稳定的系统支持，有效保障存管资金安全性。四是打造第三方投融资平台，发挥信用中介作用，为中小微企业提供稳定、可靠、安全的交易信息和交易环境。2015年，柳州银行积极响应国家"互联网+"的政策导向，充分迎合互联网金融发展趋势，顺势推出互联网金融产品——"龙行e融"。作为一款由柳州银行建设的投融资平台产品，"龙行e融"面向所有互联网客户，以银行作为见证方，为投融资双方提供最值得信赖的资金撮合服务，有效解决融资人融资难、成本高的问题，同时为投资人的自有闲散资金获取最大收益。

江西银行：推出"金e融"互联网金融平台

江西银行加快转型创新步伐，打造"互联网+银行"新业态，以"金e融"为互联网金融业务品牌，推出全国目前唯一集直销银行、投融资平台、互联网资金存管三位一体的综合性互联网金融平台。平台以"轻资产"经营为发展方向，不占用行内资本金，开展投融资撮合、理财等表外业务，为客户提供免柜面开户、优体验、跨区域、高品质的线上金融服务。截至2016年8月，"金e融"互联网金融平台客户数达55万户，交易额61亿元，金融资产余额达24亿元，在《银行家》杂志主办的"2016中国金融创新奖"颁奖典礼中荣获"最佳金融创新奖"。

长沙银行：致力成为"一家智造快乐的银行"

长沙银行顺应"互联网+"发展大势，着力打造智慧银行，全面提升客户快乐体验。建设"智慧厅堂"，利用大数据、生物识别、移动平台、社交技术、位置管理等重塑客户金融体验和服务流程。自主研发PDA移动柜台系统，通过PAD识别客户、移动服务，为客户提供个性化服务；在厅堂引入"快柜"，满足客户用存折取现、补登折和小额零钞取现等需求，集中办理结算日客户排队由平均3小时缩短至8分钟。创新智能服务，创新网商流水贷、58车商贷、快乐秒贷、微粒贷等智能产品，实现了客户随时随地申请贷款、快速审批、快速放款的目标。引领智慧生活，通过手机银行、直销银行、微信银行、一键付、数字保管箱、网上商城等业务，构建互联网金融生态圈，全面加强车生活、校园通、医院通、智能存款、智能理财等智慧生活建设，让客户享受长沙银行"智造"的快乐生活。

4.4.3　拓合作　加强跨界交流

2015年，城商行加强与新业态银行、第三方互联网公司之间的互联互通，互荐客户、共建渠道、联合展业，打造多方参与、共信互利的商业生态。华融湘江银行与深圳前海微众银行在湖南长沙举行战略合作协议签署仪式。两家银行将在支付及客户互荐、信用卡、小微及个人贷款、理财、同业授信、互联网金融生态圈等方面开展深入合作，为客户提供线上与线下相结合的全方位金融服务。

4.4.4　筑根基　培育数据能力

2015年，城商行普遍将培育数据挖掘能力、提升大数据应用水平提升至新的战略高度，加快引进专业技术人才，加大研发资源投入，在互联网金融浪潮冲击的大势中扎稳坚实的根基。西安银行在现有的数据中心处理能力上加入Hadoop大数据处理技术，打造集传统数据和海量数据，结构化数据和非结构化数据为一体的多技术处理能力数据中心，有力地提升了冠字号、人脸识别、交易流水等数据的存储、查询、分析能力。

4.4.5　展功能　提质微信银行

多数城商行已建立了微信银行公众号，面向高达7亿的庞大微信用户提供信息推送、自助查询、账户服务等基础功能。2015年，城商行着力加强对微信银行渠道联动、平台建设、客户体验的改造升级，根据客群的偏好和行为特征，进一步探索互联网精准营销路径。

4.4.6　优体验　推广移动支付

从当前移动支付的方式上看，主要包括手机银行APP、近场通讯（NFC）、HCE云支付等。2015年，城商行不断加大移动支付手段和产品的创新力度，在满足客户随身、随地、随行支付需求的基础上，着重在支付的安全性、便利性、综合性方面寻找切入点，优化客户体验度。潍坊银行联合山东省城商行合作联盟有限公司共同完成HCE云支付产品的业务上线工作并开始试运行，是继工商银行之后、亚洲第二家推出HCE云支付的商业银行，在城商行中拔得头筹。该产品是基于NFC手机的卡模拟创新支付产品，用户使用已有的潍坊银行金融IC卡完成身份认证，即可下载手机支付卡，在商户端通过刷手机完成消费，享受到全新的移动支付体验。

4.5 培育专长 打造专业特色服务品牌

2015年，城商行以打造特色服务品牌为抓手，在科技金融、文化金融等细分领域加大资源投入力度，创新服务模式，完善产品体系，逐步形成对于品牌建设的独到认识与理解，在市场竞争中积累形成了一定的比较优势。

4.5.1 推动深度融合 探索科技金融

作为科技金融的积极实践者，部分城商行多措并举，为初创期到成熟期各发展阶段的科技企业提供包括债权融资、股权投资、管理咨询、财务辅导等一系列服务和产品，有效增加金融供给，促进科技行业与金融资本的有机结合。一是完善组织架构，部分城商行设立科技金融专营部门或分支机构，实现对科技创新企业的"专门、专业、专注"发展。二是打造创业平台，部分城商行主动出击，集聚创新要素，为初创型科技型企业提供成本低、要素全、开放便利的综合服务平台。三是密切加强合作，部分城商行通过深化与政府相关部门、金融同业的战略合作，在项目选择上紧跟国家、区域政策步伐，有效提升科技金融服务质效。四是创设特色产品，城商行根据科技创新企业的发展特点，转变传统思维，创设出一大批特色科技金融产品，受到了市场的积极响应。

汉口银行：深化推进"投融通"系列产品服务

汉口银行抢抓机遇，依托大股东联想控股的专业支持，率先在银行同业系统推进科技金融创新，并创新推出了"投融通"系列产品，致力为科技中小企业提供全生命周期的综合金融服务。

"投融通"作为科技金融整体产品品牌，按四大维度进行产品细分。一是生命周期维度，建立"初创期"、"成长期"、"成熟期"

项目库，匹配"萌芽贷"等特色产品，为企业不同发展阶段提供对应的定制化服务。二是重点行业维度，结合省、市战略新兴产业聚集情况，选取生物医药、光电子信息、文化创意等优势行业，建立生物贷、光电贷、文创贷等特色行业专属信贷服务。三是渠道合作维度，与合作渠道建立"合作共赢，风险共控"的产品创新机制，与创投公司合作"投联贷"，与证券公司合作"三板通"、与保险公司合作"保证保险贷款"等。四是担保方式维度，按照抵质押情况，为企业提供信用贷款、知识产权质押贷款、非上市公司股权质押贷款、科技担保贷款，解决企业发展过程中流动资金需求。

4.5.2　挖掘内在优势　做深文化金融

文化金融是文化产业与金融行业的内在、深度整合，通过引入金融资本，强力破解文化产业自身轻资产、弱担保、融资难的问题，推动文化创意迅速形成商业价值。

城商行充分挖掘自身所处区域的文化产业优势，通过多种途径发展文化金融。一是设立文化金融专营机构，提供针对性的服务。二是加强与政府相关部门以及各种文化协会的战略合作，打通外部业务来源渠道。三是创新文化金融服务模式，拓宽特色产品线，打造专业服务口碑。杭州银行针对文化创意产业的轻资产特点和不同子行业的特性，推出了一系列创新金融产品，包括专属游戏行业的游戏工厂模式、针对影视传媒行业的影视行业夹层贷款模式等。杭州银行特别针对中小型影视制作公司制定了授信标准，以项目为信贷评估要点，重点提供各类弱担保方式的信贷服务。厦门国际银行作为厦门市规模最大的法人银行，积极响应政府号召，助推文化产业振兴和发展，共同推动文化强市的奋斗目标，构筑支撑厦门市转型发展的新竞争优势。用实际行动支持厦门市"魅力厦门·共同缔造"的战略规划，厦门国际银行以高级合作伙伴的身份加入，旨在打造厦门另一张国际名片。南京银行北京分行推出服务文化企业的"鑫动文化"品牌，其项下包括"设计贷"、"出版贷"、"影视贷"及"演艺贷"等近十种产品。作为一项创新品牌，"鑫动文化"为企业的发展与成长提供"加速度"，让更多的文化创意型企业有更多精力专注于自身的经营。

4.5.3　响应国家号召　试水养老金融

养老金融既包括宏观政策层面对于养老金的制度安排和资产管理，也包括微观商业层面针对老年人消费需求、养老相关产业所开展的金融活动。城商行探索养老金融的发展道路，既是差异化发展的必然选择，也是积极响应国家政策号召、满足民生需求、履行社会责任的体现。在服务模式上，城商行逐渐从传统的代发养老金单一服务向以老年客户提供多元服务转变，基于老年客户的特征，为其提供体检、稳健理财、旅游、保险等一系列增值服务，形成完整的服务套餐体系。

上海银行："养老金融"特色服务

上海银行围绕"养老金融服务专家"战略目标，以养老金代发业务为起点，不断延伸服务链条，形成了面向养老金融客户的专属理财产品、专享增值服务和特色渠道，构建了较为完善的"美好生活"综合养老金融服务品牌体系。为满足财富养老需求，上海银行专门创设"养老无忧"（保证收益型）和融金养老专属（浮动收益型）理财产品，仅限

VIP客户和养老金融客户购买，风险等级为"低"和"极低"，每月、每周定期发售。同时，上海银行还陆续引入各类具有养老特色的基金、保险产品，并针对养老金融客户不同的风险偏好，精心设计了养老特色理财套餐。

自2013年起，上海银行针对养老金融客户的医、食、住、行等养老生活需求，甄选优质合作伙伴，探索搭建养老综合服务平台，为养老金客户安筑健康、舒心的晚年生活。目前，凭借一张上海银行养老金融专属的"美好生活卡"，老年客户即可畅享上海地区近20余家商户（380家门店）的专属优惠或免费体验，涵盖购物消费、康复医疗、保健养生、外出旅游、房屋租售、体检套餐、文化娱乐、高端养老社区等主要消费领域。同时，上海银行还针对养老金融客户特点，创新养老特色服务渠道，如建设50家养老金融特色支行，推出存折取款机、养老金融客户电话银行专线（含沪语服务）以及养老金融客户专属手机银行等。

4.5.4 遵循政策指引 践行绿色金融

随着社会经济全球化进程加快，环境、能源、贫困、疾病等重大社会问题日益突出，可持续发展所面临的压力越来越大。2015年3月24日召开的中共中央政治局会议明确提出"协同推进新型工业化、城镇化、信息化、农业现代化和绿色化"。建设绿色金融既是发展绿色经济、建设生态文明的内涵要求，也是新常态下稳增长、调结构的必然选择。

2015年，城商行持续响应国家政策，一方面从信贷政策、产品创新、机制建设等多个角度加大对绿色产业的扶持力度，支持绿色经济发展；另一方面在自身经营管理过程中注重践行绿色理念，建设"绿色银行"。一是坚定执行绿色信贷政策，通过额度管理、定价策略、风险权重设定等市场化方式，在贷款审查、审批、利率定价等环节上为绿色产业提供便利。二是创新提供绿色信贷产品和服务，针对符合国家产业政策的重点行业或项目，量身打造专属金融产品服务，提供定制化增值金融服务。宁夏银行积极响应自治区集体林权制度基础改革，创新涉林信贷产品和服务模式，开展林权抵押贷款业务，拓宽林业产业融资担保渠道，促进自治区林业产业优化升级。截至2015年末，宁夏银行已累计支持涉林产业类企业50余户，实现信贷投放20余亿元。三是严控"两高一剩"贷款，城商行均将"两高一剩"贷款压退列为年度工作任务之一，严格执行信贷管理制度要求，对违规向"两高一剩"企业发放贷款的责任人严肃问责。四是持续改善自身环境和社会表现，城商行将绿色发展理念嵌入到内部管理的每一个环节，倡导全员节能，推广电子银行、无纸化办公、网络融资等低碳工作形式，打造"绿色银行"。

杭州银行：加强银政合作，推动绿色信贷

杭州银行与杭州市经信委共同成立的合同能源管理风险池基金，通过政府及银行两方的风险分担，将其保证金成倍放大，向符合条件的节能、环保企业和项目发放贷款。该风险池的建立大幅度提高了"绿色信贷"客户的贷款获得能力，起到了良好的风险缓释作用。这种市场化的新型运作模式是杭州银行开发和推广的一种绿色信贷产品，最大限度、最高效率地推动了"绿色信贷"的健康发展。

杭州银行不断加大对循环经济、环境保护及节能减排技术改造项目的信贷支持，对节能服务企业进行平台式营销。根据国家发展改革委、财政部备案的共四批节能服务商名单进行批量营销，并取得显著成果。此外，杭州银行针对"绿色信贷"客户的特点，通过创新担保方式及服务模式，引入风险缓释机制，建立起有利于绿色信贷创新的工作机制，较好地推动了绿色信贷流程、产品和服务创新。

4.5.5　发挥区域特色　聚焦旅游金融

随着社会经济的快速发展和国民收入的稳步提升，广大人民群众对于旅游的需求不断提升。通过加强和改进旅游业金融服务，一方面可以刺激潜在的消费需求，提升消费对经济增长的拉动力；另一方面可以优化区域经济结构，推动增强旅游产业的支柱地位。城商行顺应产业结构升级趋势，深度研究旅游产业特征，积极开展旅游金融服务。

在经营理念上，部分城商行以打造旅游金融特色作为生存发展之本和中长期战略愿景，从战略规划顶层设计开始，对整体的市场定位、发展目标、经营策略、客户选择、产品研发、营销指导作出根本性的转变。2015年10月26日，焦作市商业银行正式更名为焦作中旅银行，通过充分挖掘股东资源优势，以促进旅游产业发展，实现产融协同、融融协同为己任，以打造旅游特色化一流银行为战略愿景，实施市场化、专业化、特色化、国际化的战略，坚定不移地走"互联网+金融+旅游发展"之路。

在产品层面上，城商行着力构建旅游金融服务生态，整合支付、结算、消费信贷、平台建设、旅游企业及相关产业链融资等多种场景，打造各类特色化产品。桂林银行与城市便捷酒店集团联合推出了城市便捷卡，与宁铁旅游公司联合推出了宁铁旅游卡、与广西旅游发展委员会联合推出了八桂旅游卡。持卡人除拥有IC卡金融功能外，还可享受合作商家给予的优惠，甚至可获赠专属旅游基金。在支持旅游企业及相关产业链发展方面，桂林银行开发了"游船贷"、"景区贷"等多款产品，大力支持旅游资源丰富、管理体制清晰、符合旅游发展战略的客户的融资需求。

在跨界合作上，城商行在旅游金融服务中提供交叉类增值产品，满足客户在旅游途中产生的消费信贷、支付、保险等各方面金融需求。厦门银行创新推出旅游金融服务，全面覆盖境外游、台湾游和国内游。客户通过申请办理厦门银行与升恒昌金湖广场联名卡，不仅可以享受在全台湾地区升恒昌免税店的刷卡购物优惠，还可以享受在大陆及台湾地区ATM、香港地区富邦银行ATM取款免收手续费的优惠服务，更可享受到代订两岸往返交通、代订台湾民宿、代办入台证件等多项增值服务。

吉林银行：支持地方"旅游+"战略，发展旅游金融服务

吉林银行立足集安旅游特色优势，大力实施"旅游+"战略，打造"智慧集安、智慧旅游"金融服务品牌。建立旅游特色支行——集安支行，下设4家二级支行；搭建"旅游支行"微信公众服务平台，通过"微集安"、"智慧旅游"、"舌尖上的集安"、"旅游商品"、"集安地图"5个功能模块，为持卡客户提供"吃、住、行、游、购、娱"全方位金融服务。在旅游社区建设吉林银行金融自助服务站，推出特色吉行"畅游卡"、"安行卡"，实现购买支付便利化。截至2015年末，共布放ATM15台，POS机98个，发放银行卡39293张，吸引旅游人数5000余人次，带动个人消费近百万元。

回首2015年，我们欣喜地看到，城商行坚守"服务地方经济、服务小微企业、服务城乡居民"的基本定位，以服务差异化客户群体为根本出发点，深入分析理解目标客户的脸谱特征，在产品服务上体现定制化、贴身化，在管理机制上体现快捷化、高效化，多措并举，全面出击，千方百计打造城商

行独具优势的特色化经营局面。一年以来，各项工作取得了丰硕的成果，赢得了地方社会、监管部门、银行同业、广大客户的广泛赞誉。成绩背后，城商行的特色经营仍处于探索前行阶段，规模效应尚不明显，各方面资源投入仍需加强。

总体而言，特色化服务仍然是城商行未来发展的一片蓝海，发展空间宽广，但同时也对城商行自身能力建设提出新的要求，未来将有许多工作需要深入开展。

第5章 风险管理

2015年，城商行努力应对外部经营环境变化，以监管政策为导向，以实施巴塞尔新资本协议为契机，稳步推进全面风险管理，着力加强重点风险管控，持续推进包括信用风险、市场风险、流动性风险、操作风险、声誉风险、信息科技风险等各类风险的全面风险管理体系建设，有效防控跨界跨区风险，风险管理水平显著提升，守住了不发生系统性、区域性风险的底线，为维持金融市场稳定和促进实体经济发展作出了贡献。

5.1 全面风险管理显现成效

2015年，城商行严格遵从监管机构精细化、专业化风险管理的指导意见，贯彻落实相关文件精神，积极承担自身风险防控主体责任，持续优化风险治理架构，不断健全风险管控和隔离机制，引入资本管理方法，进一步加强了全业务、全流程、全口径的风险管理，将全面风险管理嵌入业务发展的全过程，形成了良好的风险管理文化，夯实了多层次的管理基础，提高了自身抗风险的能力，充分发挥了全面风险管理对稳增长、促转型的重要支撑作用，牢牢守住了政策底线、合规底线和道德底线，全面风险管理体系日臻完善。

截至2015年末，城商行各项风险指标均保持在较好水平。其中，不良贷款余额1213亿元，不良贷款率1.4%，较全国银行业金融机构平均水平低0.5个百分点；资本充足率和流动性指标总体保持平稳，资本充足率12.6%，较年初上升0.4个百分点，核心一级资本充足率10.2%，整体达标；贷款拨备率3.1%，较年初上升0.2个百分点，拨备覆盖率221.3%，较银行业金融机构平均水平高61.3个百分点。2015年，城商行全面风险管理体系建设取得了多方面成效。

5.1.1　明确各方职责　风险治理架构完善优化

城商行不断完善风险管理的组织管理体系，进一步明确董事会、高管层的管理职责，有的银行设立了风险总监；切实加强"三道防线"建设，明确各方职责，积极推出分层限额管理、风险管理关口前移、集中管理与分散管理结合等强化风险的政策支持和体制机制改革管理体系，不断优化风险治理架构，努力搭建动态适应性调整风险管理体系。

5.1.2　明确风险偏好　风险管理策略更加清晰

在认真分析当前风险治理形势的基础上，2015年，城商行充分认识到全面风险管理的重要性，牢固树立了稳健经营的科学发展理念，制定了完备的全面风险管理规划，明确了风险偏好、风险管理目标、各层级和各部门主要职责、表内外各领域业务的专项风险管理策略，将全面风险管理嵌入业务发展的全过程，形成了良好的风险管理文化。

上海银行：自贸区业务创新模式及风险管理机制

上海银行在总行行长室下设立自贸区业务推进与创新委员会，审议并制定全行自贸区业务创新及推广计划，研究制定相关工作措施，着力解决自贸区业务发展推广过程中遇到的各类问题。上海银行针对分账核算单元制定了专门的工作流程和风险管理机制，确保业务按照"标识分设、分账核算、独立出表、专项报告、自求平衡"的要求，合规有序开展；除充分落实"展业三原则"、贯彻相应的资金风险管理制度以外，制定了分账核算单元项下的流动性管理制度，设立了相应的应急预案。同时，上海银行始终保持与监管机构的良好沟通，在监管机构的指导下，积极利用自贸区新政，不断创新推进自贸区业务，支持实体经济发展。

5.1.3　优化综合指标　风险考核机制日益健全

城商行注重强化风险调整后的综合效益指标考核，通过考核引导来提升全行员工对风险管理工作的重视程度，主要采取如下措施：提高风险类指标在考核分值中的权重；加强对结果指标和过程指标的同步考核力度；完善行内风险上报监管部门和董事会的报告制度，形成目标管理和考核的硬约束。

5.1.4　精准制度设计　风险计量方法不断丰富

2015年，城商行着力提升自身风险计量能力，在使用权重法计量信用风险、标准法计量市场风险、基本指标法计量操作风险的基础上，完善评级系统，用好评级模型和评级技术，积极开展各类风险的压力测试。与此同时，城商行积极推进新资本协议实施，注重培养储备高精尖的风险计量专业人才队伍，培育传导良好的风险计量文化，努力提高风险计量能力。

1. 新资本协议稳步推进

2015年，城商行在落实监管要求的基础上，制定各行的《新资本协议实施总体规划》，有序推进新资本协议实施项目，不断优化三大支柱建设。截至2015年末，城商行已基本建立了新资本协议资本计量体系，修订完善了资本充足率管理、资本管理、经济资本管理等相关制度办法。新资本协议资本充足评估程序初步制定完成，新资本协议信息披露工作大部分已经启动。随着新协议实施的管理系统陆续上线，城商行在风险管理理念上实现了从"定性管理"向"定量和定性相结合"的转变。通过推动实施新资本协议项目，进一步提升了风险管理技术精细化水平，提高了资本使用效率，切实促进了城商行战略发展转型。2015年5月21日，泰安银行加入了山东省城商行联盟牵头组织的全面风险管理暨新资本管理办法联合实施项目，逐步建立完善符合新资本管理办法要求的全面风险管理体系框架、政策、机制和流程。

哈尔滨银行：以推进新资本协议为契机　全面提升风险管理水平

2011年，哈尔滨银行制定了新资本协议实施的总体规划和路线图，启动实施一系列项目，规范业务流程，夯实数据基础，完成内部评级核心模型开发。2015年，零售非零售内部评级、押品风险估值等系统全面上线投产，新资本协议主体工程顺利完成。随着新资本协议成果上线运行，内部评级在加强客户基础管理、前瞻性揭示风险、落实差异化信贷准入、精细化管理提高审批效率等方面的作用日益显著。零售信贷业务实现"信贷工厂"式运营，根据不同的客户风险等级及准入策略实现系统自动批准或提交人工审批，大大提高了零售业务的审批效率。非零售业务根据信用等级，设置差异化的信贷准入和审批策略，建立押品估值数据库，实现抵押物内部独立估值。

2. 风险计量能力大幅提升

城商行积极落实监管要求，提高资本和风险计量水平。2015年，城商行基本实现按照《商业银行资本管理办法》对核心一级资本、其他一级资本、二级资本的计量范围及扣减要求进行各级资本净额计量。城商行基本按照监管要求建立了资本充足率计量组织体系，明确了资本及风险加权资产计量方法。据统计，在对风险资产的计量上，大多数城商行运用初级方法，部分规模较大、管理水平较高的城商行已开始探索使用高级计量方法。

为了确保计量的准确性和适当性，有的城商行在建立风险评估标准、运用结果、改进模型方面进行了积极尝试。少数规模较大的城商行在采用更高级的风险评估方法及提升风险评估有效性方面进行了有益尝试。北京银行已启动第二支柱内部资本充足评估及全行风险偏好体系架构搭建，信用风险内部评级成果逐步应用于贷款定价、风险管理、资本管理等领域，市场风险项目国内首创日间准实时风险监测，业务连续性管理实现重要业务、资源、系统和外包等领域的全覆盖。

北京银行：扎实推进新资本协议实施

北京银行按照监管要求"同步推进巴塞尔协议Ⅱ、巴塞尔协议Ⅲ实施"，全面推进新资本协议实施。截至2015年末，已经启动18个项目，基本完成第一支柱三大风险项目，启动第二支柱内部资本充足评估及全行风险偏好体系架构搭建，新资本协议实施成效逐步显现。其中，信用风险内部评级成果逐步应用于贷款定价、风险管理、经济资本考核等领域，市场风险项目国内首创日间准实时风险监测，操作风险项目开创"内控、操作风险、合规"三套体系有机整合统一，实现二道、三道防线信息共享、联防联控，操作风险项目开创了行业先河，探索出了一套适合中小商业银行操作风险管理和内控建设的崭新模式，被《亚洲银行家》杂志授予"2015年中国银行业最佳合规风险技术实施项目奖"。

5.1.5　加强基础建设　数据质量管理快速提升

2015年，为积累真实、准确、连续、完整的内部数据，城商行努力建立数据质量控制机制，在搭建平台、准确度提升和制度建设等方面做了大量基础性工作。一是积极推进基础数据平台建设，借助信息化手段，不断提升数据信息的集中、整合、共享和挖掘能力，确保数据的准确性、真实性和全面性。西安银行搭建了统一监管报送平台系统，实现了资本充足率监管报表绝大部分数据的自动获取，为资本计量的准确性夯实数据基础。二是不断优化资本充足率报表表内、表间逻辑校验情况，保障数据准确性。汉口银行根据《商业银行资本管理办法》的计量要求，自主开发完成了一套资本充足率报表，实现了监管要求的报表表内、表间逻辑校验，同时根据实际业务开展情况新增了其他必要的校验关系。三是出台关于数据统计及管理的制度办法，为新资本协议实施打牢基础。

5.1.6 推动规划实施 风险资本管理稳步推进

充足的资本是银行面对风险时的有力缓冲，以"资本"为中心的经营发展模式是银行可持续发展的重要支撑。因此，资本管理对于城商行来说具有十分重要的意义，更是全面风险管理的内在要求。2015年，城商行稳步推进资本管理工作，取得积极成效。

1. 推动资本规划落地实施。2015年，部分城商行已经按照监管要求，基于当前及未来的资本需求和可获得资本，综合考虑风险水平和利润增速等情况，制定3至5年中长期资本规划，提出了过渡期内的分年度需求预测、补充渠道、补充规划及相应管理措施等，确保资本水平持续达标。在规划实施过程中，城商行积极践行"资本节约"理念，多措并举推动规划落地，合理控制信贷投放规模，主动调整业务结构，强化资本约束，加快发展风险权重低的零售业务和中小微金融业务，重点培育高附加值、高收益、低资本消耗的中间业务，引导盈利模式转型。

2. 资本管理制度不断完善。2015年，城商行持续完善各项资本管理制度，引导各项达标任务分步实施，确保各项规定动作有序落实。大部分城商行制定了《资本管理办法》的实施细则，从法人层面明确了资本管理的目标、政策、职责分工。城商行基本能够按照中国银监会《商业银行资本管理办法》的要求建立资本管理治理架构，董事会、监事会、经营管理层及相关职能部门各自承担相应职责。董事会承担资本管理的首要责任，监事会负责对董事会及经营管理层在资本管理中的履职情况进行监督评价。经营管理层根据董事会制定的业务战略和风险偏好，组织具体实施资本管理工作，确保资本与业务发展、风险水平相适应。

3. 组织开展资本压力测试。部分城商行已经开展了压力测试并充分运用压力测试结果，对未来风险状况作出预判，提前调整资产结构，降低风险损失或转移相关风险，减少风险损失对资本的消耗。

4. 强化资本管理内部监督。部分城商行已经按照监管要求开展了内部资本管理专项审计，对存在的问题及工作不足予以揭示。城商行对治理层面履职情况进行了监督检查，组织开展了董事会资本管理履职情况的监督评价。但整体而言，由于资本管理内部审计涉及银行会计核算、风险计量、数据采集、系统构建等多个管理模块，对商业银行内审部门有较高的工作要求，城商行在启动专项审计、提升专业性、加强评价力度方面仍有较大空间。

5. 做实资本充足率信息披露。大多数城商行能够在年度报告中对资本数量、各级资本充足率、风险加权资产等基本信息进行披露；部分开展集团化经营的城商行，在披露资本充足率的同时，采用并表及非并表口径；部分已上市城商行对资本充足基本情况实行按季简要披露，在年度报告中进行详尽披露。

5.1.7 健全制度体系 风险导向内审全面加强

面对信用风险、业务创新、互联网金融等各方面的压力，城商行坚持以客户为中心、以市场为导向，高度重视内部审计体系建设，增加内审人员配备，发挥内审自我纠错纠偏作用，最大限度地提升内部审计的价值，对于内审项目中发现的问题，及时有效处理，为提高城商行经营管理水平和经济效益服务。2015年，城商行深入实施各种风险导向的专项审计，将审计监督从执行性检查向管理流程科学性和合理性检验转变，发挥内部审计对企业的价值增值作用。

1. 内审制度建设日臻完善。2015年，城商行在着力推动内审制度建设的同时，不断修订和完善内部审计管理、现场审计、经济责任审计等方面的制度，并编制内部审计、内控评价、系统操作、内部管理等方面的手册，对规范审计操作、提升审计管理、促进工作开展起到了积极的作用。

2. 审计信息化水平不断提升。按照"以科技促审计"的发展思路，城商行审计工作的信息化水平在2015年得到了显著提升，通过应用审计系统中的预警数据挖掘相关线索，定期分析分支机构财务报表等相关数据及属地监管机构监管意见。部分城商行实现了审计系统的升级改造，完成内控评价平台功能改造，提升了数据处理和非现场风险监测分析能力。

3. 质量督导机制逐步建立。2015年，城商行采取现场督导与非现场督导相结合的方式，对审计工作全过程的质量进行实时监督、检查和评价。通过对部分项目审计质量实施检查控制，将执行督导与质量监控有机融合，并贯穿到审计执行过程中，充分发挥了审中监督、审后复核的作用。

4. 审计成果应用力度渐强。城商行在2015年更加注重对审计成果的宣传和运用，不断扩大审计成果的影响力，持续深化对审计成果的应用，对重要审计发现进行风险分析，围绕相关风险搜集案例素材，通过组织召开会议或进行培训，对相关风险予以警示。在全行范围内营造纪律严明的工作氛围，引导全员自觉践行依法经营、合规操作的职业操守，从源头上杜绝违规行为的发生。

5. 队伍综合素质全面提升。2015年，城商行坚持注重业务培训与加强专业审计并重，努力营造内部学习型企业文化，通过邀请外部专家持续开展专业培训，为内审人员拓宽审计视野、掌握风险防控要点，为全面提升审计项目质量打下坚实基础。此外，通过持续引入外部专业人才，利用团队力量提升专项审计的深度和专业化水平，并带动其他审计人员提升专业能力。

5.2 各类风险管理持续优化

2015年，面对宏观经济新常态，城商行不断加大对各类风险的防控力度，取得了较好的成效。信用风险总体可控，资产质量保持稳定，风险抵补能力始终控制在合理水平；市场风险管理水平稳步提升，风险定价模型、外汇资产负债结构持续优化；流动性风险抵御能力显著提升，流动性风险限额指标体系和管理信息系统不断完善；重点领域和关键环节的操作风险精细化管理持续加强，合规内控管理体系机制逐步健全；声誉风险防控受重视程度不断提升；信息科技风险治理能力不断进步，科技发展水平持续提升；社会金融风险防范力度不断加大；跨区域传导和交叉金融产品风险治理受重视程度不断提升，"防火墙"建设工作加快推进；表内外、本外币风险实现同步管理。

5.2.1 严控资产质量 信用风险管理体系持续完善

2015年，国际经济缓慢复苏，国内经济持续下行，结构调整进一步加快，新旧动能接续转换，经济总体上的不景气使得企业经营承受了较大发展压力，企业偿贷能力降低，致使信用风险整体上升。面对这种局面，城商行通过落实监管导向、调整客户结构、加强信贷管理等手段，保持了资产质量整体稳定。2015年末，城商行总体不良贷款率低于银行业平均水平0.5个百分点。2015年，城商行信用风险管理工作主要从以下五个方面开展。

1. 落实监管导向，坚决守住风险底线

在开展信贷业务过程中，城商行始终将风险防控工作放在首位，坚守风险底线，认真贯彻落实监管部门风险提示精神，践行各类政策文件和规章制度，对正常类贷款提取一定比率的一般准备，并根据不良贷款的损失程度计提专项准备；严格控制同一贷款人贷款余额不超过银行资本余额的10%，积极防范授信集中度风险。

2. 加强前瞻研究，有序调整客户结构

城商行秉承金融服务实体经济和地方经济的理念，结合对当前经济形势、市场变化和行业发展的客观分析，以国家政策、区域规划和监管指引为导向，审慎制定信贷客户选择策略，有序调整客户结构，将信贷资源优先投入到小微、"三农"等领域，投入到绿色产业、文化产业、科技产业等新兴产业，并加快推进产能过剩、高杠杆和僵尸企业等存量客户的有序退出。其中，对于能效和绿色信贷，城商行积极响应监管号召，制定了独立的信贷准入标准和贷款审批政策。

3. 推进体系建设，提升风险识别能力

城商行不断完善授信管理和信贷审批机制，建立健全贷款客户信用评级和信贷风险预警体系，通过优化内部评级系统和信用风险模型、完善债项评级体系与制度建设、推进信用风险压力测试体系建设等手段，提高了贷款客户信用评级的效率和精确度，信用风险识别能力得以提升。齐鲁银行不断推进信用风险内部评级体系建设，持续优化非零售内部评级体系，上线事业单位、金融机构等模型，完成非零售内部评级体系的建设工作，并实现稳定运行；建设零售内部评级体系，完成小微企业模型的建设。

4. 加强流程管理，加大贷款"三查"力度

在贷前调查方面，重点做好信用风险的预防工作，从第一道关口把控风

险，实现关口前移。城商行积极引导分支行践行总行制定的信贷客户选择策略，并在业务开展过程中细化为具体操作指引。如探索形成识别关联企业关系的有效方法以预防关联企业互保风险，开展不同区域房地产风险动态压力测试，严控房地产贷款风险。

在贷时审查方面，严格落实问责机制。城商行秉承信用风险管理终身责任制原则，充分发挥专家评审优势，着力突出岗位责任在信用风险管理中的基础作用，督导经营单位充分发挥三级风险管理架构和信贷"六集中"管理机制的积极作用，按业务条线、区域、行业组建专项风险审查分析团队。

在贷后检查方面，重点加强贷后追踪。城商行重视信贷资产风险分类工作，通过各种渠道密切监控贷款客户的业务和财务信息，实施抵质押品的定期评估，确保抵质押品的真实性、有效性、流动性，做到"早发现、早识别、早处理"。

5. 采用多种方式，提高不良资产处置能力

城商行不断健全风险预警体系，完善大额贷款突发风险应急处理预案，加强与不良资产处置平台、资产管理公司以及其他新型处置机构的联系和沟通，综合采用不良资产核销、资产转让、贷款重组、法律诉讼、保证人代偿等各种方式，力求在风险发生时以最快速度作出反应并将损失降到最低。同时，部分城商行积极申请不良资产证券化业务试点资格，以期运用创新金融工具处置不良资产。成都银行在资产清收环节，成立了专业从事全行不良资产清理工作的专营机构，实现在总行统一部署下集中、高效地进行资产清收处置工作。

5.2.2 明确管理策略　市场风险管理工具更加丰富

随着利率市场的不断变化，加之互联网金融飞速发展所带来的负债成本不断提升等问题的出现，银行利率风险管理的难度不断加大。此外，国际货币

市场动荡不安，美元强势升值，欧日等国持续推进量化宽松、部分新兴市场国家因经济发展受挫致使其本币纷纷贬值，人民币汇率波动较大。2015年，城商行更加重视市场风险管理，不断加强自身主动负债能力，引进并实施先进的市场风险计量手段。2015年，城商行市场风险管理主要从以下三个方面开展：

1. 制定市场风险防控策略

城商行认真研究分析国内外宏观形势政策变化，准确预判未来利率和汇率走势，在结合自身经营目标和内部资金供给情况的基础上，不断完善市场风险管理办法，制定利率和汇率风险管理年度指引以及精细化的投资交易策略，健全贷款基础利率制度。2015年，城商行根据市场竞争环境和自身资产负债期限、结构及流动性管理需要，实行对公、零售差异化定价策略，制定负债成本与资产收益挂钩、存款定价与利差挂钩机制。在对业务条线的利率定价行为进行授权的基础上，实施差异化的授权管理，要求业务条线结合分支行利差及客户细分情况，对分支行实行差异化授权管理。对于银行账户，实施差异化的风险防控，依照盈利增长和风险控制的目标要求，确定银行账户投资规模比例、组合久期、大类资产结构，并进行跟踪分析，依据市场变动情况适时谨慎修正。

2. 完善市场风险管理手段

城商行持续优化利率结构，采用缺口分析、内部资金转移定价等方法，对利率敏感性资产与负债的重定价期限缺口实施定期监控，积极防范利率重定价风险。此外，城商行还持续加强动态监控，制定市场风险压力测试方案及撰写情景设置报告，借助资金交易与风险管理信息系统中的债券资产估值、VAR值测算、久期分析、静态情景模拟和压力测试等功能板块。

3. 加强配套管理系统支撑

城商行不断优化资产负债管理系统功能，引入FTP系统，准确计算FTP，有效剥离分行利率风险到总行集中管理，开发并使用管理会计系统，实现间接成本分摊、共享收入分解、风险成本分摊等功能，更加精确地核算收益和成本，并在此基础上进行多维度利润贡献度分析及经济资本分配和考核管理，实现风险与收益的平衡。大同银行完善了资金交易风险评估及控制系统、异常资金交易及资金变动预警处理机制，严格执行使用交易账户和银行账户等规定，通过不断提升市场风险管控能力，资金运作日趋规范，2015年全年累计交易各类投资1079亿元，未发生一笔资金损失。

5.2.3 优化管理体系　流动性风险管理水平显著提升

2015年，面对复杂的外部环境，城商行进一步完善流动性风险管理策略，加强各项风险管理技术的应用，流动性风险管理的专业化程度不断提高。截至2015年末，城商行流动性比例为52.1%，较年初上升4.26个百分点；人民币口径存贷比为61.2%，较年初基本保持不变。2015年，城商行流动性风险管理工作主要从以下三个方面开展。

1. 动态调整流动性管理策略

城商行科学测算资产端和负债端流动性情况，一方面，合理分配同业业务、理财业务以及投资业务占比，建立分层次的流动性储备，优化流动性储备资产规模和结构；另一方面，前瞻性预判市场变化，加强主动负债操作和负债质量评价，严格实施流动性限额管理，不断优化负债结构，提升负债来源的稳定性、结构的多元性、成本的适当性。

2. 提升流动性风险管理水平

一是提高流动性风险监测水平。在强化现金流管理、统筹加强各类资产流动性配置的过程中，城商行建立并完善重要监管指标变动预警监测体系，加强可变现、可质押债券的监测，积极开展流动性风险排查和现场检查，密切跟踪监测大额跨境、异动资金，防止短期流动性大幅波动。

二是定期进行流动性压力测试。根据外部环境合理制定流动性压力情景测试计划，利用各类管理系统，定期全面分析资产、负债总量结构情况及流动性风险状况。

三是做好流动性应急管理。制定并完善流动性风险应急预案，明确风险发生时风险部门和业务部门的具体职责，控制流动性危机情景下的风险扩散。

四是健全多元化融资渠道。进一步加强与同业的联系和合作，发挥同业业务作用，积极应用同业存单、大额存单、申请中国人民银行再贷款、信贷资产证券化等创新金融产品，降低流动性风险。

五是加强行业流动性互助。积极响应监管部门号召，发起城商行流动性互助基金建设，通过行业流动性互助实现城商行之间的流动性调剂。此外，部分城商行也积极发起成立区域性流动性互助组织，青岛银行、兰州银行等加入"一带一路"金融联盟。

3. 完善流动性风险管理系统

城商行逐步优化流动性风险管理信息系统功能，积极调整业务模型和系统参数，细化流动性缺口期限；完善优质流动性资产测算功能，对数据存储格式进行重新梳理；调整模型参数，使计算结果更贴近实际；对测试结果进行检验，验证准确性。

杭州银行：牵头建立浙江辖内城商行流动性支持机制

为防范区域流动性风险，坚守区域风险底线，在浙江银监局的推动和支持下，杭州银行牵头浙江辖内10家城商行于2014年在平等、自愿、协商一致的基础上建立浙江辖内城商行流动性支持机制。机制坚持风险为本、成员优先、提请监督的原则。各成员行出资1亿元共同设立专项资金，杭州银行具体负责资金运作，通过专项资金来调剂各成员行的临时紧急流动性头寸余缺。对专项资金的申请和使用，各成员行一致同意风险共担和收益共享。目前，专项资金总额11亿元，2016年网商银行新申请加入该机制。

从2014年9月成立至2016年6月，成员行申请使用专项资金211次，累计使用金额达399亿元。专项资金有效缓解了各成员行临时紧急流动性压力，为改善辖内的流动性起到了积极作用。

5.2.4 筑牢系统防线 操作合规风险管理不断强化

2015年，监管政策的进一步趋严对银行业操作风险、合规风险和内控管理提出更高层次的要求。城商行持续加强操作风险、合规风险及内控管理体系建设，着重关注重点领域和关键环节，注重发挥科技对内控管理的支撑作用，操作风险、合规风险及内控管理能力有了较大提升。

1. 培养合规意识，健全风控制度体系

城商行高度重视合规风险文化建设，通过正向倡导、案例分析、合规风险培训、加大惩罚力度等方式，培养全行合规习惯。此外，着重加强关键岗位、重点人群的警示教育，深入剖析检查薄弱环节、案件高发环节存在的风险隐患，防止重大违规案件的出现。同时，城商行贯彻落实中国银监会指引，结合自身实际，完善重要岗位人员轮岗轮调、强制休假、履职审计和强化问责机制。

2. 建立三道防线，完善流程管理框架

城商行不断完善操作风险、合规风险及内控的全流程管理框架，搭建三道防线齐抓共管的管理体系：第一道防线由各业务部门组成，第二道防线由总分行的操作风险管理的专业职能部门组成，第三道防线是审计部门。同

时，部分城商行在推动操作风险标准法项目实施过程中，积极探索推动操作风险、内控建设及合规管理的整合。积极利用操作风险管理三大工具，进行事前操作风险识别与评估（RCSA）、事中关键风险指标监测（KRI）、事后损失数据收集（LDC），全流程识别监测操作风险。

3. 关注重点领域，强化关键环节风控

一是强化账户管理。重点关注对账环节，将对账和业务办理相分离，并要求在出现短期内资金异动情况时，要当面进行核实。二是严控私售行为。城商行梳理打击私售行为的工作流程，强化营业场所管理和风险提示，开展员工警示教育，推进网点现金区、理财区等重点区域的录音录像设备建设。三是加强代销业务管理。城商行加强代销产品信息的公开公示，上收代销业务审批权限，做好教育宣传。四是加强反洗钱工作力度。城商行持续完善反洗钱系统建设，定期组织行内排查冒名开立及非法集资账户，及时扩充和优化反洗钱名单数据库，开展反洗钱宣传活动。

4. 强化督导监察，开展风险案件自查

城商行通过及时在全行范围内通报重大违规违法案件等方式，传导合规风险管理压力，督促各项合规和内控措施落实到位。同时，充分发挥一线经营单位对合规经营的督导作用，定期组织一线经营单位开展员工行为排查工作，坚持现场访谈、家庭走访和诚信举报等制度，强化岗位管理和员工综合素质培训。

此外，城商行积极开展"两个加强、两个遏制"、"回头看"等专项检查，并积极开展风险自查工作，由总行合规部门负责牵头制定全行检查方案，总行业务主管部门制定详细检查方案并对分行自查提供业务指导，通过网点自查、分行检查、总行部门抽查、总行联合检查组检查等多维度、多层面的检查，形成注重合规、防范风险、严肃问责的高压态势。

5. 加强系统建设，加大科技支撑力度

城商行持续加强内控测试、问题管理、操作风险限额等管理工具应用，夯实操作风险高级计量法实施基础，提高系统的分析监测能力，强化操作风险预警和防控水平。晋商银行狠抓技防手段的应用，充分发挥非现场审计信息系统与违规积分台账系统、业务风险监督（后督）系统的风险预警、监控作用，提升了防范操作风险的技术支撑力。郑州银行多措并举科学管理操作风险，通过内控合规与操作风险管理系统电子化管理操作风险，切实提升操作风险管理能力及水平。

5.2.5 增强危机意识 声誉风险管理框架逐步健全

随着金融改革的不断深入和客户需求的持续提升，良好的声誉已经成为提升城商行发展能力的一项无形指标。2015年，城商行声誉风险管理工作主要从以下五个方面开展：一是培育以维护声誉为导向的理念。大力强化声誉风险危机意识，逐步提升城商行的整体社会形象和美誉度。二是不断完善声誉风险管理制度。城商行在加强媒体接待与舆情管理工作制度基础上，指导分行建立健全自身声誉风险管理制度，进一步规范媒体接待和舆情管理相关流程，切实做好声誉风险防范工作。三是完善声誉风险预警机制。探索并建立一系列能够反映银行声誉风险的指标，并进行实时监测。四是加强舆情监测和宣传引导。加强与媒体的沟通交流，建立与社会公众有效的沟通机制，有效防范和妥善处置声誉风险事件纠纷。五是着重加强声誉风险应急处理。完善声誉风险事件管理应急预案，理顺应急事件处理流程，明确相关风险管理部门和事发单位职责，在出现声誉风险事件时积极开展投诉客户的公关工作。江西银行持续加强声誉风险管理，陆续出台和完善了声誉风险管理、广告宣传管理、宣传报道管理及网站管理等相关规章制度，不断加大对分支机构舆情监测日报制度的考核力度，坚持每日刊发《舆情日报》，委托新华社江西分社实行全网不间断地对舆

情进行7×24小时监测，强化声誉风险措施，不断提高危机公关能力。

5.2.6　完善制度体系　信息科技风险管理能力增强

信息科技的快速发展，虽然大幅提升了银行数据和业务处理能力，并进一步拓宽了营销渠道，但网络信息安全问题也随之而来，给银行带来了一系列风险隐患和突出问题。

2015年，城商行积极落实监管的指导精神，进一步加大科技投入，努力提高自身信息科技风险的防控能力，主要从以下三个方面开展信息科技风险管理：一是完善制度体系。不断加大信息科技风险管理方面的规章制度建设，有效提升全行信息科技风险管理水平。二是推进差异化管理。对各系统进行重要性分级工作，为系统运维差异化管理提供重要依据。三是规范全流程评估。优化风险等级评价模型，多维度进行评估，全面识别日常运营过程中的信息科技风险点。长沙银行建立了信息科技风险监测指标体系，共设计81个风险指标，包括信息科技风险管理监测办法和细则、指标设计、采集规则等，通过风险监测指标及时、有效识别和了解风险状况，信息安全管理体系已建立并保持运行，运行状态基本良好。

5.3　新风险点管控有序推进

2015年，面对复杂的外部经济环境变化，城商行认真贯彻执行国家宏观政策和监管机构要求，积极采取相应措施，不断强化对新风险点的风险防控，防范控制经营风险。

5.3.1　开展全面排查　阻断跨界风险传染

2015年，城商行根据监管要求，进一步加强了跨界跨区业务发展的自我规范，制定了相关的内部规定，持续加固与非银行融资之间的防火墙建设，切实防范外部风险向城商行的传染。同时，受经济下行影响，部分地区财政收入增速放缓、区域信用风险上升、江浙地区部分担保圈、互保圈风险有所增加。对此，2015年城商行加强了全面风险管控，加强市场监测和风险预警，对风险项目预先制定风险缓释措施，防止风险跨地区传递。全面检测排查关联企业贷款、担保圈企业贷款、循环担保贷款风险，避免企业资金链断裂引发连锁反应，防止跨区域风险传染放大。

5.3.2　监测重点领域　消除潜在风险隐患

2015年，城商行进一步加强了重点行业风险的监测力度，强化对信贷重点关注领域的风险防控，努力建立大额风险暴露的管理政策和内控制度。各地城商行密切关注存量客户中的高风险客户，对地方政府融资平台、房地产、两高一剩、异地授信、股权质押、担保等重点风险领域，分类管理，加强管控。吉林银行严格执行信贷政策，及时分析区域性、行业性风险成因，指导制定信贷管理策略，切实加强高风险的信贷产品和授信客户的信贷管控。

5.3.3　前移风险关口　管控交叉金融风险

2015年，城商行按照监管要求，严格贯彻"三个有利于"标准，积极探索对于跨行业跨市场的交叉金融产品创新，严把风控关，防止风险积累和放大。对新产品研发和审批严格把关，促进风险关口前移，从源头把控新产品、新业务经营风险。

5.3.4　优化管控流程　防范表外业务风险

2015年，城商行进一步强化表外业务风险管理，不断进行风险管控流程优化，从健全"三道防线"的角度，积极梳理表外业务产品种类，分类细化表外业务风险底线，完善表外业务风险信息平台建设。西安银行通过制度建设、统一授信管理和系统控制，实现了表内外业务风险管理同步。2015年，银行理财和同业业务发展迅猛、创新活跃，针对监管机构规范金融机构理财和同业业务的相关规定，城商行主动调整、积极防范利用同业业务开展非标准化债权资产投资的途径，促进同业业务规范健康发展。有相当一部分城商行设立了专门的理财业务经营部门，健全了理财业务组织管理体系，将理财业务风险纳入全行风险管理体系。

应该看到，2015年，城商行发展的内外部环境发生了深刻的变化，城商行始终坚持冷静思考，深入研究，以稳健的思维和务实的作风统筹谋划风险管理工作。在严密防范信用风险、市场风险、流动性风险、操作风险、声誉风险和信息科技风险的同时，全面防范金融体系外风险输入，防范交叉金融产品风险、重点风险隐患和跨区域风险传递，严格履行贷款"三查"等制度，战略定位和风险管理策略进一步明晰，组织模式得到了优化，资本管理日臻成熟，风险抵御能力得到了提高，守住了不发生系统性区域性风险的底线。

第6章　基础管理

基础管理是城商行业务发展的根基和重要保障。只有打好基础，才能实现业务的长期健康可持续发展。除了风险管理以外，公司治理、战略规划、人力资源、信息科技、营运管理、财务管理等基础管理领域对城商行而言同样至关重要。2015年，城商行在推动业务发展和强化风险管理的同时，注重加强基础管理工作，夯实发展根基。

6.1　注重特色经营　完善公司治理

6.1.1　推动制度建设　持续改进治理机制

2015年，城商行积极落实监管部门对公司治理建设的要求，不断建立和完善"三会一层"治理结构，提升公司治理水平。城商行逐步建立完善的信息披露制度，加强信息披露的主动性、针对性和有效性，除真实、准确、完整、及时披露董事会决议公告、股东大会决议公告、利润分配等一般性公告外，还主动披露重大事项和重要信息，不断提高公司透明度，确保投资者能及时全面了解银行经营情况。充分利用网络等平台，拓展交流渠道，已上市城商行利用证交所e互动平台举办投资者说明会，主动参加券商策略会，积极接待投资者调研，回复电子邮件等，搭建多层次的投资者互动交流平台。齐鲁银行作为国内首家在新三板挂牌的城商行，严格按照监管要求，对公司章程、信息披露管理办法、关联交易管理办法、股东大会议事规则等进行了梳理修订，进一步加强公司治理机制建设。西安银行作为一家由内资和外资、国有和民营、法人和自然人等多元主体共同投资参股的股份制商业银行，针对股权结构特点，既考虑国内现实，又积极践行国际惯例，不断优化董事会构成，提升董事会的独立性和专业性，使董事会在战略规划、风险管控、财务预算、利润分配等重大事项上真正发挥决策作用；同时兼顾战略投资者和财务投资者的不同需求，实施国内国际会计准则下的财务报告审计，持续完善信息披露，强化市场约束和透明度建设，提升市场运作水平。通过公司治理的不断完善，有效兼顾不同投资者的文化差异和利益诉求，保证了不同投资者和银行发展的利益一致性。

6.1.2　注重特色发展　尝试专营机构改革

面对经济转型升级的挑战，城商行立足区域和自身能力，开始寻求差异化、特色化发展，在事业部制改革等多个方面进行了探索与实践。不少城商行将本行具有竞争力的特色业务独立出来，通过独立的团队进行专业化运营，实行独立考核。部分城商行目前采取了成立利润中心或专营分支机构的方式，而部分城商行则更进一步，已经成立了事业部或正在探索事业部制改革。2015年，苏州银行进入组织架构调整方案的实施阶段，通过组织架构调整，在公司、零售和金融市场业务板块形成从上而下的条线型事业部管理模式。哈尔滨银行在零售金融总部下设零售金融部、零售信贷部、零售产品创新中心三个管理部门以及消费金融事业部、微型金融事业部、信用卡中心、房贷事业部等四个事业部，致力于为零售客户提供全面、多功能的综合性金融服务，增强客户黏性及满意度。北京银行持续深化"商行+投行+资管"的经营模式，逐步形成由债券承销、银团并购、结构融资、机构理财、债券发行和风险合规六大板块组成的投资银行事业部机制。天津银行正在有计划地向条线化管理、事业部制管理过渡，2015年同业业务条线已基本实现准事业部制管理，员工管理关系均上收至总行条线负责；同时积极探索运营条线化管理改革，逐步实现运营业务条线集中管理。郑州银行已成立"物流银行研发中心"，下一步将演变为"物流银行事业部"。南京银行完成了理财事业部制和同业专营制改革。东莞银行、盛京银行和长安银行则分别在推进资产管理事业部制、理财事业部制和同业事业部制改革。

6.2　落实发展规划　提升战略能力

6.2.1　建立战略部门　提升战略管理地位

激烈的市场竞争让城商行越来越认识到战略管理的重要性。战略研究结果不仅可用于指导城商行的整体发展，还可用于指导具体业务规划。2015年，多家城商行陆续成立了战略发展部等机构，还没有成立的银行也在积极筹备。战略管理部门大都承担了全行战略管理推动、改革创新推动、发展规划设计等职能，对现阶段正处于探索转型发展之路的城商行而言至关重要。

6.2.2　围绕国家战略　制定战略发展规划

2015年是国内经济发展模式转型的关键期，也是城商行直面新常态，开拓新市场，把握新机遇的重要时期。为了确定科学的发展战略，明确未来发展目标及市场定位，提出兼具针对性、可行性、创新性的发展措施，大部分城商行通过聘请外部咨询机构协助编制或自己独立编制了未来五年战略发展规划。北京银行、郑州银行、柳州银行、威海市商业银行和晋商银行等多家城商行都在2015年完成了未来五年战略发展规划的编制工作。城商行通过外部环境分析、国内外先进经验对标和内部诊断及竞争分析，制定了差异化的发展战略。同时为保证战略的实施，针对支持战略的关键能力提出优化改进措施，制定战略实施计划。

6.2.3 依托协会平台 推动城商行间合作

由于城商行在区域经营、人才资金、资产规模等方面的限制，面对激烈的市场竞争，相互合作、优势互补、协同发展、互利共赢的需求更为迫切，中国银行业协会城商行工作委员会为城商行提供了加强合作的平台。

2013年6月成立的中国银行业协会城商行工作委员会，以促进城商行稳健持续发展为宗旨，积极开展各项工作，推动城商行深入合作。2015年，城商行工作委员会根据中国银监会主席尚福林在2015年初全国银行业监管工作会议上提出的探索建立城商行流动性互助机制有关指示，在中国银监会的指导下稳步开展流动性互助基金的相关工作，取得了阶段性成果。此外，中国银行业协会与德国储蓄银行协会建立了长期友好的交流合作关系，为进一步推动中德两国银行业服务大众、支持中小企业创业创新、健康发展起到了积极作用。

在2015年9月召开的城商行年会上，包括北京银行、上海银行、江苏银行在内的20家城商行工作委员会常委行签署了《关于建立城商行流动性互助合作机制的倡议书》。之后，其他城商行也都陆续签署了倡议书。

2015年，城商行积极探索各种不同的合作方式，谋求互利共赢、协同发展。由长安银行、西安银行和6家城商行西安分行成立陕西城商行合作联盟，从推进流动性互助和银团贷款两方面增进了驻陕城商行的合作；厦门银行和哈尔滨银行发起"一路好游 畅行无忧"银行联盟。天津银行等16家环渤海金融机构成立环渤海银银合作平台，推进成员机构业务规模化、标准化、网络化，以更好地服务区域经济发展。

6.3 调整薪酬结构 优化人力管理

6.3.1 健全培训机制 提升人员专业素质

2015年，城商行高度重视提升人才专业水平，把人才培训作为加快实施"人才强行"战略、建设高素质人才队伍的良好契机。一是健全培训机制，积极建设网络培训学院，使人才培训更为系列化、常态化。二是加强专业领域培训。城商行加大在风险管理、业务流程、政策法规及操作系统等专业领域培训，组建移动渠道、互联网金融及客户体验等专业研发团队，切实提升人员业务水平和研发能力，增强人员合规意识和行为约束能力。三是鼓励员工参加专业任职资格考试，提升员工自身知识水平和综合素质，为城商行的发展和业务拓展提供强有力的人力保障。

6.3.2 加强人才培养 完善选人用人制度

2015年，按照"内培外引"原则，城商行实施人才引进储备机制，坚持社会招聘与校园招聘并重，通过校园招聘应届大学生，改善员工队伍的知识结构与学历结构，储备形成一支结构合理的人才梯队。同时，根据业务发展需要，按照银行业管理人员任职要求，坚持以市场化方式多渠道招聘专业素质高、营销能力突出、管理经验丰富的成熟型人才，重点吸纳科技、风险等关键领域专业人才和中高端管理人才，着力解决人才储备与科技建设、风险管理、发展要求不相适应的问题，培养并集聚一批专业管理能力居于行业前列、具有国际视野的领军人才。此外，城商行在本行内部选拔聘用年轻人才，加快人才储备，初步形成后备人才库。同时，坚持岗位练兵，派遣总行年轻干部到基层磨砺锻炼，加强总行与分支机构人员的交流锻炼,营造更加公平、公正、公开、透明的选人用人环境。

2015年，城商行继续健全科学有效的选人用人机制，完善选人用人标准和原则，健全岗位序列和等级行员制；以业务流程改革为切入点，持续调整优化岗位人员配置，形成科学合理的人员分布，促使人岗匹配、人事相宜。德州银行按照流程银行的要求，对全行部门、岗位、职责进行重新梳理和规划，以强化业务条线管理能力、提高中后台运行效率为目标，优化总行部门设置，压缩总部人员编制，精简管理职数，增加技术序列，在全行范围内组织中层及以下管理人员公开竞聘上岗，将知识结构合理、能力突出、素质过硬的人才选拔到合适的岗位上来，进一步优化了人力资源配置，增强了员工的工作效率和积极性。此外，中国银行业协会积极探索建立城商行培训体系，在2016年6月举办的城商行高管研修班中，引进境外优秀互动课程，邀请德国储蓄银行国际合作基金会专家进行银行管理商战模拟；根据政策和银行业务发展需要，举办中小银行"营改增"专题培训；探索订制式培训模式，满足单个城商行个性化培训需求。

6.3.3　优化薪酬结构　改进激励约束机制

高效激励约束机制是引导、规范员工行为最有效的方法。2015年，城商行通过深化人力资源改革，建立了相对统一规范、覆盖不同类型、不同岗位类别员工的绩效考核制度，加快构建科学合理、保障充分、激励有效、体系完备的薪酬激励体系，逐步建立前台市场化、中后台专业化为核心的人力资源配置机制和薪酬管理方法；构建物质激励和精神激励并重、短期激励与长期激励相结合的多元化激励机制，为员工发展营造良好的绩效管理氛围；不断优化收入分配机制，合理利用考核与激励手段，激发员工的工作热情。初步形成了现代化商业银行有效激励约束的机制，为加快经营转型和增长动力转换提供了有力保障。同时，通过分析不同类别员工的职业预期，健全员工职业发展通道，为员工提供有利的职业成长平台。

长安银行聘请咨询公司按照行业通行做法，建立一套与本行实际契合、具有行业先进性的薪酬制度体系；全面推行产品计价制和"买单制"，突出多劳多得；增加考核维度和结果运用，提升机关部门和机构负责人的考核力度；推进干部能上能下机制的建立。

6.3.4　加强党建工作　推动作风建设

除了提升员工的专业能力，党风廉政建设也是城商行人力资源提升过程中的重要任务。2015年以来，城商行积极贯彻党中央"全面从严治党"战略布局，学习贯彻中央讲话精神，践行中央、省、市委"三严三实"要求，持续推进干部队伍作风建设，坚持"业务发展统揽全局，改革创新引领全局，党风廉政保障全局"的"三个全局"理念，持续推进党风廉政建设，深入开展廉政风险排查，开展专题警示教育活动；坚持"一岗双责"，推动"思想入脑、责任上肩、执行到位"，强化干部员工"讲规矩、守纪律"意识。城商行党建工作得到了有效落实。

6.4　加快技术应用　提高科技水平

为支撑业务发展战略，城商行紧跟技术发展趋势，强化科技引领理念，加快信息系统投入，推进基础平台、互联网金融、管理系统的建设和完善，加快新技术创新和应用，提升数据运营能力，加强科技风险防范，加大科技人才引进力度，提高自主研发能力，为经营决策、经营管理、业务发展提供更有效支撑。

6.4.1　促进技术创新　加快科技系统建设

一是根据自身的业务特点，稳步推进系统平台的建设。部分城商行推动在线供应链系统建设，为交易银行业务的发展打下基础；部分城商行搭建同业业务平台，实现场内外同业业务的统一管理；部分城商行建立综合化金融平台，为客户提供"一站式"的综合金融服务；还有些城商行加强互联网金融建设，持续完善和升级手机银行、网上银行、电话银行、微信银行等电子银行系统，加快直销银行等新兴互联网金融平台建设。上海银行2015年完成互联网银行核心系统项目上线，为互联网银行的产品部署、渠道合作、移动金融创新业务的推出提供强大的系统支持，整个系统通过互联网为上行快线客户提供线上一整套的金融服务产品，包括账户体系输出服务、智能存款、购买基金、购买理财、在线消费信用贷、代收付资金清结算等产品及服务。二是科技创新和新技术运用加速。部分城商行加快大数据技术、生物识别技术、移动互联技术等新技术的开发、运用，满足网点转型、服务提质和移动营销的创新需求；为客户提供网络预约排队、网络填单、业务推送等一系列创新服务，让服务更便捷、更简单。三是利用系统建设提升管理水平。部分城商行通过建设和完善资产负债管理系统、管理会计系统、客户关系管理系统、事后监督系统及风险预警系统等，为内部管理决策提供了有力工具。

6.4.2 顺应技术发展 提升数据运营水平

顺应大数据技术的发展潮流，城商行持续提高大数据运用能力，通过大数据分析实现对客户的精准营销并为客户提供差异化服务。部分城商行加快数据仓库或数据集市、大数据平台建设，推进数据治理体系建设，制定数据标准、建立数据质量管理机制，为后期精准营销、风险定价、客户评级等应用提供基础平台。江西银行新建立了一个参照TIA-942 Tire 3 +等级达到国家A级（国家标准GB 50174—2008《电子信息系统机房设计规范》）的高安全、高可用、高稳定的绿色节能的企业级数据中心，该中心依托科技创新，严格工程管理，成为具有国内领先水平的数据中心。长沙银行推进数据治理体系建设，出台数据标准，建立数据质量管理机制，强化数据治理、收集、建设和挖掘；启动数据服务平台建设，逐步完善数据集市和新的综合报表平台，建设大数据自助服务平台，组建大数据实验室进行量化研究，试水大数据运用。

6.4.3　加大资源投入　提高自主研发能力

在加快系统建设、防范科技风险的同时，城商行加大科技资源的投入，通过各种渠道引入急需人才，人员数量也因此有较大增加。各层次科技人员的补充，使得城商行内部在科技人才结构、层次、年龄、专业方向等方面得到优化与调整，此外还通过专业序列评聘、充实管理人员，打通员工职业通道，促进员工与银行共同成长。通过加大科技资源的投入，城商行在信息科技开发与运维方面的能力不断提高，降低了对第三方信息系统建设和信息科技服务提供商的依赖，科技自主创新能力和信息科技风险管理能力持续提升。

6.5　增强运营能力　改善运营质量

6.5.1　推动集约发展　不断提升运营效率

2015年，城商行持续推动集约化发展，通过优化运营流程，提升运营效率。锦州银行于2015年启动"营运集约化改革项目"，提升经营管理的规范化和精细化水平。宁波银行致力于打造流水线化、"金融工厂"的中后台体系，2015年优化业务流程317个，实现了更高效的管理、更规范的操作、更合理的资源配置、更好的客户体验和更严谨的风险控制。郑州银行2015年上线影像系统，为各业务系统提供统一的影像数据采集、传输、内容存储以及查询、调阅、展现等功能，解决了业务处理中因纸质材料传递过慢引起的业务处理、档案管理的效率问题。

6.5.2　加强运营监督　完善内部控制体系

城商行重视内部控制制度的完备性，根据外部法律法规、监管政策、内部经营管理要求及时制定和修订有关内部控制制度，持续优化运营管理流程，落实风险管控措施，进一步完善内部控制制度体系。同时，加强系统建设，通过系统的支持提高运营监督的效率和效果。辽阳银行聘请外部咨询机构开展内控管理系统建设，完成内控制度汇编、岗位说明书、岗位风险管理矩阵的梳理、补充修定工作，实现对业务管理环节的全覆盖。晋商银行充分发挥非现场审计信息系统与违规积分台账系统、业务风险监督（后督）系统的风险预警、监控作用，在操作风险的识别、评估、监控等方面进行有效运行，提升了营运监督的技术支撑力。

6.5.3　强化安全保卫　守好管理保障底线

安全保卫以及办公室等后勤部门是维持城商行正常运营的重要保障，为业务部门和其他管理部门提供各种支持，解决员工在工作中可能产生的后顾之忧，并在维护全行员工的团结稳定以及建设良好的企业文化等方面发挥重要作用。2015年，城商行高度重视案防工作，把维稳和安全保卫工作列入议事日程，与各项业务工作同部署、同检查，认真落实各项安防措施。办公室、党团工会、后勤保障、基建等部门辛勤工作，较好地发挥了支持保障作用。

6.6　夯实财务管理　加快体系建设

6.6.1　完善系统建设　加强资产负债管理

2015年，面对经济新常态，城商行主动加强资产负债管理能力，完善资产负债管理系统建设，资产负债管理水平稳步提升。一是主动加强资产负债管理能力。动态配置和调整全行资产、负债期限结构，建立分层次的流动性储备，合理安排各层次流动性储备，优化流动性储备资产规模和结构。二是逐步健全多元化融资渠道。依托良好的市场业务往来关系，充分发挥同业业务和同业存单融资作用，同时积极开发大额存单业务等创新货币工具，不断拓宽融资渠道。三是完善资产负债系统建设。推进和完善资产负债管理系统、管理会计系统等，实现了资产负债结构的精细化管理。西安银行开发了资产负债管理系统，包含OFSA参数配置平台、ETL调度平台及BIEE报表平台三个子系统。实现了资产负债结构的精细化分析、流动性现金流缺口分析、银行账户利率风险分析及未来利息收入模拟分析，满足定期资产负债管理报告及日常的流动性风险等监测需求。

6.6.2　优化定价体系　提升产品定价能力

随着利率市场化进程的不断加快，产品定价能力将成为银行的核心竞争力，城商行逐步推进并完善定价模型和产品定价体系。在具体定价模型选择上，规模较大、条件成熟的城商行正在探索使用EVA和RAROC作为定价工具。同时，完善的产品定价体系对关联系统和数据库建设提出较高要求，为此城商行加强以"定价体系"为核心的关联系统的建设和持续完善。德州银行借助管理会计平台上线了新绩效考核系统，能够提供"资金转移定价、成本分摊、经济资本管理"三大工具和"经营分析、绩效考核、资产负债管理、产品定价和全面预算"五大应用，实现精细化管理和全要素核算。

6.6.3　调整财务部署　为"营改增"做好准备

对金融行业而言，营业税改增值税的影响是多方面的，不仅会计科目、会计核算制度和会计系统需要修改，而且需要考虑由于税负变化对产品结构和定价的影响，而这需要业务部门和财务部门的共同参与。另外，增值税的管理比营业税更加复杂、要求更加严格，需要调整相应的管理流程并对员工进行系统的培训。此外，业务流程、合同文本格式、业务系统也需进行相应的调整。2015年，城商行积极部署，做好"营改增"前期准备工作，包括影响分析、业务和制度流程梳理、人员培训，并拟启动系统的升级改造工作，降低"营改增"在2016年正式实施后带来的财务影响和客户体验影响。

2015年以来，城商行立足区域化经营，注重在转型中走"专业化、特色化、精细化"的道路，不断深化内部管理体制机制改革，提升公司治理现代化水平；重视战略规划，提升战略管理的地位；完善运营管理和财务管理，推动精细化、集约化管理转型；推进人力资源改革，完善薪酬激励制度；加大信息系统建设投入，提升信息技术运营能力。通过加强基础管理，为业务的可持续发展提供了有力的保障。基础管理能力提升是一项需长期坚持的工作，未来城商行将根据外部环境、业务发展、技术创新和监管要求的变化，借鉴大中型银行的先进经验，结合自身的特点，不断提升基础管理水平。

第7章　社会责任

2015年，城商行坚持"服务地方、服务中小、服务市民"的市场定位，在发挥自身优势、做强做优业务、实现创新发展的同时，不忘履行自身社会责任，认真贯彻落实宏观经济金融政策，将践行社会责任全面融入市场开拓、业务发展、产品创新、客户服务、员工成长、公益奉献之中，持续强化责任意识，不断完善治理体系，全面深化风险管理，积极践行社会责任，紧紧围绕国家重点发展战略，加大绿色信贷支持力度，着力发展小微金融及零售金融，普惠金融服务范围不断扩大，消费者权益保护持续巩固，员工团队凝聚力及向心力持续增强，社会形象得到进一步提升。2015年，在中国银行业文明规范服务百佳示范单位评奖中，北京银行西单支行营业室、北京银行南昌分行营业部、北京银行济南大明湖支行、江苏银行无锡分行营业部、富滇银行昆明岔街支行共五家支行获得该项荣誉。在中国银行业社会责任工作评选活动中，江苏银行荣获年度最具社会责任金融机构奖，邯郸银行荣获年度社会责任最佳公益慈善贡献奖，北京银行、天津银行和包商银行荣获年度社会责任最佳民生金融奖，重庆银行荣获年度社会责任最佳绿色金融奖，齐鲁银行和苏州银行荣获年度最佳社会责任实践案例奖。

7.1　着眼国家战略　服务区域经济建设

2015年，城商行牢牢抓住国家实施重大战略的良好机遇，主动对接重大战略实施项目，持续加大对国家重大战略及17个国家级新区建设的金融支持力度，为其提供综合性金融服务，既为实体经济发展提供了强大助力，同时也实现了自身规模、质量及效益的协调发展。

7.1.1 着眼"一带一路" 构筑金融合作平台

1. 强化"一带一路"金融资源整合

2015年，多家城商行采取缔结联盟的方式，在金融市场、贸易金融等方面携手合作，为"一带一路"战略实施提供金融服务保障。2015年9月17日，"一带一路"金融联盟在山东青岛由青岛银行倡导发起，包括西安银行、青海银行、晋商银行、齐商银行、郑州银行、宁夏银行、兰州银行、乌鲁木齐银行等23家金融机构签订合作协议，共同发起成立"丝绸之路"合作基金。联盟同时为成员银行客户在青岛港装货卸货、仓储物流、报关报检等各个环节提供更为便利高效的服务，适度降低其在青岛港仓储物流过程中的各项费用。2015年11月27日，由乌鲁木齐市商业银行、哈密市商业银行、库尔勒市商业银行、新疆汇和银行、昆仑银行等新疆本区域城商行联合成立新疆城商行金融联盟，联盟成员通过共同参与属地政府平台、大型工程、基础建设等优质项目，有效突破投资集中度限制和资金不足"瓶颈"。

2. 强化重点工程项目的金融支持

2015年，各地城商行围绕"一带一路"相关政策与规划深入研究，分析切入方式，创新业务合作模式，积极向"一带一路"战略重点领域提供金融支持。吉林银行采取"商行+投行"、"股权+债权"融资模式，为吉林省东北亚铁路集团有限公司融资15亿元，期限6年，支持国家"一带一路"重点项目，包括长吉图国际物流集团能源开发、珲春扎港釜山跨境陆海联运航线建设、俄罗斯扎鲁比诺港码头升级等，为加快实现吉林省国际大通道战略目标作出实质性支持。西安银行对西安"一带一路"战略中的国际港务区建设项目，最早提供资金支持，与其在物流基础设施、西安综合保税区以及西安公路码头建设等重大项目中开展广泛合作，累计提供30.5亿元资金支持，有力地促进了国际港务区的发展。

3. 强化国际国内金融交流

2015年，云南、广西、黑龙江等边疆地区城商行紧紧抓住"一带一路"战略和建设区域性国际金融中心的政策契机，不断加强国际国内金融交流。2015年9月，富滇银行在全辖网点推出人民币与越南盾跨境结算服务，在毗邻国家特色国际业务上取得又一突破。截至目前，富滇银行在本币跨境结算服务方面，已实现与老挝、泰国、越南的紧密合作。广西北部湾银行与柬埔寨加华银行签订《战略合作协议》，在"一带一路"框架下，针对柬埔寨相关项目融资需求，双方在银行授信、银团贷款等领域加强合作，携手开创中国—东盟自由贸易区"钻石十年"。

哈尔滨银行：加快对俄金融战略业务发展

哈尔滨银行围绕"一带一路"、"中蒙俄经济走廊"建设等对俄政策，积极促进跨国金融业务发展，荣获2015年《亚洲银行家》评选的"中国最佳区域贸易金融银行"奖。充分发挥对俄金融事业部专营优势，在卢布做市、现钞兑换、同业合作、跨境融资等领域取得重大突破，保持境内同业领先。2015年10月，哈尔滨银行作为中方发起人联合俄罗斯联邦储蓄银行发起成立中俄金融联盟，完成中俄同业间首笔10亿元人民币银团业务合作，成功搭建国内首个中俄金融机构合作交流平台。俄罗斯代理行数量达128家，本外币清算网络和结算代理网络覆盖全俄各地区。获批成立国内首家卢布现钞防伪鉴定中心，持续保持国内最大对俄卢布现钞调缴机构。自主研发的跨境电子商务支付结算平台顺利投产，实现跨境电商收款结算的全球覆盖和俄罗斯区域收款结算的多元化。

7.1.2　着眼长江经济带　提升金融服务质效

长江经济带横贯东中西，联通南北，堪称中国区域经济的脊梁。2015年，结合国家长江经济带发展战略的整体部署，城商行积极贯彻落实国家战略，陆续建立跨区域的总分行联动营销机制，根据区域经济特点及发展水平，制订实施差异化、特色化金融服务策略，为区域经济保持国内领先优势发挥了显著的促进作用。

1. 支持长江黄金水道功能提升

2015年，在支持现代航运服务业、优化长江沿线港口功能布局、加快航运中心建设等方面，城商行发挥了积极作用。2015年，上海银行持续完善并推广"航付通"电子支付业务、全国海关税费电子支付业务等特色服务，并提供包括传统的结算、负债、集团内委托贷款、本外币流动资金贷款、内保外贷、贸易融资业务，全方位综合支持航运类企业。江苏银行积极参与通州湾现代化国际大港建设，截至2015年末，针对通州湾重点项目建设的各类授信金额已近30亿元，主要用于滩涂开发基础设施工程建设、保护通州湾自然生态水系及河道整治建设，以及通州湾城镇道路、路灯绿化、城市给排水等市政工程建设等。

2. 服务综合立体交通走廊建设

城商行为促进现代交通运输业的快速高效发展，对航空网络、公路网、综合公交枢纽的建设提供了有力的授信资金支持，其中以综合立体交通走廊中的航空网络信贷支持力度为最大。上海银行积极投入本土机场航站楼改造、机场基地扩建、航道整治工程、高速公路、高架延伸等项目，以及上海地铁、轨道交通工程建设项目，在促进地方城市建设、提升城市发展水平、进而提高经济社会效率方面贡献了应有之力。

7.1.3 着眼京津冀协同发展 保障战略顺利落地

1.积极推出专项举措

京津冀协同发展是近年来中央实施的又一重大战略。城商行制定政策、抢抓机遇、积极参与。一是制定综合金融服务方案，提供专项授信额度，以综合授信、债券、银团贷款、理财、保险、产业基金、金融租赁、消费金融、信用卡、结构性投资等产品，大幅提升了京津冀区域的金融服务水平。天津银行推出《天津银行"京津冀协同发展"金融服务方案》，明确基础设施建设、节能环保、医疗健康、高端装备制造业、教育资源整合、旅游产业、科技型中小企业、社区公共服务等八个方面的金融服务方向。二是发挥投贷联动政策优势，成立京津冀协同发展基金，统筹谋划项目资金来源，以发展基金对接权益性资金，以项目贷款、债券业务、金融租赁等业务对接债务性资金，为项目建设提供全流程资金支持。三是加快专业机构布局。城商行以"总行+分行+支行+专营机构"的营业网点体系，开展多层次、全方位营销，加速向京津冀地区的渗透融入。2015年，北京银行设立资金运营中心，投资运营规模超过2000亿元；并利用中国银行业首家"创客中心"先发优势，引领金融创新。

河北银行：举全行之力服务京津冀协同发展

河北银行高度重视京津冀协同发展的战略机遇，举全行之力做好京津冀协同发展的金融服务支持。一是领导高度重视。总行成立了由行长牵头的京津冀协同发展工作小组，在天津、廊坊、保定等区域成立由分行行长牵头的项目推动小组，对涉及协同发展的区域和项目总行领导实行"分片包干"，定期督办通报。二是强化政策支持。动态调整授信政策，把超过70%的信贷投放用于支持京津冀协同发展战略。对廊坊、保定、天津等核心区域，制定了差异化授信政策。对与京津冀协同发展战略紧密关联、单笔授信金额在5亿元以上的重点项目，实行授信审批"直报"制度。三是开展重点对接。在交通一体化建设方面，累计向京昆高速、京新高速等项目提供融资70余亿元；在京津产业转移方面，累计为固安高新区、保定高新区等多个产业承接平台和转移项目授信100余亿元；在生态环保方面，累计为张家口塞北新能源、华润新能源等项目授信30余亿元。

2. 强化信贷资金支持

2015年，城商行针对京津冀一体化建设的资金需求，加大资源倾斜力度，拓宽服务渠道，积极提供多元化金融服务，不断加大信贷资金投放力度。天津银行为京津冀协同发展领域的基础设施建设、交通一体化、产业迁移、信息科技及节能环保等重点项目累计授信167.7亿元。廊坊银行为客户提供多款"短、灵、快、全"的贸易金融产品，致力于为京津冀地区企业节省时间成本，提升客户获得资金效率，有力地支持了客户的多元化融资需求。

7.1.4 着眼国家级新区建设 升级银政合作层次

1. 升级分支机构支持新区发展

近年来，国务院批复设立南京江北新区等17家国家级新区和多个国家级高新技术产业开发区。作为重要的经济增长极，国家级新区具备充分的区位条件优势、产业基础优势、创新资源优势及基础设施优势，承载能力较强，快速发展通道逐渐打开。城商行通过在国家级新区的机构布局和升级，持续倾斜金融资源，助力新区建设。2015年，南京银行加速机构布局，通过江北新区支行介入新区建设并操作的大型融资项目已达20余个，累计金额近160亿元，重点服务于基础设施建设、民生项目等领域。

2. 银政合作保障新区重点工程

城商行借助总行所在地的区位优势，努力搭建银政合作平台，全力保障国家级新区重点工程建设。甘肃银行抢抓国家西部大开发政策深入实施的有利时机，与兰州多家新兴产业企业开展战略合作，累计向兰州亚太股份公司等企业授信10亿元，支持兰州新区建设发展。

7.2 坚持绿色理念 推动低碳银行发展

7.2.1 加快制度建设 推动绿色理念落地

2015年，城商行更加重视绿色发展理念，各行积极按照《绿色信贷指引》的要求，从制度入手，以实际行动落实绿色信贷理念，贯穿于授信各个流程环节，持续完善授信政策制度，积极强化绿色发展理念执行的制度基础。桂林银行制定了《桂林银行2015年行业信贷指导意见》，日照银行制定了《2016—2020年日照银行绿色信贷发展规划》，重庆银行荣获中国银行业协会2015年度"最佳绿色金融奖"荣誉称号，在落实执行绿色信贷政策方面作出了突出成绩。

7.2.2 强化授信准入 助推低碳经济运行

城商行严格遵守"三去一降一补"的结构调整部署，突出对符合国家产业政策项目的支持，将优势资金投向新能源和可再生能源领域，促进国家产业政策有效传导，对地方传统产业实现绿色转型提供了有效助力。对于新兴产业，城商行积极跟进国家和区域产业政策调整，抢抓新兴产业发展成长的机会，积极开展业务布局，将业务发展重心向支持绿色、科技、文化产业等新兴领域，以及高新技术产业倾斜。一是根据各地产业特色，积极发展创客中心、自贸区业务、节能环保、先进装备制造和机器人等新兴产业。二是针对产业特点，创新信贷和服务方式。对于绿色产业推出循环经济贷款、节能减排贷款、排污权担保抵押等信贷模式；对于科技型企业，推行实施专利权抵押、股权质押、应收账款质押等授信产品；对于文化产业型企业，推行实施知识产权抵押等授信产品，积极为轻资本行业性企业提供信贷支持。三是更加注重综合金融服务，着力提升融资、咨询、财富管理等金融服务水平。四是积极参与各类新兴基金，如地方国有企业重组发展基金、先进装备制造业发展基金、新兴产业创业投资基金以及重大科技创业投资基金，创新服务模式，提升业务办理效率，积极支持地方国企改革与发展。

7.2.3 增强信贷引领 驱动产业调整升级

2015年，城商行多措并举应对去产能、降库存。针对钢铁、煤炭、平板玻璃、水泥、电解铝、船舶、光伏、风电、石化、房地产等产能过剩及高库存行业，一方面稳步降低信用风险敞口，谋求逐步退出，重点关注"僵尸企业"，引导过剩产能退出市场；另一方面，提供并购贷款帮助企业"走出去"化解过剩产能，通过个人住房按揭贷款等方式帮助地方房地产企业压缩产能、降低库存，支持传统产业转型升级。

7.3 践行普惠金融 扩展金融覆盖范围

2015年，城商行继续加大小微企业、"三农"和特殊群体金融扶持力度，让银行业改革发展成果惠及更多城乡居民。在惠民金融服务方面，与民为邻、与邻为友、与友相亲、与亲共赢，银行员工与社区居民成了面熟心熟的"老友记"。同时，通过延时服务、配置现代化自助机具，大大提高了客户办理业务的效率，改善了客户体验，用贴心服务使社区银行成为居民生活中不可或缺的"好邻居"。加快新型农村金融机构渠道建设，弥补空白、强化服务，深化产品及机制创新，提升服务质效及社会形象，不仅满足了"三农"领域基本金融服务需求，也提升了自身服务"三农"领域的创新管理水平。

北京银行：成功推出"互联网+京医通"智慧医疗新模式

"京医通"是北京银行参与支持首都惠民工程建设的重要举措，自2012年上线以来，通过发放"京医通"卡，实现了跨院诊疗结算一卡通。目前"京医通"已在北京友谊医院、北京同仁医院等24家三甲医院近31个院部正式上线。2015年，北京银行结合国家"互联网+"发展战略，携手腾讯公司成功推出"互联网+京医通"智慧医疗新模式，建立了"政府牵头发起、社会资本推进、网络信息共享"的惠民工程。

"互联网+京医通"智慧医疗具有减少排队等候时间、支付便捷、各类患者全覆盖、实现跨院诊疗及平台化管理等五大优势。截至2015年年末，"京医通"累计发卡超过439万张，有效减少了北京市非医保患者重复办卡所带来的不便。"京医通"微信公众账号关注数已超过8万人次，实现微信挂号3.5万余笔。

廊坊银行：大力发展县域金融

廊坊银行确定了以县域综合金融为主体的"一体两翼"发展战略，并制定了"一链四圈"为核心的县域生态金融圈的业务模式，即以金融产品及大数据为媒介，将公共政府平台、园区/商圈服务平台、产业链服务平台、居民/村民服务平台进行有机融合，实现对政府、大型企业、中小/小微企业、个体经营户、个人的综合服务。

在为客户提供了专业、高效、贴心服务的基础上，廊坊银行的县域金融业务发展迅速。截至2015年底，廊坊银行县域存款业务增速达155%，高于全行增速50个百分点，在大部分县域网点均新设网点的情况下，存款余额在全行占比已达17%；布设农村金融服务网点和机具数量50个，农村区域银行卡累计发卡量186297张，极大地支持了"三农"经济的发展。尽管廊坊银行的县域业务刚起步，市场占有率表现却十分抢眼，2015年在燕郊、固安、胜芳等三个郊县，廊坊银行的存款市场占有率分别达到5.54%、9.66%和8.67%；发放"三农"贷款239.65亿元，其中农户贷款8.5亿元，"三农"贷款户数4211户。在《经济日报》主办的2015中国县域金融年会上，廊坊银行获得了"2015年中国服务县域经济领军银行"称号，成为2015年唯一一家获此殊荣的城商行。

7.3.1 发展小微金融 努力破解融资难题

2015年末，城商行积极落实小企业授信"六项机制"与"四单原则"要求，连续5年小微贷款增速和增量完成"两个不低于"目标，2015年继续实现了"三个不低于"的监管要求。郑州银行深化业务转型，持续加大对小微信贷的投放力度，相继推出"保证保险贷"、"应收账款质押贷"和"接着贷"等特色小微企业专用产品，有效缓解了小微企业因自身条件限制而产生的"融资难"等发展难题。广东南粤银行积极响应各级政府号召，加大对小微与"三农"的信贷支持力度，"信用速贷"业务切实有效地帮助深圳、广州、东莞、湛江和重庆5个地区广大小微企业、个体工商户和上班族解决了资金困难问题。

江苏长江商业银行：发行小微金融债，助推小微金融

2015年，江苏长江商业银行在全国银行间债券市场成功发行2015年第一期金融债券。本期金融债券发行规模为5亿元，为3年期固定利率品种。债券募集资金将全部用于发放小微企业贷款，支持小微企业发展。

发行小微企业金融债券是一种主动负债的方式，不仅拓宽了融资渠道，优化了负债结构，而且为江苏长江商业银行提供了更为充裕的可贷资金，有利于全面放开手脚积极拓展小微业务，为更多的小微企业提供金融服务。江苏长江商业银行充分利用发行小微金融债券的良好机遇，进一步加大对小微企业的信贷支持力度，充分履行"扶小助微"的社会责任，为缓解小微企业融资困境作出应有的贡献。本期5亿元的金融债券发行后，2015年累计多增15亿元的小微贷款，为3000户小微企业提供信贷支持。

营口银行：新型农业金融服务驶入快车道

在做好中小微企业金融服务的基础上，营口银行不断下沉服务对象，延伸服务触角。小微企业群体本身就普遍面临着融资难的问题，而涉农小微企业的融资可以说是难上加难。影响涉农小微企业贷款难的问题主要集中在一些企业管理不规范、融资理念不强、资金流量大、利润空间小、存货占用资金，产品无法办理保险、生产受自然环境因素影响大等方面。针对这些具体问题，营口银行转变观念，大胆创新，结合银行实际和涉农小微企业的具体困难，不断开发适合不同行业、企业的特色信贷产品，打造了"金穗贷"、"渔户助力贷"、"农贷保"等一批为涉农小微企业量身定制的金融产品。

营口银行充分发挥在小额信贷领域的专业优势和技术优势，结合地区实际，大力开展金融创新，为涉农企业和农户送去了及时有力的资金支持，为县域金融服务增添了一股有生力量。截至2015年末，营口银行涉农贷款余额134.89亿元，占全部贷款余额的34%，涉农企业授信客户数量近2000户。

7.3.2　丰富产品渠道　满足客户多样需求

1. 产品创新不断丰富。城商行坚持市场定位，深入城市社区和市民，积极通过产品创新，满足客户多样化需求。苏州银行的"锦绣融"、长安银行的"小微企业长安贷"、青岛银行的"科易贷"、宁波银行的"捷算卡"、哈尔滨银行的小微企业"流动贷"、重庆银行的"商户·诚信贷"等21款产品获得中国银行业协会"2015年服务小微五十佳金融产品"荣誉称号。潍坊银行的"农民合作社金融"、绵阳市商业银行的"养殖通"、宁夏银行的"绒易宝"、哈尔滨银行的"地贷通"土地经营权抵押贷款等7款产品获得中国银行业协会"2015年服务'三农'五十佳金融产品"荣誉称号。同时，城商行积极践行支农惠农服务理念，深耕农村金融市场，创新了多款惠农信贷产品，形成了金融支持"三农"发展的特色品牌。哈尔滨银行坚持给小微、"三农"信贷业务匹配至少60%以上的贷款规模，积极开展小额信贷资产证券化业务，先后发行20亿元小微企业专项金融债券和60亿元"三农"专项金融债券，将所募集资金全部投入到小微、"三农"领域，有效提高了服务能力。齐商银行推出"齐动力——'启程'信用农机贷"，落实国家政策、为农户提供贴心贴身的金融支持，被中国银行业协会评为"服务'三农'二十佳金融产品"，已累计为3000多户农户提供了3亿元的农机信贷资金，开辟了小微金融支农惠农的"新蓝海"。

2. 服务距离更加紧密。一是在网点设置上，城商行加快设立社区支行和小微支行，成为解决金融服务"最后一公里"的新型服务渠道。"两小"支行积极围绕社区居民、社区商户、小微客户需求，通过错时经营、智能化设备布局、开展金融知识普及等方式强化金融服务。二是在服务手段上，城商行加大移动支付渠道投入，进一步确保了金融服务的快捷便利、及时可得。2015年，北京银行投放了33家"富民直通车"金融服务站，助农取款点300余家，重点服务京津冀三地，大力发展MPOS（小型移动终端），全年共布放7000余台，发放"三农"贷款135亿元、惠及4万余农户。江西银行始终秉承"服务地方经济，服务小微企业，服务城乡居民"这一发展理念，通过错时经营、延时经营的方式为社区居民提供"便民、利民、惠民"的贴心服务，解决金融服务的"最后一公里"问题，落实普惠金融服务。截至2015年末，已开业社区支行60家，覆盖社区（小区）近200个，全年累计开展客户活动达500次，社区支行个人金融资产总额达23.2亿元。

7.3.3 关注弱势群体 推进精准扶贫工程

城商行与地方政府密切合作，充分发挥扎根地方、熟悉地方、服务地方的特点，完善"十三五"金融扶贫规划，成立专门组织、创新工作机制，精准识别贫困帮扶群体，从关爱慰问、加强保障、帮助发展三个角度，对城市和村镇贫困群体积极展开多层次的金融帮扶，加快金融扶贫向纵深推进，并取得了积极成效。齐鲁银行为社区下岗再就业人员、创业人员提供资金支持，扶持居民创业致富，并与济南市信用担保中心联合开办创业及再就业小额担保贷款业务，向济南市登记失业人员、军队退役人员、被征地农民、高校毕业生、返乡农民工及城乡妇女等人员提供最高10万元的贷款融资服务，支持自主创业经营，更对济南户籍且无商业贷款的借款人提供贴息优惠措施，减轻借款人利息负担，切实起到促进创业和再就业的目的。日照银行积极开展下岗失业创业小额担保贷款业务，累计发放金额2.78亿元，支持全市2234人次创业就业，小额贷款"3天贷"全年累计发放8.94亿元，无抵押无担保个人消费贷款"阳光贷"规模突破10亿元。绵阳银行成立金融扶贫工作专门机构，制定了扎实推进金融扶贫帮扶工作的相关实施意见，提出了持续增加贫困县域信贷投放等措施，先后向关爱奉献者活动、"四川银行业扶贫慈善基金""四川省困难职工帮扶基金"等捐款10多万元，并组织开展了形式多样的关爱留守儿童、关爱温暖孤寡老人等帮扶活动，累计帮扶资金超过20万元。兰州银行对甘肃和政八八啤特果集团有限公司进行专项贷款，帮助公司与349户贫困农户签订了带动协议，贫困农户脱贫奔小康已见曙光。

甘肃银行：聚焦产业，推进精准扶贫

甘肃银行围绕农业产业特色，重点支持马铃薯、中药材、林果、草畜、现代制种、果蔬等六大特色优势产业，助力特色农产品生产和加工基地。推出了针对农业龙头企业、农民专业合作社、家庭农场等新型农业经营主体的贷款产品，积极探索推行"三权"、活畜、农业设施和资产、农产品等抵押，并在各经营主体层面推行信用贷款。截至2015年末，支持各类农业龙头企业、合作社、专业大户2400余户，带动农户5万余户，直接向农户及县域个体工商户放贷8万余户。

按照"政府主导、产业支撑、能人带动、信贷跟进、多元扶持"

的工作方针，采取三级联动，确定了"政府+承接平台+贫困户+银行""政府+帮扶组织+贫困户+银行""政府+富民产业合作社+贫困户+银行""政府+贫困户+银行"等四种模式，把金融服务送到村、把贷款资金送到户、把富民产业引进门，让最不容易贷到款的贫困户得到了贷款。2015年共投放精准扶贫贷款33.26亿元，直接受益贫困户7.4万户。

7.3.4 支持公益事业 促进社会和谐发展

城商行扎根地方，积极承担社会公民义务，热心社会慈善事业。齐商银行通过兴建"希望小学"、修"富民路"、捐资助学、资助贫困大学生、援助贫困村建设、救助贫困职工、交纳特殊党费和团费等形式累计捐助各种款项1260余万元；2015年，齐商银行通过积极与地方政府扶贫机构对接，以381户贫困户、704名贫困人员为突破口，推出了"党贷福"光伏扶贫项目，形成了"党员帮扶、基金运作、村镇受益、助力脱贫"的良性机制，拓宽了金融支持精准扶贫的渠道范围，得到了省级人民银行等监管部门的高度肯定。平安敬老院是盘锦市商业银行兴隆台支行长期帮扶的对象，平时员工们就定期捐钱捐物，还经常给老人们精神上的关心和帮助，盘锦市商业银行给需要帮助的人们予微薄的力量，分担社会的压力，努力打造一支大爱无疆的爱心团队。

宁波银行："圆梦行动"结对助学

宁波银行苏州分行连续七年开展"圆梦行动"。这一活动不仅得到了分行全体员工的大力支持，也引起了全社会的广泛关注。七年来，全行百余名员工倾情奉献、热心助学，踊跃投入捐助，资助学生超过300人次，每年收到上百封学生的成绩单、感谢信，并被授予"爱心基地"称号。

捐赠款项仅仅是结对助学、爱心帮困的一部分，在平常生活中，宁波银行苏州分行的爱心员工都能给予结对儿童以温暖、关怀和鼓励。此外，宁波银行苏州分行七年如一日积极开展"圆梦行动"主题活动，相继开展"手绘梦想"、儿童故事会、"我眼中的宁波银行"主题绘画、"圆梦·小小理财师"沙龙、银行体验日等一系列活动，在全行营造出热心关怀、帮困助学的新风尚，为社会带来持久而强大的正能量。

包商银行：捐资助学，弘扬美德

2015年11月15日，美疆·包商银行助学班开班仪式在新疆克孜勒苏柯尔克孜自治州阿图什市吐古买提乡依达良小学举行。美疆·包商银行助学班是包商银行通过北京市美疆基金会发起，由包商银行46名各层管理人员采取本人自愿出资的方式，对依达良小学的71名学生进行一对一、一对二的亲情资助。在开班仪式上，副董事长金岩代表包商银行46名捐资人将71000元助学金捐赠给北京市美疆基金会，并向71名新生发放书包、文具等礼物。

捐资助学，功在当代，利在千秋，包商银行将会一如既往地关注贫困学子，把爱心助学活动当成弘扬传统美德，传承企业文化的事业来做，对于助学班的孩子们，包商银行将竭尽所能，助其成才。

邯郸银行：荣获2015年度中国银行业"社会责任最佳公益慈善贡献奖"

邯郸银行积极组织开展公益慈善活动，致力于创建"公益银行"，2015年投入公益慈善事业21项，25万人次直接受益，累计出资4120万元，占全年利润总额的2.7%。尤其是在2015年资产超千亿元之际，设立了3000万元公益基金，重点用于捐赠市民公共自行车3000辆和存取点10处、市民卡100万张、新能源公交车3辆、新农村建设8个、青年创业、职工创新、文化事业、教育基地、精准脱贫等公益活动。从2014年8月1日起开办了"爱警夜餐厅"，为夜间辛勤战斗在一线的广大公安干警提供免费夜餐，为平安城市创建作出了贡献。2015年，邯郸银行荣获中国银行业"社会责任最佳公益慈善贡献奖"，是唯一一家获此殊荣的地方银行。

7.4 保障客户利益 强化消费者权益保护

2015年，城商行按照"规范、有为、提升"的总体要求，通过构建和谐的金融消费关系，切实保障金融消费者合法权益，不断提高自身工作质量和服务水平，客户对城商行的满意度稳步提高。

7.4.1 完善制度体系 保障客户合法权益

2015年，城商行不断完善消费者权益保护的制度、流程、架构、体系，设立专门机构、指定专门人员、加强组织领导，建立完善了《消费者权益保护工作实施意见》、《营业网点服务突发事件应急处理预案》和《文明规范服务工作管理指导意见》等制度，并根据公平、公正原则，对现有格式合同条款进行修订完善，为消费者权益保护工作提供了制度保障，消费者权益保护工作的合规开展得到了有效保障。上海银行积极落实保护消费者权益的主体责任，形成在消费者权益保护工作委员会领导下，总行消费者权益保护部牵头，涵盖总行相关部门（横向）及各经营单位消保部（纵向）的消保工作体系网络。成都银行成立了消费者权益保护工作委员会，搭建起由董事会及消费者权益保护委员会领导、行长负责、各职能部门相互协作、各分支机构广泛参与配合的消费者权益保护工作组织架构。

7.4.2　加强信息管理　保障客户信息安全

2015年，城商行按照法律和指引的要求，进一步建立健全了消费者信息保护组织架构，制定了统一的消费者信息保护制度，对金融消费者信息的采集使用实施了更加严格的管理，同时，城商行不断加强信息安全的内部控制，强化综合业务系统、密码信息数据库的安全管理，加强灾备系统建设及数据存储管理，实现自助设备客户密码的硬加密，防范网络通讯线路中接插非法设备盗取客户信息；强化客户信息保密管理，防火墙、数据加密以及网络安全监控等手段得到广泛运用，严格内部管理，对重点环节、重点人员、重点领域加强管理，保障了消费者的金融信息安全。

7.4.3　强化信息披露　推进信息公开透明

城商行按照《消费者权益保护法》的最新要求，认真履行金融产品和服务信息的披露职责，不断提高信息披露的真实性、全面性和透明度。一是在产品销售和服务提供过程中，严格遵循金融消费者权益保护原则，对金融产品和服务的性质、费用标准、潜在风险、合同条款等进行主动说明，使得金融消费者对金融产品及服务的知情权、公平交易权和自主选择权更加有所保障。二是在信息披露方式上，通过协议约定信息披露方式、信息传递过程中各方责任等，确保消费者知情明了，保障了消费者的合法利益，相关风险的防控水平进一步提升。杭州银行积极履行公众金融知识普及教育服务和保护消费者权益的社会责任与义务，构建和谐金融消费关系，通过多种形式的宣传，做到所有网点全覆盖，让广大公众真正了解各项金融知识。为积极响应上级监管机构的号召，营造和谐、诚信的金融环境。辽阳银行消保部经过统筹策划、集中协调在"3·15"国际消费者权益保护日期间，组织全辖网点开展了厅堂维权宣传活动。此次维权宣传活动的顺利开展，向客户普及金融常识、推进金融安全教育。

上海银行：开展"3·15"国际消费者权益日宣传周活动

2015年3月，上海银行上海地区各经营机构在辖属行政区域内各选定27家位于主要核心地段、人流密集区域的网点或网点户外区域设立了室外宣传台，进行设摊宣传"3·15"国际消费者权益日宣传周活动。针对上海银行网点老年客户和社区客户多的特点，通过设置室外宣传咨询台，树立宣传易拉宝，免费分发《上海银行业消费者知识读本》、《防范非法集资宣传单页》等资料，内容涉及金融消费者享有的八项法定权利、防范非法集资陷阱、防范电讯诈骗风险等主要方面，并接受消费者现场咨询，向过往群众进行知识辅导，解答客户疑问。该行工作人员认真服务的态度和热情感染了过往客户群众，获得了良好口碑，较好地体现了银行业员工专业、真诚的队伍风貌和"精诚至上，信义立行"的企业核心价值观。

7.4.4 健全处理机制 妥善解决客户诉求

2015年，城商行加快健全完善消费者投诉处理机制，防范声誉风险，提升投诉处理效率，使之更加全面、透明、方便、快捷，投诉监测分析、处理反馈机制、补偿赔偿机制得到巩固提升。通过多样化的投诉渠道，对各类投诉进行认真受理、及时处理，并充分利用投诉处理成果，将其与综合考评和内控评价结合起来，及时研究解决投诉处理工作中存在的问题，提升了客户投诉处理机制的有效性，进一步保障了金融消费者权益。日照银行不断提升文明规范服务水平，实现环境营销系统在各网点全面上线，并通过全行服务工作会议、消费者权益保护工作座谈会等形式，完善预案、优化流程，妥善处理客户投诉，有效解决了客户合理诉求。

7.4.5 增强服务管理 树立规范服务形象

2015年，城商行按照《中国银行业文明规范服务公约》和《中国银行业文明规范服务工作指引》的要求，积极参与文明规范服务星级网点的评选活动，适应"互联网+"发展趋势，紧跟客户消费习惯变化，在追求规范、合规、稳健、可持续发展的同时，持续完善服务机制、优化服务渠道、加强服务管理、培育服务文化，不断改进服务硬件和软件设施，持续强化文明规范服务理念，坚持抓服务、树形象，涌现出多家国家级文明规范服务示范单位，品牌形象及服务水平得到持续提升。

7.5 维护员工权益 筑牢共同发展平台

2015年，城商行持续加强员工团队建设，通过提升企业文化建设、加强员工培训、充实教育内容、开展职工运动会、业务技术比赛等丰富多彩的活动，有效帮扶困难员工，为员工提供广阔发展平台，切实维护了员工合法权益，实现了员工与企业的共同发展。

7.5.1　注重人文关怀　保障员工合法权益

城商行严格贯彻《劳动合同法》等法律法规要求，规范操作劳动合同签订、社会保险缴纳，确保了员工基本权益的全覆盖；执行带薪休假制度，保障员工休息休假权利，特别是针对银行业女性员工居多的特点，精心保障女员工权益；多家城商行为员工缴纳补充养老保险（年金），建立困难员工救助基金；定期开展健康体检、组织形式多样的文体活动等，舒缓工作压力，营造良好的职场氛围，城商行员工团队的积极性和创造性持续提升，成为城商行宝贵的财富。

7.5.2　加强信息沟通　畅通员工诉求渠道

2015年，城商行坚持多样化、公开化、透明化原则，广开信息沟通渠道，鼓励员工关心、参与企业管理与发展。坚持民主管理制度，对事关员工切身利益、需要员工集体决策事项采取职工大会、职工代表大会等民主形式，取得了积极成效，赢得了广大员工的信任。通过群众来信来访、领导员工对话等渠道，邀请员工参与民主管理，切实保障了广大员工的基本权益。有效发挥工会共青团组织力量，以及利用办公网络平台等渠道，主动收集员工反馈，倾听员工声音。江苏银行在内部门户网站开通员工意见建议平台，收集员工关于企业发展的意见和建议，并及时进行反馈和改进，2015年共收集意见建议3039条，办结3006条，占比接近99%；徽商银行也在内网OA系统建立"职工之家"平台，促进员工间沟通，反映员工心声，鼓励员工建言献策。

7.5.3　丰富培训体系　提升员工综合素质

城商行针对业务发展需求，加强培训课程体系建设，针对不同层级、不同业务条线、不同岗位开展多元化的员工培训，并创新培训方式和方法，结合开办网络学院，扩大培训覆盖面，不断深化员工专业技能学习，提升员工服务水平和能力。齐商银行成立了齐银学院，整合内外部资源，对全行干部员工实行"专业化、常态化"培训，重点加强对业务骨干和带头人的培养，近两年通过引入外部师资内训和输出骨干外训等方式，共培训人员达1820人次，其中与中央财经大学和山东财经大学联合培训高管近200人，已有50多人取得硕士学位，有力提升了人才队伍综合素质。

7.5.4 强化职业道德 提高员工"免疫力"

通过建立道德讲堂，强化案防法规知识学习，积极开展廉洁从业教育和警示教育活动，梳理营业性岗位禁止性规定，加强员工行为动态管理，大力开展反洗钱、防范非法集资、反腐倡廉等主题教育和宣传，持续巩固干部员工遵纪守法、廉洁从业的思想观念，提高全员合规经营的主动性和自觉性，强化了制度的执行力和约束力，提高了拒腐防变的能力，保障了城商行的稳健合规发展。

2015年，城商行始终坚持将履行社会责任融入到改革发展全过程，将践行社会责任放在与业务发展同等重要的位置。认真贯彻落实国家宏观经济金融政策，大力支持符合国家战略与产业政策、节能减排、绿色信贷、传统产业转型升级、高新技术等重点领域、重点行业的发展，保障了国家各项科学决策的落地实施，在金融服务支持实体经济的过程中贡献了重要力量。城商行积极响应国家号召，利用自身优势大力发展小微金融、零售金融、"三农"金融，牵头发起设立村镇银行、在金融空白区域布设营业网点、灵活采取多种形式设立社区支行、小微支行、自助银行等服务渠道，发挥自身体制机制优势，创新金融产品及服务，让利于广大客户，致力于解决融资难、融资贵、融资慢的难题，成为普惠金融领域最为活跃的群体。城商行坚持"以人为本、客户至上"的原则，注重经济利益与社会效益的最佳匹配，最大限度地保障金融消费者权益。城商行注重加大资源投入，加强员工团队的培养与历练，努力解决员工的后顾之忧，营造团结活泼、阳光向上的干事创业氛围，增强了员工个人价值与企业价值的一致性，在履行社会责任方面做了大量卓有成效的工作，促进了工作质效与品牌形象的提升。

第8章 机遇挑战

2016年是中国全面建成小康社会决胜阶段和实施国家"十三五"规划的开局之年，"十三五"对城商行既是一个创新发展的机遇期，同时也是一个转型发展的考验期。站在新的历史起点上，城商行将深入贯彻落实党的十八大和十八届三中、四中、五中全会精神，按照"四个全面"战略布局和五大发展理念，迎接挑战，把握新常态下的新机遇。

8.1 放眼未来 把握机遇

8.1.1 经济增速缓中趋稳 蓄势待发新转机

"十三五"期间，我国经济增速步入调整阶段，表现为经济由过去年均10%左右的高速增长向6%~7%的中高速增长转变[①]，政策的着力点将是找准经济发展新平衡点和运行的合理区间，继续稳增长、保就业、防通胀、控风险，稳定国内市场与社会民众的发展预期。三十多年改革开放的高速增长夯实了经济基础，目前中国经济物质基础雄厚，经济韧性强、潜力足、回旋余地大。

中国经济增速调整进入新常态，经济结构优化、产业升级和动力转换存在巨大潜力，经济将从粗放增长向集约增长转型，呈现"质量更好、结构更优"的趋势特点：一是加快发展生产性服务业，服务业的新业态、新模式延续近年高增长态势，电子商务、物流快递等行业快速发展。二是树立"中

---

① 2016年3月5日第十二届全国人民代表大会第四次会议《政府工作报告》。

国创造"的品牌标签，经过几十年的工业发展，我国工业化程度已达到较高的水平，"中国制造"的品牌已享誉全球，现阶段正值新一轮技术与产业革命，中国正积极进行创新转型升级，以"中国创造"的标签替换"中国制造"。三是以战略性新兴产业为支柱，大力发展节能环保、新一代信息技术、生物、高端装备制造产业等新型产业，明确以新能源、新材料等作为先导产业。四是坚持以消费为基础，转换经济增长动力，通过提高产品服务质量、优化消费环境、培育新兴消费方式和保护消费者权益，激发消费需求端。五是在去库存和创新升级过程中，企业通过并购重组手段引技、引资、引智，为自身可持续发展注入新活力。

在过去二十年中，城商行规模逐步壮大，盈利能力日益增强，也为未来发展奠定了坚实基础。经济增速换挡为城商行提供了平稳发展的机遇，发展定位从追求规模做大做强转化为提升质效做精做细，走集约化经营道路。经济结构优化和产业升级转型为城商行提供战略转型的新转机。城商行除一如既往地支持服务业之外，更可关注以"中国创造"、战略新兴产业为特色领域、消费需求驱动以及并购重组领域，挖掘所蕴含的新潜能和突破口，蓄势待发把握新转机。

8.1.2 五大理念引领发展 确立未来新思路

"十三五"规划建议中提出了"创新、协调、绿色、开放、共享"五大发展理念：明确将创新放在发展全局的核心位置，侧重在发展动能方面寻求突破，持续推进在理论、制度、科技与文化四方面的创新；明确协调平衡发展战略布局，强调总体布局和整体发展的思路，把握改革、发展与稳定之间的平衡关系，追求协调平衡点；推动绿色经济发展，注重生态资源保护和实现人与自然的统一和谐，实现经济可持续发展；顺应经济全球化趋势，发展高层次外向型经济，以开放战略开创内外双赢局面；强调社会公平和人民团结，构建社会共享机制，着力改善民生以实现共同富裕。

第一，实施创新发展战略，走创新型国家发展道路。创新是引领经济社会转型发展的第一驱动力，是"十三五"期间确保经济结构战略性调整的根本支撑，也是提高综合国力与国际影响力的关键因素，必须从科技、制度、人才等方面统筹创新路径，进一步提高创新发展能力。

第二，实施协调发展战略，走促进包容性发展与平衡性发展道路。注重发展的协调性，是经济社会持续发展、提升发展整体效能、拓展发展空间的内在要求与重要保证。走协调发展道路，必须正确处理发展中各大关系，解决区域发展、供需结构以及产业结构之间发展不平衡的问题。

第三，实施绿色经济发展战略，实现人与自然发展的高度和谐。积极创新工业生产的生态保护治理机制，形成以绿色经济、循环经济为主的空间格局与生产方式。一是处理好经济发展与资源节约之间的协调关系，把节约资源放在工业化发展的首位。二是处理好经济发展与环境保护之间的协调关系。环保问题关乎经济发展，关乎民生健康，更关乎子孙后代，必须从根本上改变以环境污染换取经济增长与边污染边治理的发展老路，直接从源头解决环境污染问题。

第四，实施开放发展战略，走内外联动的国际化道路。开放战略是基于改革开放历史经验的发展总结，是顺应经济全球化、区域一体化的时代潮流，拓宽经济发展空间、提升开放型经济发展质量的必然选择。

第五，实施共享发展战略，走全面小康的共同富裕道路。共享战略是社会主义的本质要求，是全面建设惠及广大人民群众的小康社会的先决条件，也是衡量改革开放与经济发展成果的最终标准。"十三五"时期的经济发展应该更加注重效率与公平的协调关系，坚持人人参与、人人享有的原则，建立社会共享机制，着力提高公共服务水平，促进民生经济发展，解决城乡发展不平衡、贫富差距大、收入分配不均等问题，使全体人民在社会经济发展中受益①。

五大理念贯穿于城商行转型升级的全过程，是"十三五"时期城商行实现跨越式发展的必然选择，也是服务并驱动"十三五"规划顺利实施的有力支撑，更是推动我国经济结构战略转型的重要保障。城商行应抓住"十三五"的重大发展机遇，明确金融服务实体经济发展的本质，始终坚持"服务地方经济、服务小微企业、服务城乡居民"的市场定位，遵循"创新、协调、绿色、开放、共享"五大理念，突出打造创新银行、生态银行、绿色银行、开放银行以及普惠银行的发展思路。

8.1.3　区域经济战略布局　转型发展新契机

区域经济在战略布局上具有重大意义，有助于中国经济平衡发展和行稳致远。区域经济发展能促进区域内经济要素互补、缩小同区域内经济差距、达到区域经济增长在地域空间上趋于平衡。在过去十五年中，我国充分考虑自然、地理和社会历史等多重因素，因地制宜、量身定制地推出覆盖东中西部的区域经济战略。西部大开发、东北老工业基地振兴、中部地区崛起等区域经济战略规划的陆续实施，有效促进了这些地区经济的发展。"十三五"规划建议在原有区域经济规划的基础上赋予新内涵和新亮点：从面上有"一带一路"、京津冀协同发展、长江经济带三大战略，从点上开展了上海、广东、天津、福建自由贸易试验区工作。"十三五"规划不仅明确进一步推进国内区域经济合作共享，更突出国内外经济互联互通，为我国"新常态"下经济转型提供新契机。

1. 国际经济合作新机遇

建设"新丝绸之路经济带"和"21世纪海上丝绸之路"两个计划着眼点是与境外经济体互联互通和国际产业转移，力图促进各国家地区间要素的有

---

① 《中共中央关于制定国民经济和社会发展第十三个五年规划的建议》。

效流通，达到中国与区域内其他经济体共赢的目的。

国际产业转移是源于我国经济转型升级的内生需要。一是我国目前工业化程度较高，有些高新技术产品、大型设备如高铁等在国际上具有领先地位，技术输出实力强大。二是"去产能"是供给侧结构性改革的重要组成部分，转移优质过剩产能是"去产能"行之有效的途径之一，既促进相对落后国家和地区的产业升级发展和深化国际合作，也有助于国内化解产能过剩风险和释放需求潜力。

资金融通是实现发展国际经济合作的动力引擎。"一带一路"战略覆盖近60个国家和地区，涵盖跨境贸易、基础设施建设等方面，是全方位、高水准的区域经济合作模式。"一带一路"所涵盖国家的金融业水平落后于我国，而我国作为该战略的主要发起国，将努力满足各方资金需求，国务院为此号召金融机构"走出去"。

城商行将受益于"一带一路"先进产业输出和优质过剩行业转移，化解信用风险和优化信贷结构。邻近边境以及位于丝绸之路经济带的城商行可以充分发挥熟悉地域及"船小好掉头"的优势，积极与境内外银行开展合作。

2. 区域经济联动带来广阔空间

京津冀地区和长江经济带是我国区域经济的发动机，发挥着举足轻重的作用。区域内人群相互认同感和区域意识较强，在文化观念、政治想法及社会习惯等方面接近趋同。这些都为区域经济一体化，协同联动发展创造有利条件，这两个地区发展战略通过政府和市场共同推进，将打破行政壁垒，加速区域内生产要素流动，形成区域内优势互补，存在着巨大的经济增长潜力。金融服务业将推动这两个地区内的基础设施连接起来、生产要素流动起来、市场到经济政策统一起来。城商行定位和深耕于服务地方经济，地区经济联动发展与城商行业务开展两者是相互关联和互惠互利，因此，区域内城商行将面临更大的业务拓展空间。

3. 自贸区改革有利于跨境布局

作为新经济形势下的新探索，上海、广东、天津、福建自由贸易区应运而生。实施自贸区战略既是我国适应全球经济一体化趋势的客观要求，也是全面深化改革、构建开放型经济体制的必然选择。自由贸易区的建立不单单是从经济层面出发，它们更担负着探索建立新机制，尤其是转变政府职能以应对改革开放新形势的使命，以期在制度上对国外资金和技术产生根本的吸引力。同时，自由贸易区也承担着探索人民币国际化的重任，加上自贸区内投融资便利、人民币跨境使用、外汇管理体制改革等措施，将给商业银行的跨境业务带来新的增长空间。城商行应抓住自贸区发展的重要机遇，实现业务的跨境布局，加深业务的拓展。

8.1.4　推进人民币国际化　开启国际化征程

1. 全球网络布局完善，创造条件

随着中国贸易量在全球的影响与日俱增，境内外企业和政府合作日趋广泛，民间资金流动越来越频繁，全球化资产配置趋势已有雏形。为适应发展形势的需要，中国人民银行于2012年开始推动建设人民币跨境支付系统（CIPS），建设分阶段进行，逐步推进从采用实时全额结算方式到更节约流动性的混合结算方式，从支持贸易结算和直投功能到全面支持跨境和离岸资金结算。CIPS系统的实施为人民币国际化全球布局创造了有利条件。

目前，大型银行和部分股份制商业银行已加入该系统，未来城商行跨境人民币结算交易会日趋增长，也将运用该系统开展业务。该系统的完善将为城商行提供参与人民币国际化的坚实基础和有力保障，助推银行跨境人民币资金结算业务发展，助力城商行跨境业务发展。上海银行、北京银行自贸区业务核算系统通过中国人民银行上海总部认证。

2. 人民币跨境流通范围扩大，发挥潜力

随着经常项目人民币跨境使用加大和资本项目兑换度提高，境内企业和机构在国际贸易中锁定人民币计价定价和结算，将避免货币错配和汇率风险，减少汇兑损益所带来的利润波动。近年来，越来越多的境内机构开始采用和推广人民币作为计价结算货币，境内中外资银行跨境人民币业务平稳较快发展。

政府及监管机构支持和试点一系列措施，以拓宽人民币跨境投融资渠道，包括支持发行人民币债券、境内企业境外借用人民币试点范围、境外机构投资境内银行间债券、推出以人民币计价结算的国际原油期货等。

在人民币跨境使用扩大、渠道拓宽的趋势背景下，从长远发展来看，城商行开展跨境人民币业务在吸收存款、衍生产品及代理服务方面能够创造新的盈利点。

3. 作为储备货币规模增加，促进发展

国际货币基金组织执行董事会批准人民币将于2016年10月1日正式生效加入特别提款权(SDR)货币篮子。人民币加入特别提款权意味着境外央行可将人民币纳入其外汇储备，正式认可其为储备货币。国际货币基金组织成员国和主权财富基金对人民币需求度将有所增加。人民币成为全球"第三重要的货币"将扩大当前在国际市场的实际使用程度。随着利率市场化和资本账户开放，金融市场将进一步双向开放。城商行身处金融领域也将受益于此，有利于城商行长远持久发展。

8.1.5 地方经济发展升级 激发增长新活力

1. 地方产业升级，提升质效

我国经济长期处于"L形"阶段。地方经济结构深度调整，经济增长动力转换，科技革新、产业升级、开放加速，生态环境水平提高，新的经济

增长点正在快速孕育，地方经济发展升级与金融领域相存相依。城商行具有扎根地方经济的天然优势，是服务地方经济的金融主力军，应主动对接地方经济转型策略，制定差别化经营政策，服务地方经济调整，助力地方产业升级。

城商行也将受益于地方经济发展升级所带来的机遇，优化信贷结构，提升信贷质量，合理配置资源，提高资金使用效率。除信贷资产得以优化外，与地方产业升级相匹配的咨询、资管、投行类业务也将联动发展。地方经济发展不仅促使资金资源的配置更加合理，而且为金融综合服务能力全方位提升带来契机。

2. 城乡协调发展，推进"三农"

根据"十三五"规划建议，推动城乡协调发展，健全城乡发展一体化体制机制。以工业反哺农业、城市支持农村的方式促进城乡要素平等交换、合理配置和基本公共服务均等化。通过发展特色县域经济以及培育小城市和特色小城镇以提升农村发展内生动力。城乡一体化建设将工业与农业、城市与乡村、城镇居民与农村居民作为一个整体，推进城乡二元经济结构转化，发展统筹城乡金融，推动"三农"金融改革创新。

城乡协调发展将给城商行"三农"金融带来更广阔的空间。现阶段"三农"金融服务面临风险收益不匹配的根本问题，体现为信用风险较大、办理业务成本较高、获取收益较低，但是市场广阔、受众广泛，具有巨大的潜力。城乡协调发展将加大城商行金融产品和创新力度，着力建设多样化、多层次金融体系，推进"三农"金融的差异化和特色化服务。

3. 区域协调发展，开拓经营

"十三五"规划建议明确指出推动区域协调发展，要塑造要素有序自由流动、主体功能约束有效、基本公共服务均等、资源环境可承载的区域协调发展新格局。区域协调发展是"十三五""协调"理念的体现，促进中国经济形成平衡发展结构，明确"深入实施西部大开发、推动东北地区工业基地振兴、促进中部地区崛起及支持东部地区率先发展"的总体战略思路。

随着区域协调发展战略的实施推进，中国各地区经济发展差距呈缩小收窄趋势，公共服务、人口分布、生态环境、产业发展不均衡的局面都将逐步得以改善，生产要素进一步实现跨区域自由流动，人才、技术、资本在区域间流动将填补地区间的经济不均衡。区域协调发展覆盖区域大、涉及领域多，广泛涉及东、中、西部经济发展存在较大差距的众多城市，是一种区域发展格局的重塑，在推动中国区域发展向整体化、均衡化、带状化转变的过程中，大量的产业转移承接、物流货流人流的跨区流通等，不仅给城商行资金投向有所指引，更给延伸发展、合作经营带来新机遇。这将有利于城商行多地分支机构布局，内部各相关分支机构之间、各业务条线之间以全产品、全过程联动支持项目的顺利落地，以及与区域内其他大中小不同规格商业银行之间优势互补，促进区域金融服务整体水平的提高。

4. 财税体制改革，注入活力

"十三五"规划建议明确指出"深化财税体制改革，建立健全有利于转变经济发展方式、形成全国统一市场、促进社会公平正义的现代财政制度，建立税种科学、结构优化、法律健全、规范公平、征管高效的税收制度"。财税制度改革通过实施税制改革和调整中央与地方财政关系，构建地方税体系，引导地方产业结构调整。新一轮财税体制改革涉及增值税、消费税、房地产税、资源税、个人所得税、环境保护费改税等6个税种。其中，"营改增"是财税改革的重点领域，2016年5月1日起，"营改增"试点范围扩大到建筑业、房地产业、金融业和生活服务业，至此，现行营业税纳税人全部改征增值税。从地方财税角度，"营改增"总体上确保所有行业税负只减不增，系结构性减税政策，地方政府推出企业财政扶持政策以财政补贴方式弥补税负上升企业，加强地方经济发展的源动力。

从地方经济角度，"营改增"对发展服务业尤其是科技等高端服务业，具有正面驱动效应，有利于促进产业和消费升级和培育新动能，对促进地方经济转型升级发挥积极作用。城商行与地方政府和地方经济紧密关联，因此财税体制改革对城商行具有正面驱动效应。对城商行自身而言，通过调整业务结构和产品设计，也存在降低税负的空间。

8.1.6 供给侧结构性改革 新兴产业新发展

1. 新兴产业，转型拓展新市场

随着需求管理政策推进经济发展的边际效用递减，以优化结构为核心的供给侧管理，将调整社会生产结构，推动产业升级，新兴产业的发展将为城商行拓展新市场提供新机遇。互联网、云计算、大数据、信息技术、高端装备制造、航空航天、生物工程、新能源、环保节能、现代服务业等新兴产业的发展具有战略意义。城商行应把握供给侧结构性改革的机遇，转型开拓新市场。

2. 万众创新，开拓业务发展新空间

在推进供给侧结构性改革的新形势下，万众创新给城商行开拓业务发展带来新空间。城商行把握业务新机遇，创新金融产品和服务方式，加快实现业务布局的调整。加强研究分析，支持机器人、智能汽车、生物医药、物联网、新能源、航天军工等高端制造业；支持传统制造业改造升级，重点扶持一大批在细分行业、细分技术领域拥有核心技术、产品质量过硬的企业；摆脱长期形成的过度依赖抵押担保的信贷服务模式，适应服务业轻资产的特征，在深入研究各个行业内在发展规律的基础上，有针对性地创新金融服务模式，打造业务服务创新模式。

创新互联网金融服务模式，深入洞察客户需求，积极拓展线上线下商户，设计加载融入生活场景和商务服务的各类行业应用，为客户提供个性

化、专业化、场景化的产品和服务。推进综合化经营模式，提高产品组合能力，提升跨境、跨市场金融服务水平和综合经营能力，通过为客户提供一揽子多元化金融服务方案来获取综合化收益。

8.1.7 国企改革重组改制 资产优化新阶段

党的十八大报告提出"要毫不动摇地巩固和发展公有制经济，推行公有制多种实现形式，深化国有企业改革"，又一次吹响了国企改革的号角。

中央确定了国企改革大方向后，各地方政府纷纷推出适合本地实际情况的国企改革方案，上海的改革方案是除国家政策明确必须保持国有独资外，其余实现股权多元化，发展混合所有制经济；广东国企改革是立足增量的改革，不出让现有产权，用增量的办法去增强国企的国资控制力、影响力，同时借国资这个平台让民资进入。这些方案一方面对国企的管理重点更聚焦；另一方面政府从繁重的经济事务中解脱出来，聚焦到日益被重视的民生等领域。城商行在贯彻地方政策、实施地方国企改革中必然起到重要作用，不断加大对政府聚焦方向的支持力度。

8.1.8 普惠金融战略实施 深耕惠民新进程

2015年《政府工作报告》提出，要大力发展普惠金融，国务院于2015年末发文明确推进普惠金融发展规划（2016—2020年）。国家"十三五"规划建议中明确提出发展普惠金融，着力加强对中小微企业、农村特别是贫困地区的金融服务。中国普惠金融发展于2016年步入深水区，从国家政策引领到政府财政扶持引导都带给城商行发展普惠金融的新机遇。

一方面，随着征信体系建设的规范发展，金融信用信息基础数据库扩充，小微企业和农户档案进一步完善，将降低普惠金融服务对象的征信成本。财产权益的确权、登记、颁证、流转等方面的规章制度建设不断推进，担保物流动性增强及渠道不断拓宽，为城商行服务小微企业进一步完善了基础条件。

另一方面，城商行在地方民生产业、公共服务领域具有"亲地缘"的先天优势，是支持政府民生工程的坚强后盾，在服务"三农"和中小微企业方面的深度和广度上都超过其他金融机构，拥有深耕惠民工程的基础和更为广袤的普惠金融发展空间。

8.1.9　市场融资闸门放开　充实资本新突破

近年来，随着中国金融改革步伐加快，城商行规模不断发展壮大，增速超过其他类型商业银行。充足资本补给是银行可持续发展的源动力，随着监管部门放闸以及融资市场多样化，截至2015年末，累计有11家城商行先后在A股、H股及新三板上市。A股和H股作为证券交易成熟市场，流动性较好，两地市场监管放开和市场扩容给城商行带来做大资本的战略机遇。新三板也给具有发展潜力但规模较小的城商行提供了资本补给的快捷渠道，为将来转板上市做好铺垫。

民间资本进入银行业的限制放开，有利于以私募形式定向增资扩股和引进战略投资者进行一级资本有效补充，将为城商行提供更轻松便捷地做大资本的途径；另外，监管部门支持发行次级债、可转债、永续债和优先股作为二级资本补充，这些多元化的融资途径给城商行做大资本带来战略机遇。

8.1.10　互联网金融蓬勃发展　战略转型新机遇

1. 金融互联网化，开拓市场

近年来互联网和通信技术不断取得新突破，推动互联网与金融快速融合，金融互联网化程度逐步加深。线下客户向线上迁徙的趋势日益凸显，银行业务运营和管理模式朝着前台入口多渠道发展，互联网化的入口将是发展的重中之重。城商行发展起步较早并扎根本土经济，与地方企业和政府长期紧密合作，熟悉本地企业经营优势和特点，了解资金需要和信贷特征，能更好地预判还款能力，在地方拥有较为稳定的客户资源。城商行通过对现有线下客户迁移，利用现有稳定客户资源建立平台基础客群，加强适应网络交易习惯，分流标准化程度较高的金融服务到线上，减少服务成本，将物理网点资源用于银行复杂程度和综合化程度较高的金融服务，增加营销的机会。

2. 互联网金融化，提升业务

（1）大数据分析提升客户服务

大数据分析技术有助于城商行利用对积累的数据进行挖掘和分析，用于提早发现客户潜在需求，在开发满足客户需求的金融产品和服务时抢占先机，尤其在提升小微企业和零售端客户质量方面的作用较为突出。例如，大数据能协助城商行根据客户财富结构和偏好进行分析，提供增值服务，以提高客户黏性。大数据分析对城商行做客户细分具有指导性，找出客户潜在价值，洞察新机会，挖掘产品服务价值点，以更好地拓宽客户资源和提高市场份额。

（2）互联网技术支持信用决策

互联网技术能够帮助城商行构建企业网络社区，跳出地理距离的局限，掌握和监控基于分析客户行为模式的第一手真实数据，突破以往依靠客户经理收集第三方资料的途径，为信用决策提供有力支持，提高风险识别和防控能力。

（3）互联网渠道推动电商平台

信贷产品与电商结合有助于城商行发展供应链金融，与地方电商企业开展合作，将是城商行省时省力的高效途径。从长远看，互联网渠道可以逐步推进城商行建立电商平台，建立互联网供应链金融，实现资金流、物流和信息流的高度统一。

8.2 迎接挑战 寻求突破

城商行将面临宏观经济政策调整带来的资产质量管控难度增加的挑战，不确定风险因素的增加带来的管理挑战，利率市场化带来的盈利空间受限的挑战，以及新金融超常发展、市场竞争加剧的挑战。

8.2.1 供给侧结构调整阵痛 考验资产质量

随着需求管理政策推动经济发展的边际效用递减，我国政府大力加强以优化结构为核心的"去产能、去库存、去杠杆、降成本、补短板"供给侧结构性改革政策，调整社会生产结构，推动产业升级，以创造新供给来引领释放新需求，着力改善供给环境、优化供给侧机制、实行"有保有压""有支持有节制"的结构性供给管理方针。伴随着经济增速放缓，经济结构调整阵痛显现，未来"去产能、去库存、去杠杆"等措施短期内导致过剩行业企业资金链紧张，经营困难增多，新兴行业又因尚不成熟而存在较大投资风险，部分地区经济风险暴露，信用风险呈现由"点"（单个企业）向"链"（产业链）和"面"（行业、区域）进行纵向和横向的传播趋势，加大了城商行资产质量管控的难度。在去库存方面，受制于库存基数大，特别是三、四线城市去库存压力较大，房地产开发企业投资意愿降低，房地产投资增速持续疲软，导致房贷风险上升。另外，随着不良资产的增加，城商行资产质量管控和不良资产处置的压力有所增加。

8.2.2 不确定风险因素叠加 挑战管理能力

当前国内外经济金融环境复杂多变，行业竞争加剧，技术发展速度加快，业务和产品创新层出不穷，监管规定日趋严格，不确定性成为新常态。不确定风险因素增加，除了给城商行的信用风险管理带来挑战以外，对城商行在其他方面的管理也带来了新的挑战。例如，在利率市场化背景下，银行存贷利差收窄，对银行业务结构调整、资产负债管理、风险定价管理提出新要求；随着人民币国际化持续推进，资本项目逐步开放，客户群体的国际化、业务规则的国际化，对银行整合境内外资源，实现本外币一体化经营管理以及跨境业务管理能力提出挑战；随着互联网技术的快速发展，城商行电子渠道业务占比上升，网络安全、客户信息保密的风险也在增加，给城商行的网络安全管理带来更加严峻的挑战。

虽然城商行的管理水平在过去几年取得了长足的进步，但与大型银行和全国性股份制银行相比还存在差距，不同城商行的管理水平也不尽相同，在新形势下城商行管理能力的提升将更加迫切。

8.2.3　利率市场化加快推进　压缩盈利空间

随着利率市场化的加速推进，商业银行的利差水平不断收窄，盈利空间不断被压缩，城商行也不例外。而且，相比大型国有银行和股份制银行，城商行的净利息收入占营业收入的比重更高，受利率市场化的影响更大。

为应对利率市场化，城商行加速业务转型，大力拓展非息业务。在结算清算、委托代理等传统中间业务方面，城商行受制于网点和规模，难以和国有大型银行和全国性股份制银行竞争；而在投行和资管业务等新型中间业务方面，受制于牌照、技术和人才，与大中型银行相比也不占优势。未来，城商行一方面需立足地方经济，服务社区，推进与社会保障、医疗卫生、公共交通等与日常生活息息相关的领域，精耕细作，提升服务质量，以提高中间业务收入；另一方面，需充分利用电子渠道，大力发展网上银行业务，弥补网点劣势，实现中间业务可持续发展。

8.2.4　新金融快速超常发展　挤占市场份额

新金融给城商行的经营带来了挑战和冲击。第三方支付业务快速发展，对银行支付清算业务造成了影响。各类理财机构蓬勃发展，分流银行业的资金来源，银行业资金成本承受压力。以技术型企业为代表的新进入者以其创新型的业务模式对传统银行带来了挑战。非银行金融机构快速发展，与银行间的界限被打破，借助新技术型企业逐渐渗透到信贷、资产管理、供应链金融等银行业务，正迅速改变着市场竞争格局，对城商行传统经营模式冲击较大。泛资管、互联网等力量加速发展，金融新业态通过各种方式进入存、贷、汇、理财等银行传统业务领域，对传统金融运行形成冲击。互联网金融的兴起，使客户的金融服务需求呈现碎片化和分散化，城商行面临优质客户分流、贷款增长受限、业务份额下降等诸多方面的挑战。

此外，互联网金融从以下两个方面对城商行产生一定的影响。第一，互联网金融隔断了银行客户的交易信息。互联网金融在向银行支付领域渗透的过程中，对银行支付职能产生替代，用户、商户、交易商品以及资金用途等信息可能会被第三方公司截留，使银行失去了获取用户网络行为数据和关系数据的机会，无法了解和分析客户、预测用户需求。第二，互联网金融改变了传统金融生态。互联网金融构造了一个独立于银行之外的、自循环的体系，在这样的体系下，金融产品开发、客户获取、产品销售、客户信用风险管理等金融活动都可以通过网络金融平台完成，商业银行包括城商行在整个金融生态中原有的中心地位将被弱化。

未来几年，面临经济金融环境的不确定性、利率市场化改革和互联网金融的竞争等诸多挑战，城商行唯有加快调整发展战略，积极转变盈利模式，继续坚持扎根实体经济，专注小微金融，构筑特殊优势，严防金融风险，做"精"品牌，做"专"业务，做"新"机制，才能迸发出创新活力，再次迎来新一轮的创新成长、发展壮大。

第9章 发展展望

步入"十三五"时期,城商行将面临经济新常态和供给侧结构性改革等新局面,各项改革持续推进,创新发展任务艰巨,只有化危机为动力,变困难为机遇,继续坚持"三个服务"的市场定位,主动融入"十三五"振兴发展的大潮中,坚定不移地走综合化、特色化、智慧化、国际化道路,深入推进公司治理改革,实施全面风险管理,不断打造独有的企业文化,不断提升党建工作水平,才能在利率市场化大潮中永立潮头,砥砺前行,不断创造新的辉煌。

9.1 城商行发展目标

2015年,在经济下行、金融脱媒等复杂形势下,城商行攻坚克难,坚持了稳健经营发展。今后在外部发展环境发生不断变化的情况下,城商行经营发展也将随之作出调整,将呈现资产和利润增速放缓、资产质量承压、资本补充压力加大等特点。

一是资产增速下降,业务结构回归传统。从近几年的数据看,城商行资产负债增速出现拐点,进入下行通道。截至2015年末,城商行总资产22.68万亿元,资产增速已经从2012年7月的历史高点32.1%滑落至25.44%,占整个银行业总资产的比重为11.38%。未来,受经济持续探底、产业结构持续优化和风险持续暴露等因素叠加影响,"资产荒"现象将更加明显,特别是优质资产资源稀缺,城商行将普遍面临资产配置难题。同时,同业资产增长越来越受到日趋严格的监管政策限制。特别是2015年末中国人民银行推出的宏观审慎评估体系（MPA），要求商业银行进行广义信贷管控，以往通过做大同业业务迅速扩张资产规模的方式将难以为继，回归传统信贷业务将可能成为城商行业务发展的一个主要选择。满足地方政府基础设施建设、中小企业、居民消费领域的资金需求将成为城商行信贷投放的重点。

二是利润增速放缓，提升资产负债管理水平日趋迫切。受2015年利率市场化加速推进及中国人民银行五次降息等因素影响，存款利率放开，致使存款竞争日益激烈。商业银行存贷款利率进入下行通道，资产收益也随之下降，导致净息差持续收窄。2015年末，城商行资产利润率（ROA）降至0.98%，比2014年末的1.19%下降0.21个百分点。从上市银行披露的年报看，上市城商行净利润增速整体虽趋于平稳，但多数城商行出现了三至五年内的首次负增长。利率市场化的深入推进，存款利率上限放开对城商行的影响将在未来一段时期逐步显现，对于资产负债管理基础相对薄弱的城商行而言，必须尽快完善与利率市场化相适应的资产负债管理体系，提升内外部定价管理水平，引入相应的管理工具，把资产负债管理摆在重要位置。

三是风险形势仍然严峻，需要持续强化全面风险管理。受经济增速下行、出口不景气及产能过剩等影响，城商行风险形势依旧严峻。可以预见，随着供给侧结构性改革的快速推进，城商行信贷资产质量将继续承压，在加强传统信用风险管理的同时，还需要持续强化全面风险管理，确保实现风险可控、稳健经营。

四是发展转型持续，轻资本成为主攻方向。近年来，城商行纷纷推动发展模式转型，从粗放式、同质化发展转向精细化、差异化发展，从规模驱动转向效率驱动，从资产持有为主转向资产持有、交易和管理并重，最终目标是走一条有特色、高效率、轻资本的发展道路。根据不完全统计，2015年有相当数量的城商行或通过定向增发，或发行优先股，或发行二级资本债券进行了资本补充，总金额接近3000亿元，成为城商行资本补充的高峰年份。2

在未来相当长的时期内城商行发展模式转型的压力仍然存在。需要进一步围绕战略定位，细分市场客群，加快培育业务特色，尤其是提升中小企业和零售业务占比，在提高收益的同时，降低资本消耗，实现资本节约型发展。

站在新的历史起点上，面对种种困难，我国城商行群体的发展目标是按照"四个全面"战略布局和五大发展理念，牢牢把握新常态下的新机遇，坚持做优做精的基本导向，服务地方经济、服务小微企业、服务城乡居民，坚持走差异化、特色化发展道路，实施创新驱动战略，全面提升服务实体经济质效。

一是紧跟宏观经济政策动态，准确把握监管政策导向。要按照"四个全面"战略布局和五大发展理念，牢牢把握新常态下的新机遇，服务供给侧结构性改革，服务国家区域发展战略，服务重点项目建设，坚守"三个服务"发展定位，积极应对经济下行、利率市场化、互联网金融加速发展的冲击和挑战，充分发挥城商行支持实体经济良性发展的效能。强化与中国人民银行、银监会等监管部门的密切沟通，深入领会监管政策要求，做到及时安排部署，严格贯彻落实。有效防范金融领域风险，促进银行业改革开放。转变发展理念，明确服务定位，培育经营特色，加快转型发展。

二是审视把控转型与发展的关系，坚持"做深、做专、做透、做精、做强"的基本导向。合理控制资产负债规模增速，优化资产负债结构，强化成本约束与控制，确保盈利能力稳步提升；不断完善公司治理机制，提升资本精细化管理水平，为上市发展奠定坚实基础。发挥"地缘、人缘"优势，服务地方经济建设；扭转经营思路，推动业务重心下沉，服务中小微企业发展；开展金融精准扶贫项目建设，服务城镇居民，助力"三农"领域发展；依托区域经济特色，坚持走差异化、特色化、综合化发展道路。

三是积极探索转型发展，实现传统业务"扬长补短"、创新业务"突破"发展。公司业务以中型客户为核心，兼顾大型客户和政府客户的综合贡献，着力提升交易银行和投资银行业务能力；小企业业务建立客户管理体系，发展批量业务模式；零售业务丰富金融产品，加速渠道优化，推动财富管理业务和消费金融业务快速发展。实施创新驱动战略，升级传统经营模式，转变同质化竞争方式，探索发展投资银行、金融市场、直销银行、O2O等创新业务，持续创新金融产品和服务，寻求新的利润增长点，全面提升服务实体经济质效。

四是全方位提升市场竞争能力。在转型中发挥城商行自身优势，强化包括战略定位能力、协同合作能力、综合管理能力、混业经营能力、信息化能力、风险控制能力等在内的能力系统建设，推进精细化和专业化管理，提升经营管理"软实力"，为经营转型升级和可持续发展提供有力保障。

9.2 城商行发展措施

9.2.1 全面贯彻落实五大发展理念 推动经济改革深化

1. 坚持五大发展理念，推进转型发展

党的"十八大"以来，中央提出"全面建成小康社会、全面深化改革、全面依法治国、全面从严治党"的战略目标，这是我国经济发展、现代化建设的战略总布局。特别是建党100周年前的2020年，要确保中国全面建成小康社会宏伟目标能够实现。这就需要城商行继续发挥好经济发动机作用，持续强化金融服务地方和区域实体经济的能力，做大小微金融、社区金融、"三农"金融，提升金融扶贫帮困发展的能力。党的十八届五中全会提出了经济新常态下"创新、协调、绿色、开放、共享"的发展理念，2015年中央经济工作会议提出了贯彻和落实五大发展理念的具体举措，以及习近平总书记在中央财经工作领导小组第十一次会议上提出了供给侧结构性改革的发展要求，均为城商行的经营发展指明了方向。因此，

基于对"中国制造2025""互联网+""大众创业、万众创新"国家大数据战略等改革创新契机的再思考，我国城商行应充分利用体制机制的灵活优势，进一步推进创新驱动战略，深入优化业务结构，构建涵盖组织架构、运营模式以及产品设计等在内的多层次、全维度的协同创新机制，贯彻融合"十三五"规划中"创新、协调、绿色、开放、共享"五大发展理念，探索建设创新银行、生态银行、绿色银行、开放银行、普惠银行。

（1）打造创新银行。"十三五"期间，在国家经济转型升级、金融改革深化、互联网金融发展、同业竞争日趋激烈的多重背景下，城商行应积极打造"创新银行"，加快业务流程、运营思维与盈利模式的创新升级。在此过程中，城商行要尤为关注移动互联网带来的技术与思维革命。一方面，伴随着互联网、大数据、云计算等技术与金融的融合创新，以及"互联网+"与各行各业的融合创新的不断加深，将引导传统金融向产品差异化、市场细分化、渠道移动终端化、跨界融合正常化等趋势变革；另一方面，国家"互联网+"战略计划的推出，为城商行依托互联网思维与技术创新升级提供了可持续路径。麦肯锡公司发布中国银行业创新系列报告称，截至2015年末，中国互联网金融的市场规模达到12万亿~15万亿元，占GDP的比重近20%，同时互联网金融用户人数也超过5亿成为世界第一。截至2015年末，移动金融理财市场的客户数量超过8.2亿，在整体客户中的比重已突破60%，可见，互联网金融行业具有极高的渗透率，以网贷为代表的互联网金融行业始终保持超常规发展，对传统金融业务造成了一定冲击。但是，两者并非完全的矛盾对立，城商行应顺应时代发展需求，加快与互联网的融合创新，积极发展互联网金融业务，从而构建金融业态协调发展格局。

（2）打造生态银行。"十三五"期间，我国经济发展将更加注重协调性，强调通过协调拓宽发展空间，补强薄弱领域以提升成长动力。目前，我国商业银行的盈利模式仍过度依赖于利息收入，利息收入占总收入的比重始终维持在76%左右。在利率市场化初步完成的背景下，我国商业银行的净息差呈现下降趋势，2015年末降至2.54%，比2014年末的2.70%下降0.16个百分点。商业银行不良贷款压力逐步增大，存有一定金融风险的潜在压力。在此背景下，我国城商行应打造"生态银行"，将发展重点由"数量"转向"质量"，由单纯追求发展增速转向着力提升非利息收入占比，由注重规模扩张转向准确权衡稳增长、控风险、调结构的协调关系。

（3）打造绿色银行。"十三五"规划建议已将绿色经济提升到国家战略层面，习近平总书记曾多次强调绿色发展理念的重要性，要求健全绿色发展模式与深化绿色发展路径，以绿色金融助推绿色经济、环保产业等领域健康可持续发展。此外，作为未来10年产业规划的行动纲领，国务院颁布的"中国制造2025"中要求，逐步推动传统行业领域的优化升级，持续更新经营理念，不断推进技术进步。因此，处于金融系统中重要位置的城商行，应主动建设"绿色银行"，加快自身转型以响应政策要求。目前，我国商业银行不良贷款中，制造业、批发零售业、商业服务业占比之和逾80%，商业银行急需调整信贷结构，将信贷资源向优质产业转移。城商行应及时把握"十三五"规划以及国家供给侧结构性改革的契机，完善运营体系、简化业务流程，大力发展中间业务，通过主动加大对绿色经济与战略性新兴产业的信贷投放力度，拓展新兴市场的长期利润增长点，进而从根本上改善城商行的信贷结构，提升信贷风险防控能力。

（4）打造开放银行。在"一带一路"战略以及人民币国际化背景下，中国企业将加快融入全球产业链，同时，国内居民海外消费市场也将被大幅拓展。此外，丝路基金、亚投行、金砖国家开发银行等组织机构的建立，也极大地拓宽了我国参加国际金融管理的渠道与方式。因此，"十三五"规划明确了"开放"发展理念，对城商行而言必须打造"开放银行"，主动顺应全方位开放政策，探索国际化转型路径。首先，城商行应在深耕地方的基础上拓宽业务领域，转变银行发展思维，拓展双向开放合作。其次，城商行应加快自身开放发展，主动参与到国际金融市场中去。既要借鉴学习国外金融机构的先进经验，又要有效提升城商行的影响力。最后，城商行应加快构建跨境金融服务体系，加大跨境人民币业务和产品的创新力度，拓宽境内外企业统一化跨境金融服务渠道。

（5）打造普惠银行。"十三五"规划重点强调了"共享"这一全新发展理念，旨在推动经济改革成果更加公平、更大范围地惠及人民群众，提升人民的经济发展获得感，从而加快实现全面建成小康社会的目标。城商行打造"普惠银行"战略正是响应"共享"发展理念的进一步体现。城商行通过坚持差异化发展道路，挖掘小微企业、"三农"、低收入者等长尾客户金融需求，大力推进普惠金融发展，这与"十三五"规划中"共享"发展理念高度契合。一方面，城商行应坚持推进网点下伸、人员下放以及服务下沉，扩大金融服务覆盖面，进而实现服务范围包含弱势群体、城市服务盲区和薄弱领域。另一方面，城商行的"普惠银行"还应主动融合"分享型经济"理念，通过加强与第三方征信机构、互联网公司等机构的深化合作，促进技术、信息、路径、流量端口的共享发展，提升城商行金融服务的便利性与高效性。

2. 加大金融支持力度，适应经济改革

"十三五"时期，是我国经济发展进入新常态后的第一个五年发展期。新常态下经济发展将呈现速度变化、结构优化、动力转换等鲜明特征，这些变化不以人的意志为转移，是我国经济发展阶段性特征的必然要求。面对新常态下的新机遇、新矛盾和新挑战，在五大发展理念的指导下，国有企业改革、供给侧结构性改革、财税体制改革、PPP等国家改革发展政策正在发生深刻的变革，"大众创业、万众创新""互联网+"、中国制造2025、人民币国际化等创新发展举措正在加快推进深化改革的步伐。城商行必须充分考虑这些改革要求和发展趋势，按照适应新常态、引领新常态的总要求进行战

略谋划，积极服务"三去一降一补"，全面营造多层次、多样化的金融服务环境，创新投资银行、投贷联动、网络融资等新兴业务和产品服务。

（1）加强资金投放引导，促进过剩行业"去产能"。积极发挥金融杠杆作用，支持压缩落后产能，重点支持钢铁、煤炭、建材产业改造升级，紧密围绕国家产业政策，落实监管要求，坚持区别对待、有保有控，探索可持续发展新模式，加大信贷结构调整力度，实施差异化信贷政策。

（2）丰富金融服务手段，帮助企业"去库存"。探索存货抵押贷款、应收账款抵押贷款，开发专属供应链金融服务，拓宽抵押范围，综合运用银行承兑汇票、流动资金贷款、保理等不同的业务品种，满足各省、市重点企业因产品销路不畅导致的短期流动资金需求。

（3）通过债务置换途径，帮助政府融资"去杠杆"。创新金融工具，为保障性安居工程、生态建设工程、民生工程，以及交通、水利、市政和教科文卫等社会事业基础设施建设提供长期有效的资金保障，支持地方经济建设，巩固银政合作关系。

（4）创新金融服务方式，为社会融资"降成本"。不断丰富居民创业、下岗再就业、个人经营性、土地流转收益权保证贷款、直补资金担保贷款等金融服务平台功能。增强金融服务支撑力，切实降低社会融资成本，实现社会民生和金融发展的共赢。

（5）加大资源倾斜力度，促进相关产业"补短板"。加大对科技产业、低碳产业的支持力度，开展知识产权质押贷等创新担保方式融资。发展绿色金融，助力低碳经济，支持产业结构调整，促进能效水平提升和城市基础设施改善。

9.2.2 有效支持国家区域发展战略 促进经济协同发展

为有效促进"一带一路"、长江经济带、京津冀协同发展三大区域战略，广东、天津、福建、上海四个自贸区发展，以及17个国家级新区建设等国家重大经济发展战略的顺利实施，城商行应积极发挥服务地方经济的市场定位优势，以国家区域发展战略为切入点，提升资金供给、综合服务、业务创新能力，在交通、电力、通讯等基础设施建设，以及企业搬迁、园区新建、棚户区改造等重点工程和项目上，给予更多的金融服务和资金支持。

1. 发挥地缘优势，服务国家"一带一路"战略

从国际层面看，"一带一路"是中国携手亚洲参与全球治理，推动全球治理体系变革的重大举措。从国内层面看，"一带一路"是我国加强东中西部互动，构建全方位开放新格局，深度融入世界经济的战略布局。"一带一路"在国外涉及64个国家，在国内涉及18个省、自治区、直辖市，产业涉及基础设施、贸易、文化、旅游等多个领域，需要"一带一路"沿线各地城商行发挥地缘优势，发挥决策链条短、信贷政策灵活等优势，主动作为，创新服务。

2. 启动区域引擎，服务京津冀协同发展战略

京津冀协同发展是在中国经济潜在增速下降的背景下，寻找新的区域增长引擎的重大举措。京津冀协同发展战略包含交通一体化、非首都核心功能疏解、首都核心功能强化、产业转移对接、生态联防联治、总部客户发展、高校医院搬迁等具体战略举措，涉及海港、空港、轨道交通、铁路、公路等现代化交通网络建设、北京行政副中心建设、各类新城、产业示范区、商贸物流园区建设等具体项目建设，需要银行提供资金和金融服务。深处其间的城商行应以全面融入、深度合作的积极姿态，全力协助北京向周边有序疏解非首都核心功能，共同推动实现京津冀协同发展战略目标，打造中国经济发展新的支撑带。

3. 整合金融资源，服务国家长江经济带战略

长江经济带涉及9省2市，作为国家战略，长江经济带具有联系紧密、腹

地深广、后发优势明显等特征，将形成直接带动超过五分之一国土、约6亿人的强大发展新动力。为此，深耕地方的城商行可以以交通运输、新型城镇化、绿色生态走廊等领域为驱动轮，依托长江经济带内产业的有序转移、转型升级和融合互补优势，创新金融服务模式，拓展金融服务平台，提升金融资源配置效率，对接长江经济带建设多元需求。

4. 拓展对外通道，服务国家自由贸易区战略

自贸区不仅是中国对外开放水平的升级，也是中国与世界经济贸易往来机制的创新，不仅打通了境内外资金、资本的进入输出渠道，更重要的是推动了中国企业走向国际和人民币走向世界，提升了中国企业和国家竞争力。广东、天津、福建、上海四个自贸区，各自有着明确的定位和鲜明的特色，形成了贯通南北的自贸区布局，并通过在投资自由化、贸易便利化、金融国际化、行政管理简化等方面的先行先试，逐步让资金、贸易、制度、规则与国际市场接轨，最终实现更高层面的开放格局。城商行较大中型银行，最为欠缺的就是国际化发展经验，自贸区提供了一个接轨国际、提升金融创新能力的最佳舞台。通过为自贸区内企业提供人民币跨境结算服务、发行针对境外投资者的资管产品、开展离岸金融市场资金业务、提供融资和投资顾问服务等创新型服务，城商行不仅可以拓宽收入渠道，实现盈利模式转型，还可以积累国际化发展经验。

5. 推动金融创新，服务"新区"和"示范区"战略

"新区"战略指国家级新区战略，"示范区"战略指国家自主创新示范区战略。国家级新区是承担着国家重大发展和改革开放战略任务的综合功能区。自1992年上海浦东新区成立以来，国家级新区已经达到17个，遍布全国17个省、自治区、直辖市，具有改革先行先试和新产业聚集等特征。国家自主创新示范区是推进自主创新和高技术产业发展方面先行先试、探索经验、作出示范的区域。自2009年北京中关村国家自主创新示范区成立以来，国家

自主创新示范区已经达到14个，遍布全国13个省、自治区、直辖市。城商行作为银行业中扎根地方最深、创新最为灵活的群体，在服务国家级新区和国家自主创新示范区中，应发挥地域和创新优势，提供差异化、特色化的金融产品和服务。

9.2.3 坚守三个服务发展战略定位 创新特色金融服务

1. 做强区域金融服务

城商行生在地方，长在基层，与地方经济同生共荣，扎根地方经济既是城商行的使命所在，也是市场选择。城商行在战略定位上，应继续突出服务地方经济的基本市场定位，自主地把支持地方经济融入到中长期发展战略规划、年度综合经营计划和日常经营、管理与业务拓展中，确保战略定位能够真正落地。在业务重心上，城商行应充分利用"本乡""本土""地缘""人缘"等优势，坚持专注地方、沉下身段，不断向县域和乡镇延伸机构和服务，不断向薄弱环节和空白领域倾注金融资源，努力做深、做专、做透、做精、做强本土市场，以优质、高效的金融服务培育壮大本地客户，为区域和地方经济发展持续注入活力。

在经济新常态下，地方经济转型升级任务繁重、时间紧迫。城商行作为服务地方经济建设、推动转型发展的重要金融力量，必须有所作为。城商行应把促进地方经济转型的责任扛在肩上，把推动地方产业结构升级的任务抓在手上。一是有效对接地方经济转型战略。按照国家主体功能区规划要求，准确把握地方经济发展、结构调整、转型升级带来的新机遇和新空间，主动创新具有较强针对性、较高附加值的业务和产品，积极服务地方经济未来发展的战略重点，深度参与培育地方经济未来增长的潜力点，实现与地方经济发展、结构调整、转型升级战略的融合互动。二是积极推进地方产业结构调整。遵照国家产业政策，尊重产业发展规律，考虑地方资源禀赋，找准地方鼓励类产业发展的着力点、限制类产业政策实施的平衡点、淘汰类产业政策落地的切入点，通过信贷投向及额度管理、利率风险定价策略、风险权重设置等市场化方式，有效保障金融服务重点，科学确定金融服务价格，对于鼓励类产业加大金融支持力度；对于限制类产业中的优质企业给予差别对待，对于过剩产能中技术先进、有订单、有发展的企业给予大力扶持；对于淘汰类产业支持其平稳过渡，平稳退出。三是持续增强创新驱动发展能力。实施创新驱动发展是提高经济发展质量和效益的重要手段。城商行须吃透所在区域经济、金融及产业政策精神，建立并完善与金融服务相配套的体制机制，强化股权融资、债权融资与信贷投放的有效衔接，注重融资服务、财富管理、金融租赁、咨询服务等金融服务的科学集成，动态满足"大众创业、万众创新"的特色化金融需求，确保创业者、企业家能够腾出更多精力致力于创业创新。

2. 做实普惠金融服务

大力发展普惠金融，是我国全面建成小康社会的必然要求。城商行依托一方水土，服务一方百姓，开展普惠金融服务是义不容辞的责任。一是突破普惠金融覆盖范围。城商行应继续推进网点下伸、人员下放、服务下沉，遵循简单、经济、实用原则，做实普惠金融服务，确保接地气、服水土、广受益，力争实现金融服务全面覆盖城市服务盲区和薄弱领域、全面惠及弱势群体。二是提升普惠金融可获得性。一方面，城商行应按照基础性服务注重成本节约、竞争性服务注重效率提升的思路，优化普惠金融服务流程，降低普惠金融服务门槛。另一方面，城商行应加大信息科技手段和数据模型的运用，科学制定普惠金融价格，降低普惠金融服务成本。同时，城商行还应在风险可控的前提下，合理精简开户、存取款、汇兑、贷款等业务的要件和证明。开通绿色通道，积极做好残障人士等特殊群体的无障碍金融服务。三是发力信用信息基础设施建设。城商行须发挥好熟悉地方文化、了解地方特色、贴近社区居民、掌握社情民意等比较优势，扩大信用记录的覆盖范围，积极实现小微企业、城市居民信用档案的全面覆盖。同时，应积极创新金融信用产品，提升信用档案的综合价值。

3. 深耕小微金融业务

城商行自成立之日起，就将支持小微企业发展作为重要的历史使命。随着经济进入新常态，小微企业自身发展出现了一些新变化。许多小微企业面临经营成本、技术创新等多重压力。传统的信贷需求尚未完全满足，又催生了消费、资产管理、咨询顾问等综合金融服务需求。为此，城商行须牢牢保持服务小微企业的战略定力，有针对性地创新支持政策，继续通过优化服务流程、改进授信管理、创新业务产品，有效改善对小微企业的金融服务，解决小微企业"融资难"、"融资贵"问题。一是提升小微企业贷款覆盖率和申贷获得率，着力解决"融资难"问题。二是通过缩短融资链条，提高贷款审批和发放效率；加强存贷款定价管理、清理收费项目等措施，降低融资成本，着力解决"融资贵"问题。

4. 创新社区金融服务

长期以来，在中国的城市化和社区化发展进程中，小微企业、社区居民以及"三农"等领域均存在不同程度的"金融真空"。未来，随着城镇化、产权、养老等改革方案的实施，以及居民消费结构的转型升级，以往被银行忽略的、以中低端客户为主体的社区金融市场将大有潜力可挖。未来，银行新增网点将主要以社区支行的形式出现，并且在一定程度上会替代普通网点，成为国内银行业的新格局。为此，城商行须发挥先知先觉、机动灵活的优势。一是采取差异化发展战略。根据自身的资源和条件，将金融资源优先集中在小微企业、社区居民和村镇市场，通过以专补缺、以小补大、以质取胜的集中专营方式，针对该类客户群体提供差异化的金融服务，不断深化产品线的深度和广度。二是采取社区银行战略。通过大力推进社区银行建设，让社区银行真正扎根社区、融入社区，"做到、做足、做透"社区金融，实现网点效能的可持续提升。

9.2.4 积极应对利率市场化改革　提升核心竞争能力

1. 夯实创新发展的战略管理基础

战略管理决定着银行的未来发展方向，是银行竞争优势的来源。在增速换挡、产业转型和市场化改革的大背景下，我国银行业将迎来行业性的分化和转折，作为银行业的重要一员，城商行必须不断提升战略管理能力，找到适合自身的发展道路，形成差异化的竞争格局，才能实现新形势下的发展新高度。具体而言，一是顺应发展趋势。紧紧围绕国家重大战略，积极调整业务重心和转型方向，加速融入"一带一路"、京津冀协同发展、长江经济带、自贸区建设、制造强国、"互联网+"等国家战略。二是完善顶层设计。通过明晰战略定位、完善公司治理、充实资本实力、优化组织架构、增强风控能力，全面提升经营管理质效和综合竞争能力，实现专业化、特色化、差异化发展。三是调整业务结构。更加主动适应经济结构调整和金融业态发展的趋势，摆脱"规模扩张"和"速度情结"，选择符合自身发展的转型升级路径，寻找业务发展的平衡点、结构调整的着力点和改革创新的动力点。四是加快转型步伐。努力增强科学发展、多元服务和联动发展等方面的能力，提升金融服务水平，向"轻资本、快周转、高效率"的银行快速转型。

2. 提高资本管理的价值驱动作用

资本管理是银行经营管理的核心，如何合理、有效使用和配置资本，在有限的资本约束下，最大限度地降低风险、提高收益，是现代商业银行经营管理需要面对的重大课题。面对国内外金融监管严格化新趋势，为实现长期可持续发展，我国城商行必须结合自身现状和特点，借鉴国际国内先进经验，加大创新力度，不断提升资本管理的有效性。一是明确资本管理战略，制订前瞻性资本规划。城商行应对资本补充、资本使用、资本管理进行长远规划，确保资本充足。根据城商行发展的历史经验及战略需求，要注重资本战略规划及策略选择，未来宜采取"资本先行、持续多元、稳健扩张、滚动调整"的资本战略。二是完善资本管理框架，构建高效管理架构。加强资本管理是加强城商行自身精细化管理的内在要求。城商行资本管理战略规划的最终落地，必须借助于在内部建立一个科学、务实的资本管理体系。具体而言，要建立一个"金字塔"型的层级管理架构，最高层次是经营决策层，中间层次是经营管理层，最低层次是具体经营层。三个层级搭建起高效的资本管理框架，实现自上而下、分层授权，确保权责明确，有效保证资本管理决策落地实施。三是建立内部资本充足评估程序（ICAAP），提升资本管理水平。内部资本充足评估程序是银行机构与监管当局深入了解风险与资本管理现状，明确其下一步全面风险管理及精细化资本管理方向的重要工具，城商行应至少每年实施一次内部资本充足评估程序，并在经营情况、风险状况和外部环境发生重大变化时，及时进行调整和更新。四是持续推进战略转型，注重资本节约。城商行实现战略转型的目标，就是找到适合自身特点的、更加科学合理的发展模式。通过不断优化业务结构、收入结构、客户结构和服务结构，实现规模与效益、速度与质量的协调发展，安全性、流动性、效益性的相互统一。城商行实现战略转型的途径，就是强化资本管理。加强对风险资产的管控，限制高资本消耗的业务，开展低资本消耗的业务，大力发展中间业务，开展各类财富和资产管理业务，建立资本节约型业务发展模式，以提升银行资本充足率水平。五是借鉴先进管理方式，推进经济资本管理。经济资本是在一个给定的容忍度下，用来吸收由所有风险带来的非预期损失的资本，它是测量银行真正所需资本的一个风险尺度，经济资本管理是城商行实现全面风险管理的重要基础。经济资本管理体系的建立将推动城商行管理模式从业务驱动型转变为风险驱动型，这是提升城商行管理水平向前跃进的必由之路。因此，城商行应通过对不同的资产设置不同的经济资本分配系数，引导业务部门和分支行自觉地将业务重心向经济资本占用相对较低、收益相对较高的行业和产品转移，以风险调整后的经济增加值和资产收益率作为考核业务部门和分支行经营状况的主要指标，引导全行的经营方向协调一致，最终促使全行的资本充足状况不断改善，资本充足率水平不断提高。

3. 提升资产负债精细化管理水平

在利率市场化的竞争环境中，城商行应该把资产负债管理作为转型升级的重要抓手。一是转变经营模式。通过资产负债结构优化，将原本"以存款定贷款"的经营模式转变为"以资产定负债"的经营模式，逐步实现精细化管理，提高资产回报率。不仅要将稀缺的资本配置到风险调整后收益更高的资产，还要大力推动贷款、直投、非标等各类资产证券化，逐步实现从"持有型银行"向"交易型银行"转变。二是参与直接融资。积极参与直接融资业务，推动直接融资进程，不断提高非贷款类资产占比；大力提升结算、托管等平台类业务服务能力，加大资金业务等交易类业务占比；拓宽盈利增长渠道，不断提升非利息净收入规模。三是强化流动性风险管理。建立起完整的流动性风险管理框架，通过采取健全制度体系、保持资产负债合理结构、设立流动性风险限额、建立数据管控体系等手段，提高流动性风险管理能力。

4. 强化信息科技的支撑保障作用

科技是企业发展的重要引擎，面对新形势和新挑战，城商行应把握大势、加快创新、改造流程、提高效率，走科技驱动、科技主导的金融创新之路。未来应重点关注以下五个方面：一是将信息科技工作纳入整体发展战略。做好新时期下的信息技术发展规划，加大科技投入力度，提高科技运用能力，逐渐由科技支撑向科技引领转变。二是转变传统信息科技管理重心。通过信息化建设，由综合业务系统逐步扩展到管理信息系统，由提高业务处理效率过渡到提高经营决策效率，逐步将风险管理系统、决策分析系统、营销管理系统作为未来信息科技建设的重点工作。三是加快内部资源的整合。在实现内部系统整合、数据集中处理的基础上，进一步实现内部信息共享和渠道协同发展。四是加大对互联网金融的科技投入。通过加快建设大数据基础设施、完善全行数据体系架构，提供各类数据应用等措施，支撑互联网金融发展。五是加强对前沿技术的跟踪应用。做好工业4.0升级版、物联网、O2O、NFC支付等前沿技术在公司金融业务、个人金融业务方面的对接和应用，提升金融服务的科技化水平，为智慧化金融提供支持保障。

9.2.5 夯实金融同业协同互助基础 努力实现抱团取暖

1. 发挥战略联盟作用，实现抱团取暖

面对严峻的经济形势和激烈的竞争环境，城商行需要不断在业务和收入结构上主动求变，谋求更高、更快发展。通过组建战略合作联盟，探索跨区域合作模式，适时制定抱团战略，积极应对冲击和挑战。城商行通过组建和参与战略合作联盟，可以获得IT系统开发、业务运营管理、金融产品研发、银行信息咨询等多重支持，进而实现整合资源、优势互补、加强协作，协同进行项目运作与管理，打破城商行单独奋战的格局，突破自身发展"瓶颈"，寻求新的利润增长点。

2. 推进流动性互助，确保经营安全

2015年我国利率市场化完成临门一脚，传统负债业务开始弱化，一般性存款增长放缓，同业负债日益成为城商行资产负债快速增长的主要资金来源，负债稳定性下降，流动性风险压力加大。因此，建立城商行流动性互助机制，实质是在利率市场化全面完成形势下的一种系统互助，是合力抗击流动性风险的制度安排。对于城商行来说，实施流动性互助，既是缓释短期流动性短缺的有效手段，又是维护城商行稳健运行的长效机制；有助于在城商行自身原有化解流动性问题的防御机制上，再加了一道防火墙；不仅关系到

单体城商行持续稳健的发展，也是维护我国整个银行业金融稳定的基石。城商行群体只有推进流动性互助，不断探索协同发展、合作共赢的新模式，才能形成一个全覆盖的流动性风险管理体系。通过努力克服群体本身缺乏比较优势和规模优势的不利局面，重新打造竞争优势，共同抵御流动性风险，进而实现群体共赢和确保持续稳健发展。

3. 加强同业协同合作，共创美好未来

一是举办业务交流合作论坛，加强同业交流与合作，形成同业经验定期共享机制。二是强化资产和资本的合作，搭建"银银合作"平台，大力发展中间业务，形成客户、人才、科技等资源共享，实现城商行协同发展，增强群体市场竞争力。三是探索股权联合。通过股权联合方式，不仅可以引进同业先进管理经验，提升自身经营管理水平，同时，还可以向同业输出管理经验与先进技术，参与同业经营与管理，促进同业经营管理水平不断提升，业务持续高速发展。四是强化银团合作。通过银团合作方式，形成团队合力，增强城商行整体实力；弥补资金实力、网点布局等方面的短板，提升城商行服务实体经济的整体能力，为有效支持国家或区域重点项目建设提供有力保障。

9.2.6 深化金融供给侧结构性改革 提升金融服务质效

随着供给侧结构性改革持续深化，国家将狠抓"三去一降一补"任务落实。"去产能、去库存、去杠杆、降成本、补短板"五大工作任务，其实质重在"创""去"和"补"三个字，即创新技术、产品、业态、模式，去掉过剩产能、僵尸企业，补齐发展短板。因此，城商行作为银行业群体中最为活跃的一部分，须围绕落实供给侧结构性改革的五大工作任务，创新产品服务、拓展业务渠道，不断强化特色金融支持服务能力，提升服务实体经济的质效。

1. 持续提升服务实体经济能力

一是对经济的供给侧应发挥市场作用，强化客户甄别，优化客户结构。

对于市场供大于求的行业，城商行应按照市场真实需求配置信贷资源，将信贷资源更多地投向处于高新技术、重大技术装备制造等经济转型行业的企业、实施工业强基工程的企业，以及附加值高、科技含量高、绿色低碳环保产业的企业，促进这些企业培育发展新动能，使市场的生产与消费相互配合、相得益彰。二是根据企业规模的不同或企业成长阶段的不同，提供不同的融资工具，提高信贷资金向实体经济传导的效率，创新业务、服务和商业模式，加强成本管理，削减不合理收费，降低融资成本，实现银企共荣共生。三是探索将"一站式"金融服务系统嵌入企业实体交易行为的服务新模式。围绕企业财资管理的需求，制定以本外币结算为服务基础、以内外贸金融服务一体化为发展目标的综合服务方案，进而满足企业日常生产经营需求。四是下伸机构网点，下沉服务重心，精耕细作小微、社区、居民等金融服务，力争实现帮贫脱困，提升普惠金融服务能力。

2. 始终坚持走特色化发展之路

（1）开展特色化经营。城商行在服务供给侧结构性改革的过程中，应结合自身优势，不断塑造特色化发展品牌。城商行的优势有两个方面，一方面，城商行"服务地方经济、服务小微企业、服务城乡居民"的战略定位，使其具有业务下伸、服务下沉的先发优势。另一方面，与大中型银行相比，城商行体制机制更加灵活，决策链条更加精短，转型的进程和速度更加顺畅。结合这两方面优势，城商行可以从两个方面开展特色化服务。一是按照监管要求，探索专业市场领域的特色银行发展模式。根据地方经济发展、政策导向等特点，选择具有发展潜力、发展特色、契合自身特点的特定市场领域，作为转型发展的主战场，致力于提供特色金融服务，做专业市场领域的特色银行。二是探索特色业务的专业银行发展模式。可以利用互联网、大数据的时代特点，选择发展核心竞争力强、客户吸引力大的特色业务，切实做专、做精、做强，致力于提供专业金融服务，做具有特色业务的专业银行。

（2）开展差异化经营。城商行应找准市场定位和金融服务切入点，探索差异化发展模式。一方面，从地方经济金融发展特色或区位优势，以及当前相对比较薄弱的金融服务领域入手，例如小微金融服务、社区金融服务、农村金融服务等，努力实现业务的专营化、客户的中小化和管理的创新化。另一方面，从其他银行不愿介入的行业、客户入手，一点一滴用心做好服务，不断赢得客户信任，在激烈竞争的市场夹缝中开辟出一片崭新空间。

3. 探索混业经营的方向和路径

（1）探索财富管理发展路径，引导资金进入实体经济。财富管理是以客户为中心，通过设计全面的财务规划，向客户提供一系列的金融服务，实现客户财富增值的一种业务模式。财富管理不仅能实现个人、家庭、机构乃至国家金融资产的保全、增值和传承，还能优化私人和公共部门的资产配置，引导资金进入实体经济，增进社会共同福利。数据显示，截至2015年末，我国财富管理市场已超百亿元，财富管理行业的"黄金发展期"已经到来。在利率市场化背景下，提前布局财富管理市场，对于城商行自身发展有重要的战略意义。城商行应结合自身实际，从以下几个方面推进财富管理业务。一是推进业务治理体系改革，明确财富管理业务在整个零售金融板块及全行转型发展中的定位和作用。根据不同定位，分类推进专营部门制、条线事业部制和子公司制度改革，实现财富管理业务的专业化发展。二是构建全市场覆盖的资产配置体系。紧密借助第三方力量来突破自身限制，运用银行在财富管理链条中承担的清算结算、资产托管、销售发行等角色，以及部分城商行的多牌照优势，连接货币、证券、商品等多个市场，拓展银信、银证、银保、银基等多领域合作，为客户提供增值、保值、避险、传承等多样化服务。三是依靠创新驱动提升核心竞争力。应以创新驱动为抓手，实现在资产管理能力、经营服务能力、产品融合能力、风险管理能力的全面提升。

（2）探索轻型银行发展模式，提升服务实体经济效率。当前，我国经济增长方式正发生深刻转变，即经济正从高污染、高能耗、重化工业的重型产业结构向以创新型高科技产业和服务业为主的轻型产业结构转变。与此同时，金融业也正从传统的高资本消耗、高成本投入、低效益效能的粗放型经营模式向内涵集约式的轻型发展模式转变。城商行应顺应经济结构和金融业态轻型化发展的时代潮流，以轻型银行为方向，通过从资产持有向资产管理转型来打破资本约束、从"重资产"经营向"轻资产"经营转变来降低资本消耗；通过创新资产处置方式来提高资金周转速度，通过客户结构、渠道结构、业务结构的持续优化来提升经营效率；最终通过聚焦财富管理、小微金融、现金管理、投行业务等轻型业务向"轻资本、快周转、高效率"的轻型银行转型，在规模存量不变的情况下，用更大的流量来扩大收入来源。

（3）探索综合化的服务模式，满足多元化的市场需求。利率市场化的加速推进，直接冲击了银行业以利差为主要收入来源的传统经营模式。因此，银行业有必要通过开拓新的服务领域，满足多元化的市场需求，寻求新的利润增长点。为此，中国银监会按照分类监管的原则，提出支持城商行审慎开展综合经营，支持符合条件的城商行投资设立金融租赁、汽车金融、消费金融、投资基金、资产管理等非银行业金融机构。符合条件的城商行在开展综合经营时，应注意与客户需求、银行管理水平相结合，确保在业务创新能力、风险管理能力、内控制度建设、人才储备、IT系统建设等方面，能够支撑开展综合经营，能够发挥协同效应，能够放大城商行的金融服务优势。一是科学规划综合化经营顶层设计，实施差异化、专业化经营战略。可聚焦一至两个领域做专、做精，形成特色化的产品和服务，打造独特的竞争优势。二是充分发挥银行和子公司之间的协调效应，实现整体利益最大化。开展综合化经营一方面须借助银行本体的优势支持子公司做强、做大，另一方面也应借助子公司对银行的补充作用，在客户资源、渠道资源和成本投入等方面进行共享，实现共同发展。三是坚持审慎有度原则，建立健全风险防范机制。在探索综合化经营过程中需保持审慎有度原则，建立健全跨市场、跨业务领域的风险防控和管理制度，建立严格的授权制度、风险监测制度和报告制度，加强并表管理，有效防范风险跨业传染、监管套利，同时不断创新风险管理方式、方法，以适应综合化经营的新变化。四是加快跨领域的人才培养和储备。培养一支跨领域、复合型人才队伍，同时，在国际金融人才市场上，引进一些优秀的复合型金融骨干。

4.创新投融资模式和发展路径

（1）探索投贷联动融资模式，给予创新创业资金支持。投贷联动融资模式可有效解决高科技、新兴产业的成长企业由于缺少抵押物而难以融资的问题，从而促进高科技、新兴产业的发展，提高经济增长质量。商业银行开展投贷联动，将促进收入来源从以贷款收益为主向以股权投资收益为主转变，有利于应对存贷利差收窄、传统行业产能过剩两大挑战。城商行作为支持地方实体经济发展的主要金融机构，也是为小微企业服务的主要角色，围绕实施创新驱动发展战略，推进科技金融服务创新，探索投贷联动的可行模式。目前商业银行开展投贷联动主要有三种方式，一是以四大行为代表的大型银行，具有国外投行牌照和机构，通过境外子公司，如中银国际、农银国际等参与境内股权投资；二是以招商银行、兴业银行、上海浦东发展银行为代表的全国股份制银行，以"贷款+认股期权"的方式，与市场化私募股权投资（PE）机构合作开展投贷联动；三是部分中小银行以"贷款+财务顾问"的方式，向市场化PE机构推荐优质股权项目。城商行可借鉴股份制银行与风险投资机构合作的模式，一方面，凭借自身广泛的客户资源，为风险投资机构筛选推荐优质企业，并为风险投资机构提供包括财务顾问和托管在内的综合金融服务。另一方面，通过与风险投资机构合作，在风险投资机构对企业已进行评估和投资的基础上，以"股权+债权"模式对企业投资，形成股权投资和银行信贷联动。此外，在大资管时代，城商行还可通过投资银行业务部门联动信托公司等资产管理机构，发行非上市公司股权收益权类或股权投资类理财产品，向高净值客户募集资金入股目标企业，获得股权收益。

（2）积极参与布局产业基金，助力新兴产业创新发展。产业基金是一种对具有高增长潜力的未上市企业进行股权投资和提供经营管理服务的集合投资制度，具有利益共享、风险共担的特点。产业基金能够积极调动政府与民间、外部与内部的资金力量，在目前高标准、法制化的营商环境中，形成一股成熟的"混合所有制"放大效应，符合供给侧结构性改革与提升供给体系质效的战略目标，将在优化结构、构造有效供给、创新驱动与打造新动力机制等方面起到重大作用。今后，商业银行积极布局产业基金，成为投行业务创新的新方向。城商行参与产业基金，可通过撮合交易、以LP（有限合伙人）入股、提供咨询顾问、托管产业基金资产等多种方式参与产业基金，通过此类业务模式，在服务实体经济，助力供给侧结构性改革的同时，实现经营范围的拓展，并进一步增强市场地位和作用。

（3）探索国际化经营发展路径，助力企业"走出去"。开放是国家繁荣发展的必由之路，城商行须顺应我国经济深度融入世界经济的趋势，实现对内与对外开放双轮驱动、相互促进，增强服务"走出去"战略的能力和水平。积极探索经济领域供给侧结构性改革与金融服务供给侧结构性改革的结合点，围绕国家开放型战略做好顶层设计，紧抓人民币国际化、"一带一路"、自贸区建设等新一轮开放战略带来的发展机遇，把握本土企业"走出去"的机会，持续提升机构功能，通过拓宽业务领域、创新产品和业务模式、加强系统和应用平台建设、组建专业化团队等手段，积极搭建跨境金融服务网络平台，重点创新跨境人民币产品和服务，积极参与跨境人民币结算、跨境并购、兑换和离岸金融等业务，在为境内企业"走出去"提供全流程、全方位的跨境金融产品和服务的过程中，全面提升跨境金融服务能力。

9.2.7　紧跟互联网技术发展新步伐　推进金融互联网化

"互联网+"时代是一个全新的时代。随着国家"互联网+"战略的实施和互联网金融监管法规框架的日臻完善，为银行业的互联网金融发展打开了一个更广阔的全新局面。对于城商行而言，站在时代的风口，深入融合"互联网+"，借助"互联网+"的技术和理念深化自身业务的转型和变革，是时代大趋势下的战略选择，同时也是在未来发展中再度取得竞争优势、实现自身转型发展的重要举措。因此，城商行必须将互联网金融提升到战略转型高度，改变传统的管理经营模式，积极主动适应互联网商业形态变化，在支持实体经济以及产业"互联网+"的进程中把握新的发展机遇，取得自身的稳健发展。

1. 从战略层面推动互联网金融发展

"互联网+"时代，行业的市场边界不断扩展，市场竞争的主体也在不断变化。要跟上时代的发展，城商行须以互联网理念主动寻变，积极推进互联网化从单纯的业务层面提升至战略层面，结合自身区域特色、行内资源配置以及客户属性，制定差异化发展战略，出台相应的互联网金融业务发展的整体规划，自上而下地推进业务转型发展。在互联网金融探索方面，国有大型商业银行和股份制银行纷纷成立了网络金融部，将互联网金融相关业务从传统电子银行部中剥离，以适应互联网快速多变、灵活细小的特点。城商行可借鉴成熟经验，打破传统银行的体制机制约束，建立起与互联网金融发展相适应的专业化经营组织架构，如探索成立互联网金融专营事业部或子公司体制等。

2. 探索线上线下渠道交互协调发展

互联网时代的到来令银行物理网点面临转型升级考验，城商行须与时俱进，推进传统渠道转型，而线上线下紧密结合、一体化发展是解决问题的关键所在。一是客户一体化，打通物理网点、自助设备、网上银行、手机银行、微信银行等不同服务渠道，把强大的落地服务与高效的线上服务有效结合，在整体上构建"一点接入、全网服务"的一体化渠道体系，促进渠道间客户相互转化。二是产品一体化，推动线上线下产品一体化，将具有标准化流程的、能够搬到线上的业务全部在线化、移动化，最大限度地提高业务办理的速度与质量。三是服务一体化，整合各渠道服务界面和流程。统一网络银行、手机银行、微信银行等客户端的服务界面和流程，使客户享受到标准化的统一服务，物理网点应从业务办理的场所向业务展示、咨询与提供定制化服务的场所转变。四是管理一体化，对客户在不同渠道上办理的业务进行统一管理，确保同一项业务的各处理环节能够在不同渠道间自动发现和自动调度。

3. 积极推进生态化互联网平台建设

互联网金融发展的规律是流量为主、服务入手、价格驱动，最终形成长尾规模，靠量实现盈利。由于流量须靠平台实现，因此，互联网金融发展最重要的基础是平台。城商行必须从传统的产品管理者向全面的平台管理者进行深度转型，进一步推进开放化、体系化的多层次金融产品交易平台和社交平台建设，强化平台间的整合和协同，塑造差异化的独立品牌，以体系化、专业化提升互联网金融产品整体的品牌价值。一是搭建社交平台。社交媒体的蓬勃发展深刻改变着客户的行为模式，也推动着银行的服务方式发生深刻改变。银行推出自己的社交通信平台不是为了和微信、QQ等形成竞争，而是为了打造一个能够使银行员工、客户之间的信息进行时时交互与沟通的平台，构建一个"金融+社交"的金融生态圈。二是搭建直销银行平台。搭建直销银行平台能够摆脱网点数量不足的限制，扩大服务的地域覆盖范围。随着监管部门对网络经营政策的逐步放松，网络银行也必然会迎来更有利的发展环境，有条件的城商行可以利用自身的网络优势，尽快加入到直销银行建设的队列中，通过制定独特的发展战略打造核心竞争力，实现差异化发展。三是搭建电商平台。电商平台的交易数据是客户真实需求和行为模式的真实体现，能够为银行未来开发相关金融产品和实现差异化经营，提供有效的信息基础和保证。有条件的城商行可以通过搭建电商平台，对信息流、物流与资金流进行有效整合，对客户交易信息进行有效掌控，为后续大数据融资等各项业务创新奠定基础。四是搭建融资平台。融资平台能够为客户提供快捷、便利的金融服务与体验。有条件的城商行可利用自身较强的信贷风险控制能力和信誉保障，大力发展网络信贷业务，打造融线上授信、申贷、审贷、出账等为一体的全流程业务模式，提高信贷业务审批效率，提升客户体验度。

4. 强化与互联网企业开展跨界合作

流量变现是我国互联网金融发展和竞争中一个关键的制胜因素，"开放、合作、共享"也是互联网思维的一个本质特征，而与具有互联网流量优势的企业结盟能够更快地把握住行业发展机会。在深化互联网金融发展中，城商行应进一步加大与互联网企业的合作，探索通过购买数据、流量互换、间接投资或设立合资公司等模式，深化推进与第三方公司的跨界合作，使外部流量和数据为己所用，共同打造互联网金融生态圈。例如，积极与电商、第三方支付合作，开发金融产品，借助其平台宣传推广自身品牌；积极与手机厂商和电信运营商合作，实现营销前移，将自身金融产品和服务植入手机应用系统，形成搭配销售模式，达到与客户的深度连接；积极与实体商户合作，快速获取各类应用、消费场景；积极与金融同业合作，研发各类适合互联网特点的金融产品；积极参与结算、清算终端合作。

5. 构建完善的互联网金融支撑体系

一是强化科技引领。在"互联网+"时代，把握最新的IT技术，获得强有力的IT技术支撑是决定银行竞争能力和经营成败的关键因素。因此，城商行必须将科技支撑放到"互联网+"战略的重要位置。第一，强化数据应用。城商行应重点提高数据分析能力和应用能力，以信息立行、数据立行，通过互联网云计算、移动通信、大数据等技术手段，推进传统运营模式转变。第二，推进流程再造。城商行应根据客户体验后的反馈信息，精简业务流程，提高业务的执行效率，在实现客户服务从线下向线上迁移的同时，再造银行业务流程，提高客户体验。第三，强化移动创新。城商行应根据新形势，加大智能终端与移动互联网技术在电子渠道中的应用，实现从"互联网+银行"向"移动互联网+银行"升级。第四，加强风险防控。不断提升互联网金融平台的抗风险能力和防止系统性风险的自我修复能力，保障平台的安全性和稳定性。二是强化人才培养。城商行应在员工招聘时重点加强对复合型人才的引进。应在工作中加强对金融专业人才进行科技知识培训，同时加强对科技专业人才进行金融业务培训，大力培养集金融业务知识、网络信息技术、互联网工具运用等多种知识技能于一身的互联网金融复合型人才。此外，城商行可结合发展需要，借助外部机构力量，开展互联网金融创新研究，加快培养创新型金融人才。三是创新激励机制。与互联网金融发展相配套的考核激励机制，是持续推进互联网金融创新业务的基础保障。城商行应强化激励机制建设，鼓励团队创新和产品创新，从战略的角度去衡量互联网金融产品带来的价值，实现近期利益和远期利益之间的均衡。

9.2.8　提高城商行综合治理水平　有力支撑经营转型

公司治理是企业发展的根基。城商行应以积极探索混合所有制改革为契机，通过持续完善公司治理机制、推动治理体系市场化改革、实施精细化与长效化的考核管理等有效途径，充分发挥"三会一层"和职业经理人制度效能，不断提升公司治理机制现代化水平，实现股东、客户、员工、社会等相关利益方的和谐、统一。

1. 持续完善公司治理长效机制建设

按照市场化原则，城商行应强化自主经营权，真正成为经营决策和承担责任的主体，在市场环境中自主经营、自担风险、自主决策、自担责任。城商行应使股东大会成为企业的最高权力机构，重大事项的决策完全根据持有股票的多少来决定投票权和表决权。同时，应本着契约精神建立明确的利益共享、风险共担机制，通过董事会和职业经理人制度，体现出资人的地位，充分保障非公有投资主体的话语权。逐渐形成董事会与管理层相对独立运作、相互制衡的治理机制，确保董事会能公开选聘经营层，能按市场化要求评价考核经营层，真正实现按股权说话、对资本监管、让市场选人，为转型升级奠定坚实的制度基础。

2. 推动公司治理体系的市场化改革

按照独立运作、有效制衡、相互合作、协调运转的市场化改革原则，城商行应提高治理主体的履职能力，加大事业部制改革力度，探索部分业务板块和条线子公司制改革，尝试建立各类金融服务事业部，加快推进由"部门银行"向"流程银行"转变。推广同业业务专营部门管理，在促进业务发展的同时，实现风险的有效隔离。

3. 进一步建立常态化资本补充机制

目前，商业银行可采取的资本补充方式按照资金来源分类，可以分为内源式融资和外源式融资。内源式融资主要是通过利润留存转增资本方式补充核心一级资本。外源式融资主要包括增资扩股、IPO上市、创新资本补充工具。在目前利润增速持续下滑的情况下，城商行拓宽外源式资本补充渠道势在必行。一是增资扩股。有条件的城商行一方面可以通过定向增发股票的方式，增强增资扩股的灵活性和自主性。另一方面可以通过引入战略投资者的方式，实现持久、稳定、优化的股权结构。二是IPO上市。IPO上市是指首次公开发行股票的行为，是商业银行提高资本充足率、增强抗风险能力、建立持续资本补充机制的有效途径。2015年7月，我国城商行IPO上市重启，为城商行带来了资本补充的希望。活跃城商行纷纷进行IPO上市尝试，以实现自身里程碑式发展。截至2015年末，上市城商行共计11家，其中在A股上市3家，H股上市7家，新三板上市1家。未来，有条件的城商行应积极做好材料准备和申报工作，尽早加入上市队伍，为实现资本补充提供保障。尚未达到上市要求的城商行应不断提升资产质量，夯实经营根基，创造发展条件，提振投资者信心，争取早日达到上市标准。三是创新资本补充工具，主要是发行优先股和发行新二级资本债券。2014年优先股试点的实施填补了我国其他一级资本工具的空白，为国内商业银行资本补充开辟了新的路径；另外，有条件的城商行也可以发行含有减记或转股条款的二级资本债券，形成资本补充的常态化渠道。

4. 实施精细化与长效化的考核管理

考核管理是推动企业和谐发展的源动力，构建科学的考核管理体系是创新发展的重要举措。一是改进完善考核体系。城商行应以全面预算管理为抓手，围绕监管要求、市场要求和经营战略，完善三级经营计划编制管理体系，强化财务预算管理委员会议事机制，加强预算过程管理，推动财务资源优化配置。以全方位提升绩效考核指挥棒作用为导向，强化资本约束考核，构建与资本限额挂钩的绩效考评体系。二是实施动态考核管理。城商行应按照发展的新要求，创新管理模式。实施动态化的激励政策，强化财务资源向新兴领域、转型领域倾斜，不断提高资源配置效能，实现考核管理精细化、长效化，为创新发展打下良好根基。

9.2.9　加强全面风险管理体系建设　不断提升风控能力

在经济下行压力加大、金融风险隐患凸显的形势下，城商行应持续完善全面风险管理体系，高度关注经济新常态和金融市场化改革中金融风险变化的规律和特征，努力做到防范信用风险与防范流动性风险相结合、防范表内风险与防范表外风险相结合、防范自身风险与防范传染性风险相结合、防范单体机构风险与防范整体风险相结合。

1. 持续推动全面风险管理体系建设

目前，城商行资本充足率、不良贷款率、拨备覆盖率均保持在较好水平，风险总体可控。但在经济增速放缓、经营环境发生深刻变化的背景下，城商行的经营发展也面临诸多挑战。城商行须从持续完善风险治理架构和全面风险管理体系等方面入手，重视加强风险管控机制建设。

（1）完善风险治理架构。重点是加强内控机制和风险管理架构建设。对于一些风险治理架构需进一步完善的城商行，在董事会层面，应设立专门的风险管理委员会，全面做好风险防控和风险管理等方面决策工作。加强风险防控制度体系建设，完善现有风险防控制度。在经营管理层面，应切实加强业务管理条线、风险合规条线、审计监督条线的"三道防线"建设，强化风险管理政策的执行力度，做好风险防御和治理工作。

（2）完善全面风险管理体系。随着表内业务种类不断丰富和表外业务快速发展，风险管理要有效覆盖银行全部业务活动领域。城商行应在全面梳理现有风险管理制度的基础上，评估制度的覆盖范围和有效性，持续完善与业务规模和复杂程度相匹配的风险管理体系建设。既要加强传统资产负债业务的风险管理，严格执行会计工作中的"三铁"精神、信贷业务管理中的"三查"原则和业务运行中的前中后台"三分离"制度，又要加强对同业、理财、投行等新业务、新机构的风险管控，提升全面风险管理水平。

2. 继续加强传统风险的防范与管控

（1）加强信用风险管理。城商行须梳理业务，摸清风险底数，妥善化解存量风险，控制增量风险，遏制不良贷款上升势头。通过资产转让、不良清收与核销、贷款重组等措施消化存量不良，采取收回再贷、重签合同、贷款重组等方式减少增量不良，探索不良信贷资产证券化，做到准确分类，提足拨备，做实利润。

（2）加强流动性风险管理。城商行应加快完善流动性风险管理体系，提升流动性风险管理技术，提高预警能力，加强应急管理。加强流动性风险识别、计量、监测和控制，改进和完善压力测试方法，确保压力测试的科学性和有效性。强化主动负债管理，优化负债结构，拓宽负债渠道，提升负债来源的稳定性。积极研究推动建立城商行流动性互助基金，通过基金的规范募集、审慎管理、科学使用、持续运作，有效降低城商行系统性风险。

（3）加强操作风险管理。城商行应全面梳理制度薄弱环节，加强制度执行力，严格按照规定程序办理业务。同时，应加强员工教育和管理，加强岗位培训、岗间制衡和岗外监测。对那些出现违规的营业网点，应及时上收业务授权。

（4）加强声誉风险管理。良好的声誉是银行生存的根本所在，是维护正常经营、投资者与客户关系的基本前提与保证，对增强竞争优势、提升盈利能力和实现长期战略目标起着不可忽视的作用。为此，城商行应不断强化声誉风险管理意识，建立声誉风险预警、监测、报告、处置体系，完善声誉风险信息披露、应急预案等管理制度。同时，继续做好舆情搜集和声誉风险日常监测、排查等工作，加强员工教育培训，建立与媒体、社会有效的沟通机制，提升员工化解声誉风险的能力和水平，持续提升城商行的对外形象和良好声誉。

（5）加强国别风险识别与管理。在国家实施"一带一路"战略以及人民币国际化的背景下，城商行建立开放银行，走国际化经营道路，势必面临国别风险。城商行应充分运用定性分析和定量测算工具，对国别风险进行有效的识别、计量、监测和控制，构建与国别风险暴露程度相适应的风险评估体系。做好内部评级和预警机制建设，充分分析导致国别风险产生的经济、政治、制度运营等方面的因素，同时借鉴大型银行的先进管理经验，探索切实可行的管理措施，有效抵御国别风险。

3. 构建跨业风险的隔离"防火墙"

当前形势下，银行的跨行业、跨市场金融业务迅速增长，其新兴风险管理也需同步加强。为此，中国银监会城市银行部在监管工作会议上提出，城商行须对交易对手实施名单制，逐一确立资质条件，由总行统一集中管理；实施统一授信，严格在授信额度内开展合作业务；控制集中度，对于某一金融产品，单家银行购买额不得超过该只产品发行总额的一定比例。对于开展综合经营的城商行，应在加强并表管理的同时，建立风险隔离"防火墙"，避免风险交叉传染。

4. 坚决切断社会风险传染途径

近年来，各种融资中介的增长以及网络融资技术的发展助长了民间融资的活跃，非法集资发案多、金额大、影响广。城商行须高度警惕，实施有效的风险隔离，切实防范金融体系外风险输入。一是严控与非金融机构的合作，对非金融机构一律按照一般企业对待，不能将非持牌金融机构列为同业合作交易对手，不为非持牌金融机构提供违规担保。二是严防非法集资，不为非法集资提供任何金融服务，严禁员工违规参与各类集资活动。

5. 持续强化合规风险管控力度

依法合规经营，是监管当局维护金融稳定的必然要求，也是银行经营与管理的底线，更是银行提升自身核心竞争力的内在需求。因此，城商行依法合规经营，是实现健康可持续发展的基本保障。

（1）强化合规经营意识，推进合规文化建设。合规意识是合规文化的核心要素，是银行合规风险管理机制有效运行的重要基础。一是加强合规文化知识学习。秉承合规经营理念，强化对员工的依法合规教育。通过搭建依法合规教育平台，强化合规文化知识学习，增强员工的合规意识，使员工清醒地认识到依法合规经营的重要意义。二是积极开展典型案件警示教育。吸取各类案件的教训，增强风险防范意识。通过警示教育使合规意识渗透到每个员工的观念、意识、思想、行为之中，使依法合规成为一种最基本的要求，成为一种自觉行动。三是培育合规文化。以合规意识为思想指引，增强合规文化建设。在内部培育合规文化，使依法合规经营成为每一名员工的行为准则，努力营造"人人讲合规，处处显合规，事事重合规"的良好氛围。

（2）加强自律与他律，强化规章制度约束。一是强化自律管理。各级领导干部要不逾规矩，不谋私利，干干净净做事，清清白白做人。员工要强化自律管理，按照员工行为准则严格要求自己。二是强化他人监督。在内部树立相互监督制度，确保员工在自觉接受他人监督的同时，也能够主动监督他人，充分发挥员工相互监督的职能。三是强化制度约束。对现有的业务规章制度进行梳理，进一步促进内控制度体系建设的完整与统一。同时，建立健全违规行为公示制度和覆盖全业务流程的违规操作积分管理制度，形成统一、持续、高效、全面、层级分明的合规管理机制。

（3）加强合规经营指导，加大监督检查力度。城商行要坚持"预防为主，惩防并重"的原则，在内部开展业务检查，相互配合、形成合力，做到监督检查无死角，违规惩处无禁区。一是强化对重点业务的检查。采取常规检查和专项检查相结合的方式，对财务管理、信贷管理等重点业务进行全方位的检查，对违规行为给予一定的处罚并制定切实可行的整改措施。二是强化对重点岗位和重点人员的检查。建立员工合规经营档案，对其合规文化学习、合规经营和违规行为进行详细记录，对思想有波动的员工进行"一对一"指导和监督。对授信审批、财务管理等重点岗位和重点人员进行具有针对性的合规指导、监督和检查，避免重大违规事件发生，对经营发展造成不良影响。

（4）提高警觉性和敏感性，加大案件防控力度。一是充分洞察员工思想动向，加强对员工的异常行为和8小时之外的活动监督，强化违规风险预防、排查等工作，增强合规风险敏感度，提高合规风险识别能力。二是加大案件防控力度。密切关注经济下行期的各种不稳定因素，加强风险提示，避免因企业资金链易断裂等原因引发案件风险。

9.2.10 不断增强人力资源保障能力 强化企业文化建设

1. 加强新形势下人才队伍建设

人才是企业发展的第一资源，人才优势是企业的核心竞争优势。城商行必须持续确立人才优先发展战略。

（1）持续更新人才管理理念。应从新时期银行业竞争发展的角度，动态审视人才管理，从传统的人事管理向战略性人事管理转型。应前瞻性地综合考虑全行战略发展对人才的各方面需求，并进行科学、超前性的开发、利用和管理。

（2）实施差异化的人才管理。对于高层管理人员，须注重提升市场和监管政策把控力的知识供给，培养大局理念，增强洞悉能力。对于中层管理人员，须注重管理知识的供给，使其充分发挥承上启下的作用，能够按照指令有效组织基层开展各项工作。对于具体操作人员，须注重专业知识的供给，提高业务技能，提升工作效率。

（3）建立长远的核心人才规划。城商行要实现永续经营，打造百年老店，必须将人才资源开发工作与全行的发展愿景、发展定位、发展规划以及业务经营策略相结合，围绕长远发展目标作出相应的人才规划，实现人才队伍的不断完善与传承。

（4）优化人才发展的体制机制。一是按照"人岗相适、人尽其才"的原则，有序开展人员轮岗和培训，提高不同岗位人员的本岗适应性，完善复合型管理人才队伍建设。二是建立市场化人才选聘机制。在经济全球化、金融国际化背景下，对人才的选拔任用，应适应现代公司治理和全球银行业竞争的需要，发挥市场机制在优化干部资源配置中的作用，坚持市场化、国际化标准，构建市场化选聘机制、竞争上岗机制、激励考核机制、责任追究机制。坚持"不养闲人，不养庸人，不养不思进取、得过且过之人"，营造"岗位靠竞争，收入靠贡献，成才靠学习，业绩靠努力"的环境，通过社会招聘、校园招聘等多种渠道不断吸引优秀人才，让德才兼备、业绩突出的优秀人才愿意工作，激发企业的发展活力，形成人与事业和谐发展的良好氛围。

2. 持续打造企业文化品牌价值

在金融业进行经营模式变革的实践中，企业文化作为一种现代管理科学理论，其实质是一种以经营管理为载体的企业经营性、竞争性文化，是企业的经营竞争哲学。对于正处在成长发展中的大多数中小城商行而言，正确认识企业文化的这一本质属性，进一步加强企业文化管理、完善企业文化建设，对提升核心竞争力、强化发展的内在驱动力和提升经营业绩，具有十分重要的意义。

（1）注重塑造企业核心价值观。城商行应着力挖掘自身文化，总结长期积淀形成的优良传统和经营风格，挖掘宝贵的文化资源，确定企业文化建设目标和内容，提出正确的经营管理理念。

（2）重点打造核心品牌文化。在激烈的同质化市场竞争中，城商行应结合自身的优势和特色，注重创新型、差异型的品牌文化建设，持续打造核心竞争力。

（3）加强核心价值体系建设。城商行应努力在内部形成统一的指导思想、共同的理想信念、强大的精神支柱、完善的金融职业道德规范。

（4）充分体现以人为本的理念。城商行应牢固树立"以人为本"的思想，把尊重人的个性、关注人的价值、激发人的潜能，作为企业文化建设的根本点和立足点，形成上下同心、共谋发展的良好氛围。

（5）实现企业和员工融合发展。企业和员工的融合统一是增强企业发展壮大的强大动力。城商行应正确处理好企业与员工的关系、领导与员工的关系，强化企业文化建设中的领导责任。形成"积极进取、团结向上、齐心协力、共同作为"的良好氛围，使城商行在市场经济的大潮中立于不败之地。

3. 切实强化党的核心领导地位

（1）发挥党的领导核心作用。一是在公司治理层面。探索现代金融企业中党组织发挥作用的途径和机制，将发挥党的政治核心作用和思想引领作用与完善公司治理机制有机结合起来，在组织上保驾护航，董事会、监事会和经营班子各司其职、协调制衡，推动企业健康发展。同时，须认清经济新常态下的新形势，结合自身发展实际，不断创新领导体制、决策程序和民主管理制度，在权力制衡上坚持有效制衡、相互制约，在职责范围上坚持清晰界定、路径明确，在工作程序上坚持集体研究、达成共识，不断健全党的领导，完善公司治理，培育公司治理文化。二是在干部与人才选用上。由于金融企业的高风险性特征，更须坚持党的"德才兼备、以德为先"的用人标准。在干部任免、人才选用等重大事项上，须经过党委会研究决定，在重要岗位配备管理人员和选拔人才时，须对备选人员德、才等方面进行综合考评，贯彻党的用人标准，体现党的用人导向。

（2）紧紧依靠地方党委政府。城商行作为地方性商业银行，地方党委政府的大力支持是城商行健康发展的重要保证。城商行应坚持不懈、积极争取地方党委政府的理解和支持。一是在化解历史风险方面，抓住地方经济增长和财政收入提高的机遇，紧紧依靠地方党委政府，积极做好沟通、请示、报告等工作，坚持由地方政府以真金白银置换部分不良资产，推动风险真实有效化解。二是在机构重组改制方面，紧紧依靠地方党委政府的有力支持与指导，加强领导班子队伍建设。三是在信用环境构建方面，紧紧依靠地方党委政府完善信用环境，构建信用体系，为清收不良资产、打击逃废债等工作提供积极支持。四是在服务地方经济发展方面，积极主动向地方政府汇报，做到在政府项目上积极对接，在网点设立上合理布局，真正起到金融支持地方经济发展和服务民生的作用。

告别2015，开启新篇章，城商行将始终秉承攻坚克难、开拓创新、锐意进取的精神理念，在监管部门的正确引导下、在地方党委、政府的大力支持下，顺应我国经济转型和金融改革的时代要求，服务国家重大战略、服务地方经济、服务小微企业、服务城乡居民，为我国经济的健康发展贡献自己的力量；积极推进自身的体制改革、结构调整和转型发展，形成新的核心竞争力；始终坚守资本和风险底线，创新金融产品和服务，协同合作，形成群体合力，培育新的利润增长点。展望未来，城商行将以更加奋发图强的姿态和坚定不移的决心，深耕细作、再创佳绩。

附录一

曹宇副主席在2016年城市商业银行年会上的总结讲话

（2016年9月23日）

银监会党委对城商行发展和监管工作十分重视。昨天，尚福林主席亲自到会做了重要讲话，全面深刻地分析了当前的形势，指出了城商行存在的问题，明确了城商行转型发展的方向，具有很强的指导性，大家要深刻领会、全面落实。在昨天下午的专题讨论中，各位嘉宾发表了许多很有价值的观点，刚才，专家还就宏观形势做了专题报告，希望大家认真学习思考。总的看，本次会议开得很紧凑、很成功，取得了预期效果。在这里，我做一个简要总结，主要谈五点看法。

一、关于城商行在我国金融体系中的地位

城商行是由城信社改制而来。21年来，经过化解风险、更名转制、引资重组、转型发展，城商行的综合实力、市场竞争力以及社会影响力均已发生深刻变化，站在了新的历史起点。城商行的发展，丰富了我国多层次金融机构体系，促进了银行业竞争，为服务地方经济、服务小微企业、服务城乡居民作出了重大贡献。

第一，城商行是我国银行体系的重要组成部分。城商行机构多，分布

广，定位明确，是我国银行体系中最具活力和成长性的机构之一。近五年来，城商行一直保持快速发展态势。截至2016年6月末，全国133家城商行资产规模达25.2万亿元，较五年前增长近1.9倍，年均增速近40%；资产总额在商业银行中占比15.4%，较五年前提高4.6个百分点，年均增速近8.5%。各项贷款余额9.5万亿元，各项存款余额15.6万亿元，较五年前均增长近1.4倍，年均增速近30%。主要监管指标保持良好，主要经营指标增速好于商业银行平均水平。全球前一千家银行按一级资本排名，入围城商行已达73家，占我国商业银行上榜总数的61.3%。城商行营业网点达1.4万个，县域机构覆盖率63%，从业人员37万。这些指标和变化，显示出城商行旺盛的生命力和强劲的市场竞争力。

第二，城商行是服务小微企业的生力军。小微企业是带动社会就业的主渠道，也是城商行的主要目标客户群。多年来，城商行紧紧围绕小微金融服务，建立六项机制，落实四单原则，设立专营机构，创新产品模式，改善信贷流程，建设技术平台，提升风险管控能力，已经探索出小微金融服务的有效模式。有的银行通过加强基层银行与基层党组织"双基联动"，借助基层政府，降低信息成本，为客户增信，为银行降险，有效推动普惠金融发展。截至2016年6月末，城商行小微企业贷款余额4.2万亿元，占商业银行小微贷款总规模的22%，小微企业贷款占其各项贷款的43.6%，高于商业银行平均水平；小微企业贷款增速、户数及申贷获得率持续多年实现"三个不低于"目标。特别是在扶贫工作方面，城商行充分发挥地缘人缘优势，完善网点布局，创新工作机制，开发扶贫产品，让利于民，补短板、建机制、破难题，主动打通金融服务最后一公里。如保定银行围绕做好金融扶贫这篇大文章，积极投身金融扶贫工作，探索建立金融扶贫长效机制与可持续模式，坚持了5年，成效显著。习近平总书记在保定阜平县考察扶贫开发工作时指出："我们看到顾家台村，在保定银行驻村干部对口帮扶下，发生了一些可喜变化。"这是对城商行金融扶贫工作的高度肯定和极大鼓励。

二、关于城商行的发展

近年来，经济快速发展，为城商行提供了良好的发展机遇。银监会高度关注和支持城商行发展，积极呼吁各方面给予城商行平等的发展机会。同时，在监管政策方面积极予以引导，支持城商行从投贷联动、综合化经营、不良资产收益权转让等多方面探索试点，实现多元化发展。当前，我国经济发展进入新常态，经济发展长期向好的基本面没有变，经济韧性好、潜力足、回旋余地大的基本特征没有变，继续增长的良好支撑基础和条件没有变，经济结构调整优化的前进态势没有变。城商行要看清形势，顺应大势，在坚持"立足当地、服务当地"这一基本定位的基础上，按照昨天尚主席提出的转型路径，加快转型发展。

第一，要与时代发展同步。互联网时代需要相匹配的金融服务。随着互联网、大数据、移动支付等新技术发展，人们的生产、生活、消费方式均已发生深刻变化，经济运作方式改变了，对银行业服务的需求也相应改变了，银行服务手段、方式、效率必须进行相应调整。城商行要适应时代变化，保持与时代同步，利用电子信息和互联网技术，改造传统服务，提供新兴服务，提升服务质效，拓展服务时间与空间，提升服务便捷性、及时性和可获得性。

另一方面，互联网技术为城商行发展提供了新的契机。互联网技术的运用突破了传统银行经营区域的限制。如江西银行合并设立后，推出手机离线支付产品，在当地公共交通领域实现了手机银行闪付功能，广受好评。微众银行推出小额消费贷款产品"微粒贷"，产品通过网络覆盖了全国31个省市、300多个城市。目前，131家城商行开展了网上银行，118家行开通了手机银行服务，44家开通了直销银行业务，占比分别达到98.5%、88.7%和33.1%。当前，银行服务电子化、网络化、自动化趋势明显，城商行要继续加大科技投入力度，整合科技资源，大力发展网上银行、直销银行、电子银行、手机银行等新服务，提升服务效率，降低服务成本，扩大服务空间，拓展服务的广度和深度。此外，会议期间协会发布的几份报告都很有参考价值，协会要继续深入研究，城商行、特别是领头羊的城商行也要继续加大对协会工作的支持，共同做好研究工作。

第二，要与政策导向同步。城商行发展要主动适应政策变化，提高政策敏感性，做到与政策导向同步。

一是适应发展方式转变发展消费金融。中央强调，要发挥消费的基础作用。当前，我国国民经济增长已由投资和外贸拉动，转变为内需消费为主，2015年消费对国民经济增长的贡献率达到66.4%。城商行要主动适应经济增长动力的变化，充分发挥地缘、人缘优势，创新产品和服务，大力发展消费金融，助推消费升级。目前，城商行个人消费贷款占个人贷款的比重达到45%。银监会支持符合条件的城商行设立消费金融公司，发挥协同效应，拓展消费金融服务功能。

二是试点投贷联动支持创新驱动。创新驱动是供给侧结构性改革的核心，城商行要主动适应产业政策支持创新驱动。前不久，银监会会同有关部门在5个地方开展了投贷联动试点，城商行发挥特定区域经营的优势，成为参与试点银行法人数最多的板块，城市银行部要继续协调做好这项工作。随着试点范围的扩大，还会有越来越多的城商行投入到投贷联动试点中来。相关银行要积极探索，通过设立投资功能子公司、科技金融专营机构等形式，或者利用已有渠道，开展科创企业信贷、投资等金融服务，以投资收益抵补信贷风险，为科创企业提供持续资金支持。风险分担和机构隔离是投贷联动的关键，要及时总结试点经验，研究探索投贷联动有效模式，充分发挥银行对技术创新的助推作用。

三是积极服务三大区域发展战略。城商行要积极参与服务"一带一路"、"京津冀协同发展"和"长江经济带"三大区域发展战略，探索服务地方经济与服务区域经济的有效结合点，支持铁路、公路、高新科技园区、棚户区改造、保障性安居工程等国家重点建设项目。要积极推动城商行之间的合作，打造层级更高、服务范围更广阔的合作平台，通过参与银团贷款、业务合作等方式，在立足服务地方经济发展的同时，积极参与到国家区域发展战略中来。

第三，要与自身能力同步。将本求利是商业活动的基本规则。"没有金刚钻，别揽瓷器活"。金融是高风险行业，银行发展的规模和业务复杂程度，要与自身的实力和管理能力相匹配。

城商行的特点是机构多、差异大，有的银行资产已近两万亿元，有的不到一百亿元资产，不同银行具有不同的比较优势，应当选择不同的发展模式。具备条件的城商行，可以探索多元化发展，审慎试点综合化经营，发挥协同效应，拓展服务功能。不具备条件的城商行，可以通过联合发展，克服单兵作战能力不强的缺点，分享行业发展的红利。目前，部分城商行已建立了流动性互助、信息交流、业务合作等多种互助合作平台，如浙江、河北等地的流动性互助平台、天津银行环渤海银银合作平台、山东城商行合作联盟、哈尔滨银行中俄金融联盟、青岛银行一带一路金融联盟等。

银监会支持城商行之间开展多种形式和更深层次的合作，抱团发展。要探索运用市场化手段，推动互帮互助、联合发展，实现共同进步。一是流动性互助合作。在地方性流动性互助平台试点基础上，要探索建立区域性流动性互助平台，提高区域性风险防御能力。二是技术合作。IT技术和系统是城商行的短板，投入不少，但低水平重复建设多，有必要搭建信息科技合作平台，加强技术交流与共享，提高技术保障水平，避免重复建设。刚才，协会发起建立城商行金融科技合作平台倡议，这是一个很好的开始，争取早日开花结果。这方面部分具备条件的银行走在前面，协会要推进市场化的合作，不搞行政摊派。三是产品合作。搭建产品合作平台，共同推动产品服务创新。目前银行普遍反映可贷项目少，存在"资产荒"，城商行既要加强资金方面的互助，又要加强资产方面的合作。

三、关于城商行的管理

合规经营是商业银行稳健发展的前提。目前，城商行合规管理存在一些不足，有些差距还很大，包括合规理念偏差、底线意识不强、规章制度形同虚设、管理技术存在短板、整改问责失之于宽等等。前不久银监会专门召开推进银行业合规管理长效机制建设座谈会，对加强合规管理长效机制建设提出了明确要求，结合"两个加强，两个遏制"回头看工作，强调要强化合规管理长效机制建设，夯实合规制度文化基础，树立自觉合规导向，加强关键环节薄弱环节管理，坚持监管问责到位，建立主动合规文化。银行合规管理的内容很多，这里我强调三点：

第一，加强股权规范化管理。近年来，城商行整体业务发展较快，部分城商行业绩较好，特别是一些新近进行改制重组的城商行，改革红利大，对投资者有较强的吸引力。一些城商行上市后，成为社会资本运作标的。银行业是高杠杆高风险行业，出于保护存款人利益和维护银行体系稳定的需要，世界各国都对银行股东设定了资质要求，监管者要对股东的资金来源、财务状况、资本补充能力和诚信状况进行审查。

根据现行法律法规，城商行的股东应当符合一定的资质条件。对股东的管理，主要有几个方面：一是审查主要股东资质。入股资金应为自有资金，不得以委托资金、债务资金等非自有资金入股，法律法规另有规定的除外。变更持有资本总额或者股份总额5%以上的股东应当经监管部门批准，单一股东及其关联企业持股比例原则上不超过20%（民营银行发起人不超过30%）。二是坚持"两参或一控"。一个股东入股同类银行机构不超过2家，取得控股权只能保留一家。对取得控股权的判断，法规有专门规定。三是履行书面承诺。银行股东要承诺不干预银行的日常经营事务，5年内不转让所持银行股份，持续补充资本，不向银行施加不当指标压力。对上市银行，实行更为严格的监管制度和披露要求。比如，持股达到已发行股份5%的，要严格履行"举牌"程序；持股比例达已发行股份20%的，要补充披露投资者及关联方关系结构、交易价格、资金来源、后续计划等；当收购股份达到已发行股份的30%时，应发出全面收购要约。监管部门和城商行，要主动向社会、向股东宣传相关监管政策，提高工作的主动性，防止股东不合规变化影响城商行稳健发展。最近存在部分投资城商行股权不规范的行为，对出现股权异动的，要第一时间报告地方政府和监管部门。

第二，提高制度执行力。内部管理只有更好没有最好。去年年会上我强调了"精细化"管理，点了上海银行。今年一些银行出了问题，许多都是由于管理不精细不到位所致。2015年以来，城商行发生的案件中，有好几起涉及银行内部管理问题，涉及票据、非法集资、信贷诈骗、存款柜面、违规担保等多个领域，反映出城商行在制度执行力方面有待加强，主要是管理不到位、监督不到位、制度执行不到位、责任追究不到位。这些案件为我们敲响了警钟，大家要引以为戒，要大力加强内部管控，完善业务制度，提高制度执行力，加强合规文化建设，切实防范案件的发生。

第三，加强员工管理。近些年，城商行发展很快，新入职的员工不少是80后90后，这些年轻人逐步走上历史舞台，成为城商行发展事业的重要力量。由于部分城商行发展速度快，新员工的教育和培训相对不够，加之管理跟不上，员工内部作案增多。如何管理员工特别是年轻一代，需要引起各位的高度重视，要研究员工心理和行为，加强理想信念和规矩意识教育，探索有效管理模式，使年轻人尽快成长，为银行健康发展贡献力量。

四、关于民营银行的发展

今年会议有6家民营银行参加，作为一个新板块，社会、监管、市场都很关注。自2014年开展试点以来，首批5家民营银行起步平稳，业务模式、治理架构、系统建设、风控体系初步构建，整体运行审慎稳健。截至2016年6月末，5家民营银行资产总额1149亿元，各项贷款512亿元，不良贷款率0.34%，主要经营指标快速增长，监管指标基本符合要求。新设民营银行工作有序推进，银监会按照"成熟一家，设立一家"的原则，今年又批筹重庆富民银行、四川希望银行和湖南三湘银行3家民营银行。随着工作推进，今后还有一些银行批筹。关于民营银行发展，我想讲三句话：

第一，定位不能变。民营银行在设立之初，已经确定了自己的业务定位，如"个存小贷"、"特定区域"、"公存公贷"、"小存小贷"等，聚焦特定领域，与现有商业银行实现互补发展、错位竞争。试点以来，民营银行发展基本上是符合设立初衷的。当然，一家银行的市场定位不可能事先都想清楚，特色定位还要在市场中不断探索和校正，但必须坚持特色定位。如果定位不清，把民营银行办成一家传统的单点机构，很难在市场上生存发展，社会价值、在金融体系中的价值不大。民营银行要不忘初心、找准定位，特别要保持定力、创新服务，成为一家特色化银行。

第二，探索不能停。中国不缺传统的商业银行，银行业总体上竞争还是非常激烈的。设立民营银行，主要是为了改善银行业的结构，拓展银行业功能，通过设立民营产权、特色定位的银行，弥补传统银行的不足，改善对中小微企业、"三农"和社区的金融服务。民营银行是新生事物，要与时俱进地加强产品、服务和管理模式的探索，拓展互联网金融、普惠金融、科技金融、消费金融等新的蓝海，探索出一条可持续的商业模式，这种探索不能停。应该说，首批试点的民营银行已经做了一些探索，比如有的开展运营系统创新，搭建了独创的运行系统架构，运行维护成本降到传统银行的10%；有的建立批量化流水线式贷款模式，服务种养殖户和农村小微经营者；有的探索推进科创金融服务。创新是做别人没有做过的事，风险大，失败概率也高，监管部门和民营银行股东要转变观念、提高容忍度，允许试错、容忍失败，支持民营银行大胆创新。针对试点过程中存在的问题，各监管部门要及时进行研究和回应，适时总结试点经验，完善体制机制，为民营银行发展创造良好的制度环境。

第三，风险不能松。民营银行运作时间不长，也暴露出一些风险隐患和问题，目前看主要表现在以下三个方面。一是股权不稳定。有的股东短期入股后即出售银行股权，有的股东在银行获批后立即转让股权，改变民营企业属性，有的股东面临司法纠纷，存在强制拍卖执行银行股权的隐患。要加强股东管理，提高股权稳定性。二是业务不稳定。一些民营银行表外业务增长过快，盲目开展理财业务，负债来源过于依赖同业与股东，资产负债错配严重，投资远远高于贷款，信用风险、流动性风险、操作风险以及信息网络安全风险隐患较大。要遵循银行的基本规则和规矩，加强业务稳定性管理，坚守风险底线，确保可持续发展。三是管理层不稳定。个别银行高管变换频繁，说明民营银行的企业文化、经营理念仍需磨合。高管班子相对稳定，才能坚守战略定位，才能一张蓝图绘到底。办银行是打造"百年老店"，要从容一些，保持战略定力。不是"看谁跑得快"，而是"看谁跑得远"，实现长期稳健发展。

五、关于城商行的监管

近年来，银监会持续推进简政放权、放管结合、优化服务，不断提高监管水平。同时，注重保持监管政策的连续性、稳定性，坚持法人监管，坚持属地监管，坚持风险监管，坚持依法监管，努力为银行发展创造良好的监管环境。当前，机构和市场快速变化，城商行发展面临不少风险隐患。要继续坚持寓监管于服务之中，坚持风险为本，强化分类监管，严守风险底线。城商行的风险点很多，这里我特别强调以下两点：

第一，强化信用风险管控。信用风险是城商行面临的主要风险。从账面数据看，城商行不良贷款比例还不算高，但从动态趋势看，资产质量下降的压力相当大。城商行不良贷款连续四年双升，关注类贷款和逾期90天以上贷款余额增长快，贷款分类偏离度较大。有的银行通过各种渠道将不良资产虚假转移出表，有的开展不良贷款互持，掩盖真实信用风险。

对于当前的信用风险，要从两个方面采取措施。一是支持多种方式化解不良。通过信贷资产流转、不良资产收益权转让、核销、市场化债转股、债务重组等措施消化存量，采取贷款重组、重签合同、收回再贷等方式减少增量，通过信贷资产流转平台批量转让不良贷款，利用市场化手段处置不良资产。近日，江苏银行通过银登中心，开展了首单不良资产收益权转让业务，就是很好的尝试。下一步，地方资产管理公司管理会进一步放开，丰富功能，成为化解不良的新渠道。城商行要在此方面加强与地方政府、机构的合作。二是支持加快补充资本。截至2016年6月末，城商行的平均资本充足率为12.29%，低于商业银行平均水平0.85个百分点。资本补充是增强风险抵御能力的重要手段，通过多渠道补充资本，可以增强城商行发展后劲，提振市场信心。要支持城商行引进合格股东进行增资扩股，支持发行新型资本工具和二级资本工具，支持符合条件的银行在境内外上市融资。

　　第二，强化高风险机构处置工作。目前，城商行共有6家高风险机构，既有历史形成的，也有新风险所致。与2011年的27家相比，高风险机构数量明显减少。6家高风险机构资产风险大、资本实力弱、公司治理和内部管理不规范，需要联动政府、股东等各方力量，一行一策，有针对性地采取措施推动解决。主要办法是三个字：一是"保"，保储户利益。要加大高风险机构的流动性等风险监测力度，积极运用存款保险等制度，严守风险底线，维护社会稳定。二是"增"，增资扩股。重点要协调地方政府和主要股东，解决资本补充问题，增强自身抗风险能力。三是"推"，推动重组处置。目前，从政策面上，城商行还是不允许跨区域发展的，但参与化解高风险机构的除外。银监局要利用现有政策，推动地方政府解放思想，做好增资扩股和新的战略投资者引进工作，通过开展股权合作，化解银行风险。同时，探索适合本地的重组方式，不求所有，但求所在，实现地方金融的长治久安。

　　同志们，站在新的历史起点，城商行要不忘初心、与时俱进，深入推进改革发展，切实加强风险管控，全力支持供给侧结构性改革，积极落实"三去一降一补"任务，为全面建成小康社会作出更大的贡献！

附录二

稳中求进、稳中求优、稳中求新①
——城商行2015年年报分析

本报告为中国银行业协会城商行工作委员会编撰的首份城商行年报分析报告，通过对城商行2015年年度报告的分析，总结城商行2015年的经营特点及业务发展情况，研究城商行如何面对挑战，并对其未来发展趋势进行展望。本分析报告覆盖了已公开发布2015年年度报告或年度报告摘要的109家城商行，有个别城商行尽管公布了2015年年报摘要，但由于披露的财务指标不全而没有纳入分析范围。这些城商行（以下简称"样本城商行"）2015年末的资产总额为人民币221119亿元，占全部133家城商行资产总额的97.5%；2015年末的负债总额为人民币206256亿元，占全部133家城商行负债总额的97.6%；2015年度净利润为人民币1901亿元，占全部133家城商行净利润的95.3%。通过对上述城商行年报的分析，可以看出城商行在2015年经受住了考验，站稳了脚跟，体现了"稳中求进、稳中求优、稳中求新"三大特点。

---

① 中国银行业协会城商行工作委员会年报分析小组成员：指导：江苏银行陆岷峰、上海银行张吉光。执笔：安永华明会计师事务所（特殊普通合伙）许旭明、陈露。数据整理：莱商银行刘纯琪。组织协调：中国银行业协会中小银行服务部叶晴、朱童、齐丽荣、侯哲、杜峰、曲艺、杨虹。

一、规模持续稳定增长　盈利增速高于同业

（一）资产市场份额上升

2015年末，城商行资产总额为22.68万亿元，较2014年末的18.08万亿元增长25.4%，高于全部银行业金融机构15.7%的增长水平，占全部银行业金融机构的比重由2014年末的10.5%提高到11.4%，市场份额进一步扩大。从纵向比较来看，城商行2015年的资产增速呈上升趋势，比2014年19.1%的增速上升了6.3个百分点；从不同类型的银行横向比较来看，城商行2015年的资产增速高于大型商业银行和股份制商业银行（见图1）。

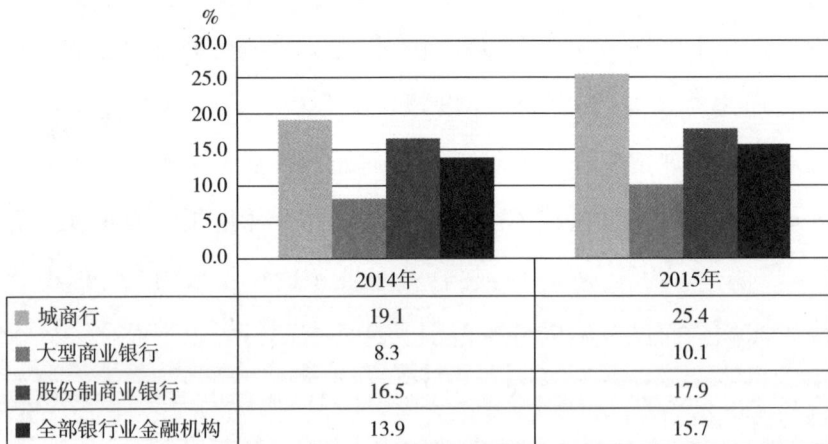

	2014年	2015年
城商行	19.1	25.4
大型商业银行	8.3	10.1
股份制商业银行	16.5	17.9
全部银行业金融机构	13.9	15.7

数据来源：中国银监会。

图1　城商行总资产增速与同业比较

（二）负债持续稳定增长

2015年末，城商行的负债总额为21.13万亿元，较2014年末增长25.5%，高于全部银行业金融机构15.1%的增长水平，占全部银行业金融机构的比重由2014年末的10.5%提高到11.5%。从纵向比较来看，城商行2015年的负债增速呈上升趋势，比2014年18.7%的增速上升了6.8个百分点；从不同类型的银行横向比较来看，城商行2015年的负债增速高于大型商业银行和股份制商业银行（见图2）。

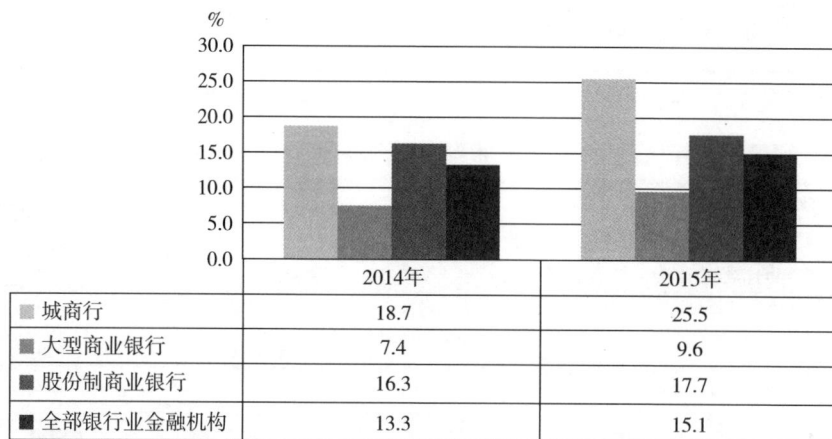

	2014年	2015年
■ 城商行	18.7	25.5
■ 大型商业银行	7.4	9.6
■ 股份制商业银行	16.3	17.7
■ 全部银行业金融机构	13.3	15.1

数据来源：中国银监会。

图2　城商行总负债增速与同业比较

（三）贷款增速高于同业

2015年末，城商行的贷款总额为8.66万亿元，较2014年末增长17.3%，高于全部银行业金融机构平均14.5%的增长水平，城商行的贷款占全部银行业金融机构的比重由2014年末的8.5%提高到8.7%。从纵向比较来看，城商行2015年的贷款增速相比2014年小幅下降了0.9个百分点；从不同类型的银行横向比较来看，城商行2015年的贷款增速高于大型商业银行和股份制商业银行（见图3）。

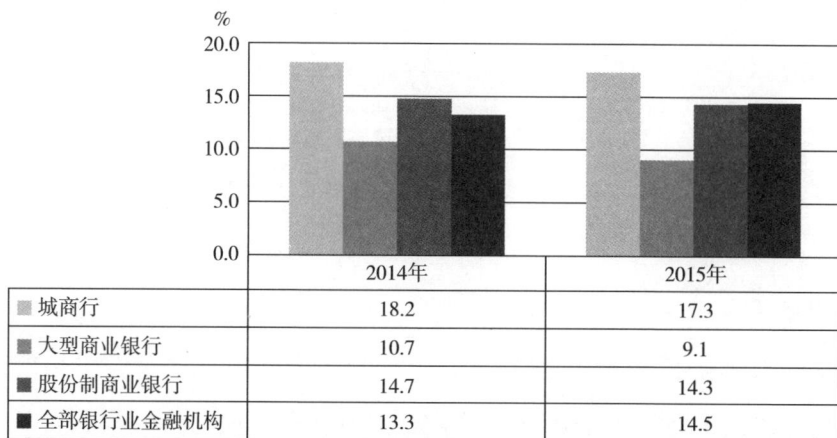

	2014年	2015年
■ 城商行	18.2	17.3
■ 大型商业银行	10.7	9.1
■ 股份制商业银行	14.7	14.3
■ 全部银行业金融机构	13.3	14.5

数据来源：城商行及全部银行业金融机构贷款增长率根据银监会的数据计算；大型商业银行及股份制商业银行贷款增长率根据各家银行年报披露数据计算。

图3　城商行贷款增速与同业比较

（四）存款增速继续提升

2015年末，城商行的存款总额为14.16万亿元，较2014年末增长17.6%。从纵向比较来看，城商行2015年的存款增速相比2014年上升了2.8个百分点；从不同类型的银行横向比较来看，城商行2015年的存款增速高于大型商业银行和股份制商业银行（见图4）。

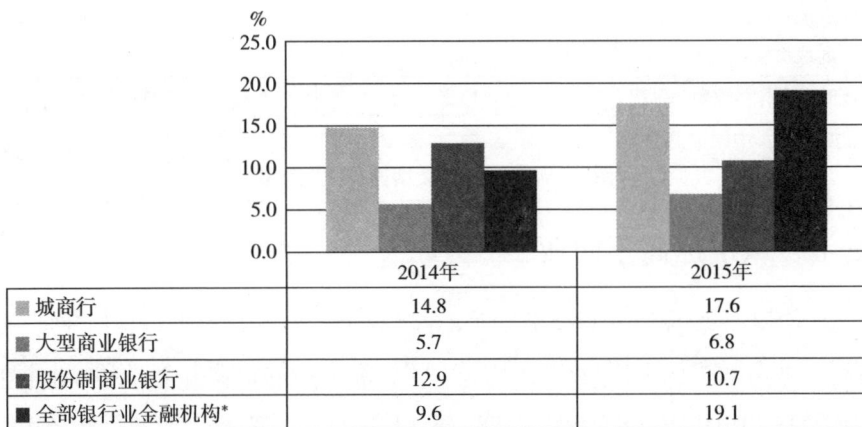

%	2014年	2015年
■ 城商行	14.8	17.6
■ 大型商业银行	5.7	6.8
■ 股份制商业银行	12.9	10.7
■ 全部银行业金融机构*	9.6	19.1

数据来源：城商行及全部银行业金融机构存款增长率根据银监会的数据计算；大型商业银行及股份制商业银行存款增长率根据各家银行年报披露数据计算。

注：*全部银行业金融机构的存款口径为监管口径。自2015年起，中国人民银行调整存贷统计口径，将非存款类金融机构存放在存款类金融机构的款项纳入"各项存款"统计口径。因此，2015年末存款数据与上年末不可比，据此计算的全部银行业金融机构2015年度存款增长率与城商行、大型商业银行和股份制商业银行的增长率亦不可比。

图4　城商行存款增速与同业比较

（五）盈利能力保持稳定

2015年，城商行净利润持续增长，达1994亿元，增速为7.2%，高于全部银行业金融机构2.4%的增速。净利润占全部银行业金融机构的比重由2014年度的9.65%上升至2015年度的10.10%。从横向比较来看，城商行2015年的净利润增速较2014年的13.3%下降了6.1个百分点；但从不同类型银行横向比较来看，城商行2015年的净利润增速高于大型商业银行和股份制商业银行（见图5）。

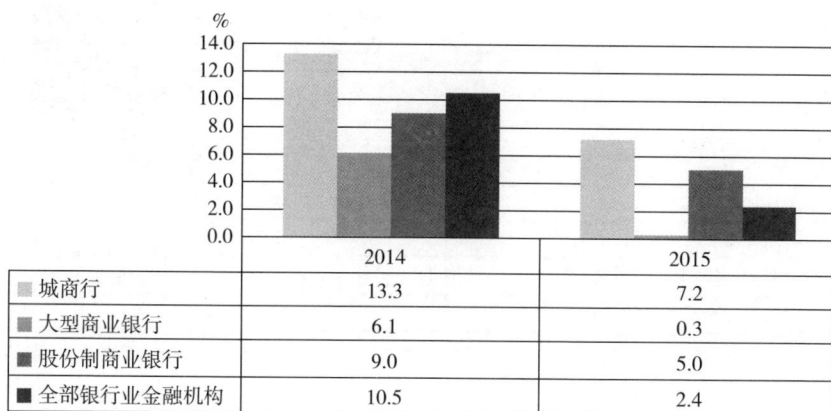

	2014	2015
城商行	13.3	7.2
大型商业银行	6.1	0.3
股份制商业银行	9.0	5.0
全部银行业金融机构	10.5	2.4

数据来源：中国银监会。

图5　城商行净利润增速与同业比较

二、资产质量控制较好　业务结构持续优化

（一）资产质量位居同业较好水平

受宏观经济环境影响，银行业整体资产质量下降，不良贷款额及不良贷款率上升。城商行在推进业务持续发展的同时，加强信贷风险防控，夯实资产质量。2015年末，城商行的不良贷款率为1.4%，比年初上升0.2个百分点。从横向比较来看，城商行2015年末的不良率及当年不良率上升幅度均低于大型商业银行和股份制商业银行，也低于全部银行业金融机构（见图6）。

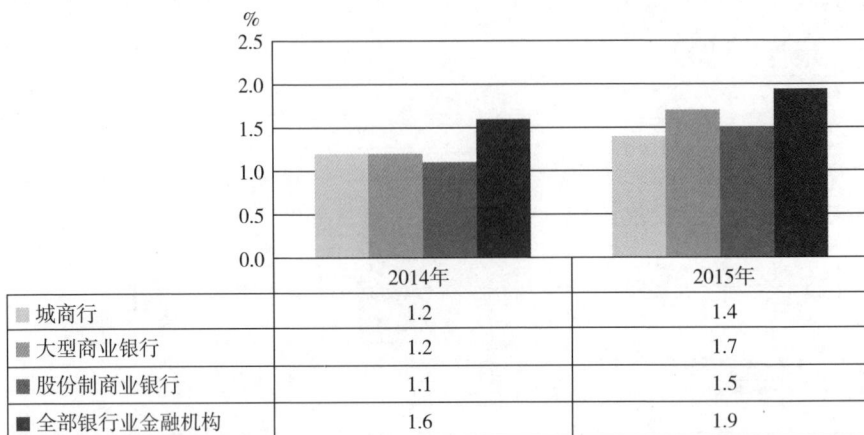

%	2014年	2015年
城商行	1.2	1.4
大型商业银行	1.2	1.7
股份制商业银行	1.1	1.5
全部银行业金融机构	1.6	1.9

数据来源：中国银监会。

图6　城商行不良贷款率与同业比较

为应对不良贷款率的上升，城商行在2015年加大拨备计提力度。根据样本城商行的数据统计，2015年计提资产减值损失金额比2014年增加50%。2015年末，全部133家城商行的拨备覆盖率为221%，比大型商业银行高出49个百分点，比股份制商业银行和全部银行业金融机构高出40个百分点（见图7）。

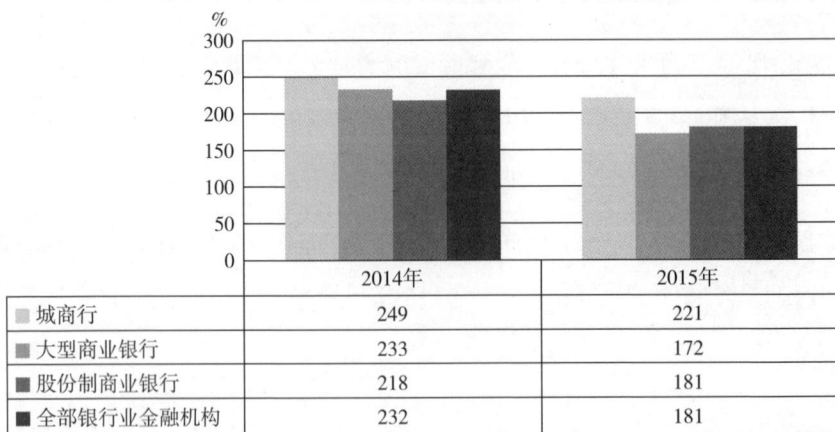

%	2014年	2015年
城商行	249	221
大型商业银行	233	172
股份制商业银行	218	181
全部银行业金融机构	232	181

数据来源：中国银监会。

图7　城商行拨备覆盖率与同业比较

（二）资本实力进一步增强

2015年，城商行除了通过留存利润的方式增加资本以外，还积极通过上市、定向增发、发行二级资本债、优先股多种渠道补充资本，资本充足率水平由2014年末的12.19%提高到2015年末的12.59%，增加了0.4个百分点，增长幅度高于同业水平，资本实力进一步增强（见图8）。

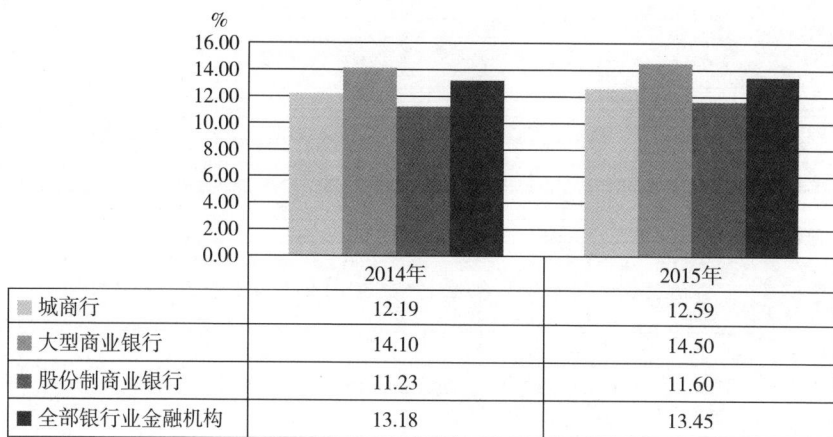

%

	2014年	2015年
城商行	12.19	12.59
大型商业银行	14.10	14.50
股份制商业银行	11.23	11.60
全部银行业金融机构	13.18	13.45

数据来源：中国银监会。

图8　城商行资本充足率与同业比较

2015年，锦州银行、青岛银行、郑州银行三家城商行先后成功在香港H股上市；齐鲁银行在新三板挂牌。除上市筹资外，部分城商行还通过定向增发和发行优先股筹资，以提高一级资本充足率。如宁波银行、北京银行、南京银行、齐鲁银行先后发行优先股，补充一级资本。重庆银行向上汽集团、生命人寿定向增发4.2亿股H股；上海银行向TCL集团等定向增发募资成功；厦门国际银行向福建高速增发募资10亿元。

2015年，城商行共发行1124亿元二级资本债，较上年增长172.55%，占银行业的42.31%。城商行成为在银行间市场发行二级资本债的主力军。

（三）业务结构持续优化

1.贷款比重下降　非信贷资产比重上升

2015年，城商行的信贷资产保持稳定增长。样本城商行2015年末的贷款余额比2014年末增长17.6%。与此同时，非信贷资产快速增长，应收款项类投资的增长尤为迅速，2015年末的余额比2014年增长了56.5%（见图9）。

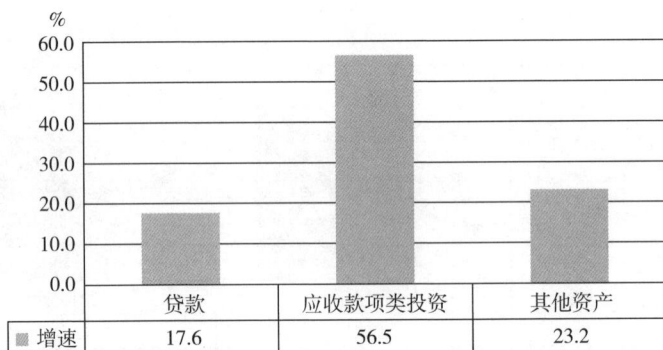

	贷款	应收款项类投资	其他资产
增速	17.6	56.5	23.2

数据来源：根据各城商行年报统计。

图9　城商行2015年各项资产增速比较

受此影响，贷款占总资产的比重由2014年末的41%下降至2015年末的39%，应收款项类投资由2014年末的15%上升至2015年末的18%，其他资产由2014年末的44%下降至2015年末的43%（见图10和图11）。

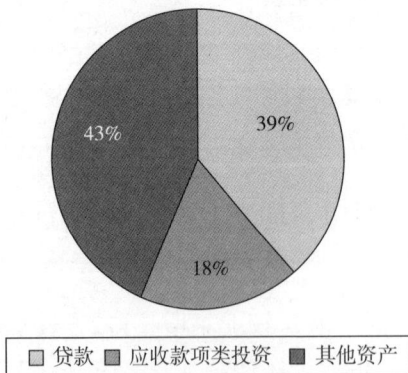

□ 贷款　■ 应收款项类投资　■ 其他资产

数据来源：根据各城商行年报统计。

图10　城商行2015年末资产结构

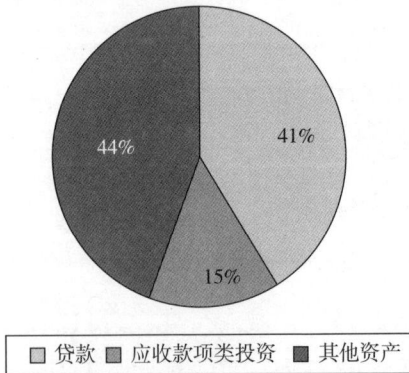

□ 贷款　■ 应收款项类投资　■ 其他资产

数据来源：根据各城商行年报统计。

图11　城商行2014年末资产结构

（1）贷款

城商行的贷款以公司贷款为主，个人贷款的比重较低。2015年，城商行持续优化贷款结构，加大对零售业务的拓展力度，2015年末的个人贷款余额比2014年末增长21%，高于公司贷款（不含贴现）14%的增速。个人贷款占贷款总额的比重由2014年末的19%上升至2015年末的20%，公司贷款的比重由2014年末的74%下降至2015年末的71%。此外，由于票据业务资金化运作的灵活性和流通性，贴现的比重由2014年末的7%上升至2015年末的9%。值得关注的是，2015年以来商业银行发生了若干起票据案件，反映出票据业务可能存在较高的操作风险。未来城商行需进一步优化贷款结构，加强对票据贴现和转贴现业务的风险控制（见图12和图13）。

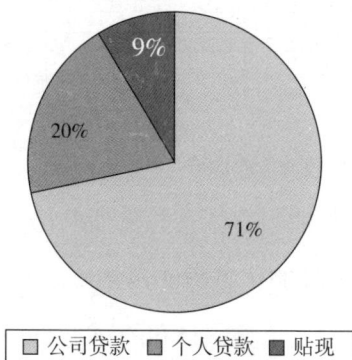

数据来源：根据各城商行年报统计。

图12　2015年末城商行贷款结构

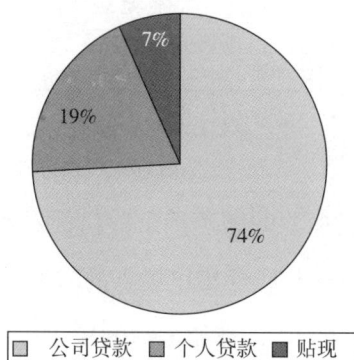

数据来源：根据各城商行年报统计。

图13　2014年末城商行贷款结构

（2）应收款项类投资

应收款项类投资主要核算城商行持有的信托收益权、资管计划、他行发行的理财产品等。随着利率市场化的进一步深化，存贷利差收窄，贷款增速放缓，面对资金和利润的压力，城商行积极探索新的资金投资方向，将资金投向了相对利率较高的应收款项类投资。应收款项类投资补充了城商行相对单纯的投资渠道和利润来源，提高了城商行的盈利能力，但值得关注的是，大部分应收款项类投资的风险主要体现为企业的信用风险，相对同业业务风险更高，对城商行的风险防控提出了更高的要求。

2. 存款比重下降 应付债券比重上升

2015年，城商行的存款保持平稳增长，2015年末的存款余额比2014年末增长17.8%；与此同时，应付债券快速增长，2015年末的余额比2014年末增长237.9%；其他负债增长25.5%（见图14）。

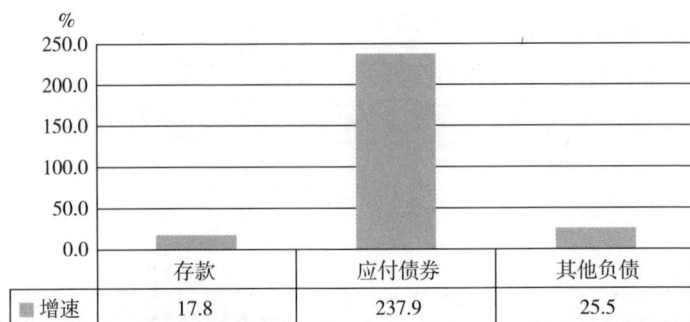

数据来源：根据各城商行年报统计。

图14　城商行2015年各项负债增速比较

由于存款的增速慢于应付债券和其他负债，存款占总负债的比重由2014年末的71%下降至2015年末的67%，应付债券的比重由2014年末的3%上升至2015年末的7%，其他负债的比重保持26%不变（见图15和图16）。

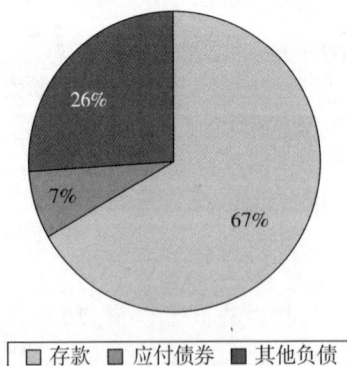

数据来源：根据各城商行年报统计。

图15　城商行2015年末负债结构

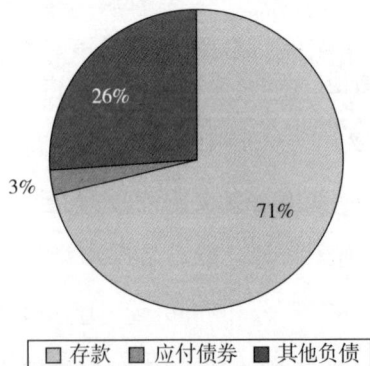

数据来源：根据各城商行年报统计。

图16　城商行2014年末负债结构

（1）存款

城商行各项存款中定期存款约占一半，其次分别为活期存款、保证金存款和其他存款。2015年，活期存款和定期存款保持均衡增长，2015年末的余额均比2014年末增长20%。保证金存款一般与表外授信业务相关，2015年末保证金存款余额比2014年末减少2%，一定程度上反映了表外授信业务的增长承压。其他存款主要包括应解汇款及汇出汇款、财政性存款以及发行的保本理财产品。2015年末，其他存款余额较2014年末增长了30%，主要是城商行加大保本理财产品发行力度所致。

受上述因素影响，城商行2015年末活期存款所占比重与2014年末相比保持38%不变，定期存款的比重由49%上升至50%，保证金存款的比重由10%下降至8%，其他存款的比重由3%上升至4%（见图17和图18）。

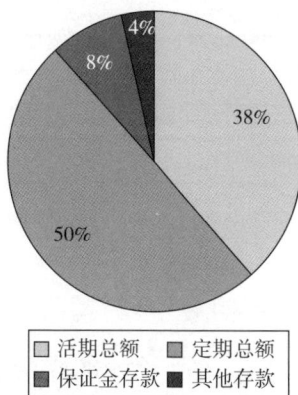

数据来源：根据各城商行年报统计。

图17 城商行2015年末存款结构

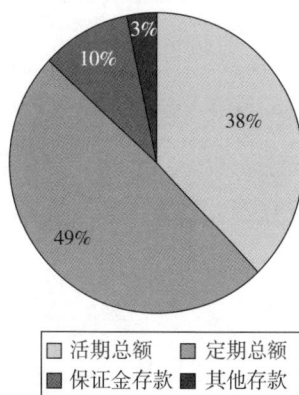

数据来源：根据各城商行年报统计。

图18 城商行2014年末存款结构

（2）应付债券

除了继续保证存款增长、优化存款结构外，城商行积极拓展资金来源渠道，发展非存款负债工具。2015年，城商行大力推动次级债、二级资本债、同业存单和包括小型微型企业贷款专项金融债在内的金融债的发行，应付债券余额快速增长，应付债券在负债中的占比由2014年年末的3%升至2015年年末的7%。值得关注的是，由于应付债券项目大部分是通过货币市场筹集，利率敏感性相对较高，对城商行的流动性管理能力和利率风险管理能力提出了更高的要求。

（四）收入结构逐步改善

受利率市场化影响，城商行净息差收窄，利息净收入增长放缓。2015年度，城商行净利息收入增速为11.7%，而手续费及佣金净收入增速为33.7%，其他收入增速为47.9%（见图19）。

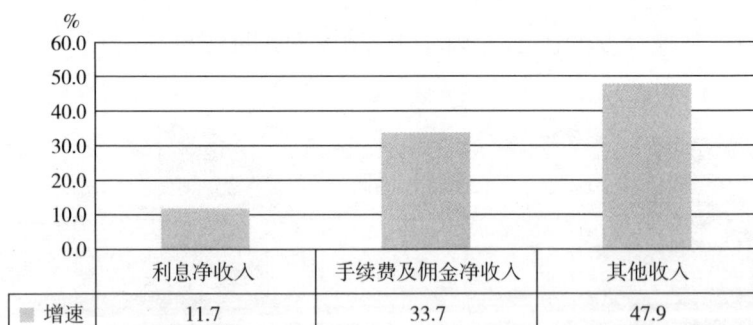

	利息净收入	手续费及佣金净收入	其他收入
增速	11.7	33.7	47.9

数据来源：根据各城商行年报统计。

图19 2015年城商行各项收入增速比较

受此影响，利息净收入占营业收入的比重由83.7%下降至80.3%，而手续费及佣金净收入占比由8.4%上升至9.7%，其他业务收入占比由7.9%上升至10.0%（见图20和图21）。

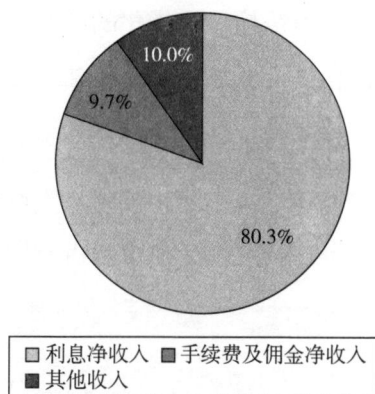

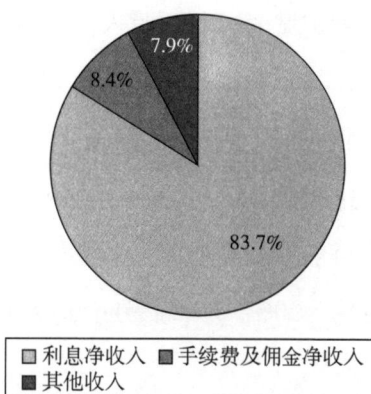

数据来源：根据各城商行年报统计。　数据来源：根据各城商行年报统计。

图20　城商行2015年度收入结构　　图21　城商行2014年度收入结构

手续费及佣金净收入的增长主要得益于城商行积极应对利率市场化，大力推动业务转型，在银行卡业务收入保持稳定增长的同时，投行、大资管等新型中间业务持续高速增长，手续费及佣金净收入占营业收入的比重上升。

其他收入主要是投资收益。2014年人民币债券收益率相对平稳，债券投资公允价值波动不大。而2015年人民币市场收益率震荡下行，债券公允价值水平呈整体上升趋势，城商行抓住市场机会，通过处置可供出售类债券投资获取价差收益，使投资收益较2014年大幅增加（见图22）。

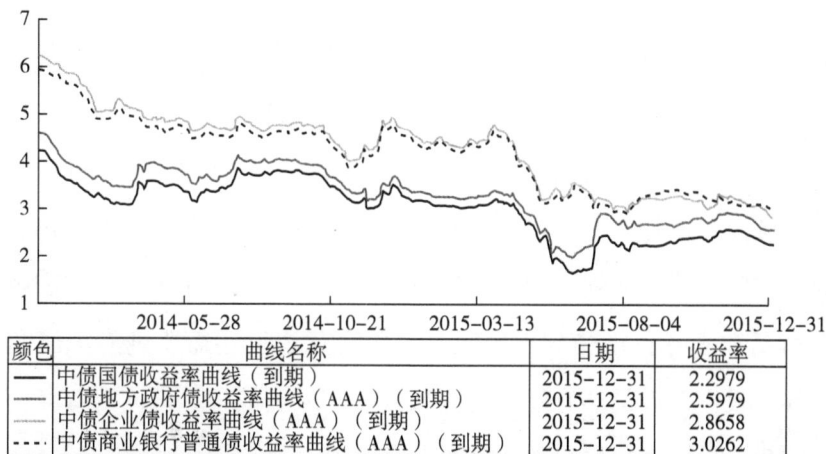

颜色	曲线名称	日期	收益率
——	中债国债收益率曲线（到期）	2015-12-31	2.2979
——	中债地方政府债收益率曲线（AAA）（到期）	2015-12-31	2.5979
——	中债企业债收益率曲线（AAA）（到期）	2015-12-31	2.8658
----	中债商业银行普通债收益率曲线（AAA）（到期）	2015-12-31	3.0262

数据来源：中国债券信息网。

图22　债券收益率曲线

在肯定城商行各项收入占比更加均衡、收入结构持续优化的同时，也需注意到，2015年城商行非息业务的快速增长相当一部分是受益于债券市场，这部分收入来源受市场情况变化的影响，具有不确定性。未来城商行需进一步拓展中间业务，增加手续费及佣金净收入的比重，提高非息收入来源的稳定性。目前大型商业银行和股份制商业银行手续费及佣金净收入占营业收入的比重约为20%，城商行还有很大的发展空间。

三、探索业务模式创新　持续推进转型发展

2015年，城商行在保持业务稳定增长的同时，大力推动新产品和新业务的发展，寻求新的业务增长点。与此同时，城商行通过尝试新的业务模式，探索新的管理体制，持续推进转型发展。

（一）新业务

2015年，城商行大力推动投行业务和资管业务等新型中间业务发展，中间业务收入占比持续提升。

投行业务主要包括企业投融资顾问、并购重组、银团贷款、债券承销等投资银行业务。随着银行间市场创新业务的开展和公司客户多元化融资需求的出现，各行的投资银行业务被作为应对"金融脱媒"提升中间业务比例的重要手段。城商行主要通过设立专门的投资银行业务部门、团队开展投行业务，也有城商行依托旗下的境外机构平台协助开展投行业务。但是相较大型商业银行和股份制商业银行而言，城商行缺乏开展投行业务的资质和牌照，因此在产品和服务方面受到一定限制，综合化程度还需要进一步研究和拓展。此外，投行业务虽然有助于提高城商行的盈利能力，但同时对城商行的风险管理能力、风险文化和激励机制提出挑战。

随着居民财富的累积，以及对于金融服务日益个性化、主动化的需求增加，城商行利用自身多元化的金融服务渠道和多样性的金融服务产品，在理财产品及服务手续费、资产托管及受托业务、代理及委托业务等"大资管"项目中谋求突破。鉴于城商行立足本地，服务中小企业，服务居民的特点，零售业务为各行发展的一个重点，其中针对家庭和居民个人的财富管理以及私人业务也逐步得到城商行的重视，其服务领域逐渐从金融领域扩展到健康医疗、艺术品收藏和慈善公益等非金融领域。城商行私人银行业务虽然有所增长，但目前尚处于起步阶段，产品更多集中于传统的理财产品和代销产品上，尚需建立完善的产品体系、培养高素质专业化人才、建立适宜的组织架构和管理模式。

（二）新模式

2015年，城商行积极推动业务模式转型，在投贷联动、线上线下结合、第三方合作获客等模式方面进行了有益的尝试。

目前城商行开展投贷联动主要有两种模式：一种是引入风投企业，在科学评估科技创新企业成长风险的基础上，由风投企业提供股权投资，城商行跟随开展信贷投入、管理咨询、投行承销等金融服务；另一种是部分领先的城商行已设立下属基金子公司，由基金子公司进行风险投资后，母行提供其他传统金融服务。2015年10月27日，科技部联合中国人民银行和银监会，选择若干符合条件的国家自主创新示范区和商业银行试点投贷联动，允许试点银行设立投资功能子公司与设立科技金融专营机构，其中独立法人子公司专门负责科技创新企业的股权投资业务，实现"投"端；银行指定专营机构负责债权融资，实现"贷"端，两端结合实现"投贷联动"。2016年4月20日，中国银监会、科技部、中国人民银行确定试点银行名单，北京银行、天津银行、上海银行、汉口银行、西安银行共五家城商行列入首批试点银行。

展望未来，投贷联动有望成为城商行新的业务增长点。

除投贷联动模式以外，城商行尝试运用互联网思维，借鉴互联网金融企业的领先做法，搭建基于网络的金融服务生态。探索建立线上运营、线下体验的运作模式，逐步将原有线下业务迁徙至线上，方便用户体验，提升运营效率，降低银行与用户沟通连接成本，为小微企业服务升级换代打好基础。

另外，城商行主动对接互联网公司、数据公司等第三方机构，开展不同层级的战略和业务合作，拓宽了获客渠道和信息来源，有效解决了银行服务小微企业过程中普遍存在的信息不对称问题，既降低了金融机构的信用风险，又最终实质性地减少了小微企业的融资成本。

（三）新体制

除了尝试新业务和新模式，城商行不断优化体制机制、改进组织形式，向管理要生产力，逐步形成了职能部门、特色（专营）支行、事业部制等三种经营管理模式，通过体制创新，提升经营效率。

2015年，不少城商行采用职能部门模式对小微业务进行管理，在原有的"以块为主"的组织架构基础上，形成"总行有部门、分行有中心、支行有队伍"的专业化管理格局，形成分级管理和条线指导的模式。其中，总行层面设置小微业务部，对小微业务进行全面管理和营销指导；分行设立小微业务中心，在属地区域内实施经营管理；支行设立小微业务专岗，专职开展具体营销工作。

另外，部分城商行积极拓展特色（专营）分支行模式。特色（专营）支行通常选址在小微企业较为集中、产业特征明显的区域，采取专业化、批量化的服务模式，体现规模优势。通过特色（专营）分支行模式与职能部门模式相结合，一方面，两种组织架构的相互配合，一定程度上降低了直接进行事业部制改革的阻力与风险，保持改革步伐相对稳健；另一方面，特色（专营）分支行模式能够充分兼顾目标市场的地域、产业的集中特性，有助于在特定范围内快速提升服务小微能力，赢得市场主动。

此外，部分城商行也在积极探索事业部制改革，将投行业务、理财业务、同业业务等具有竞争力的特色业务独立出来，通过成立事业部进行专业化运营和实行独立考核。

通过对城商行2015年的年报分析可以看出，2015年度，城商行的资产负债规模稳步增长，市场份额进一步扩大；资产负债结构不断优化，业务结构持续改善，利润增速高于同业水平；在推动业务发展的同时，城商行加强风险防控，资产质量优于同业；加大拨备计提力度，拨备覆盖率保持较高水平，增强风险抵御能力；持续补充资本，资本实力进一步加强。此外，城商行通过产品创新、业务模式创新和管理体制创新，持续探索转型发展之路。

展望未来，随着"十三五"规划的实施，"中国制造2025"、"一带一路"、京津冀协同发展、长江经济带等国家战略的推进，加上人民币国际化、新一轮国企改革、普惠金融和互联网金融的发展，城商行将迎来新的发展机遇。城商行需坚持2015年转型发展过程中的有益尝试，创新金融产品和服务，拓展新的业务发展模式，培育新的利润增长点；同时针对2015年发展过程中遇到的问题和障碍，弥补短板，进一步优化业务结构，加强风险管理能力，始终坚守资本和风险底线，实现长期可持续发展。

附录三　城商行品牌产品

北京银行

产品名称： 现金优管家

产品简介： "现金优管家"品牌旗下已搭建完善的现金管理产品体系，即"两个渠道、两个平台、N个拳头产品及N个行业解决方案"。"两个渠道"指企业网银及银企直联渠道；"两个平台"指客户端现金管理系统及银行端现金管理平台；"N个拳头产品"全面覆盖企业资金结算、归集、存管及增值等需求；"N个行业解决方案"涵盖教育、批发零售、财务公司、第三方支付机构、交易平台等行业类企业。北京银行现金管理服务契合客户个性化需求，提供专业化、个性化、综合化解决方案，有效帮助企业管理现金资源、改善流动性状况、降低财务成本和资金风险、增加资金收益。

产品优势：

1. 产品全：产品体系完整，功能强大，涵盖多业务渠道及产品种类，可分为大中型集团、财务公司、中小及小微企业等提供现金管理产品及服务。

2. 专业强：提供系统性行业解决方案，满足客户个性化现金管理需求；业务系统稳定且功能强大，项目实施经验丰富，有效保障服务专业性和高效性。

3. 服务优：由总行级产品团队、分行级服务团队和支行级客户团队提供全方位、持续性现金管理服务，伴随企业成长和财资管理需求升级。

产品标识：

上海银行

产品名称： 结贷一卡通

产品简介： 针对中小企业结算业务频繁等特点，通过以银联标准单位结算卡关联单位结算账户，实现自助机具存取现、转账、POS消费等多项自助结算功能；通过挂接"小企业透支贷"，还可实现透支融资，额度内随借随还、按日计息，有效节约中小企业融资成本。

产品优势：

1. 面向企业，解决"合规性"问题。目前，市场上卡产品基本针对中小企业主个人。结贷一卡通则面向企业，可使企业主个人资金与企业资金有效隔离，有利于小企业从小解决资金往来的合规问题，为未来做大做强、登陆资本市场奠定基础。

2. 与账户联动，解决"结算难"。该卡与账户关联，使企业在日常结算、资金存取、异地消费时只需在自助机具操作，无需柜面排队，尤其为结算频繁企业提供了极大便利。此外，还可解决连锁企业集中收款问题、经常出差企业的备用金管理等问题。

3. 节省财务成本，解决"融资贵"。结贷一卡通透支日利率为万分之二点五和万分之三，是市场上相关产品融资利率的7成左右；尤其是，由于能随借随还、按日计息，降低了企业实际融资成本，大致相当于同类产品3~5成。

产品标识：

江苏银行

产品名称： 税e融

产品简介： "税e融"是江苏银行与江苏国税联手，为正常缴税的小微客户打造的一款"以无担保纯信用为主，可采取各种方式组合为一体"的信贷产品。借助互联网渠道，小微客户仅凭缴税记录即可申请办理，并在线获得贷款额度，实现

"在线申请、网上用款、随借随还"。

产品优势：

1. 易办理：凡正常缴税两年以上的客户均可申请，通过网络申请，简单便捷。

2. 免担保：仅需纳税历史记录作为贷款依据，无须任何担保即可获得融资。

3. 高额度：纯信用方式下，贷款额度最高可达200万元。如客户有其他担保措施的，可通过组合的方式，获得更高额的贷款。

4. 长期限：一次授信额度有效期最长12个月，单笔贷款最长期限为6个月。

5. 省费率：网银实时提款，随借随还，按日计息，最大限度地节约财务成本。

产品标识：

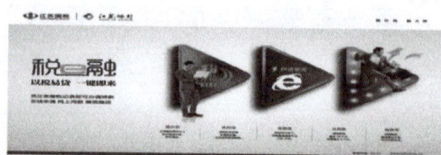

天津银行

产品名称： "金航线"拟上市中小企业服务专案

产品简介： "金航线"服务专案是天津银行重点针对拟上市中小企业在上市过程中的融资需求，从股份制改造、场外市场挂牌，到在创业板、中小板、主板上市的各阶段，特别推出的一整套综合金融服务。根据中小企业的不同需求及自身特点，为其量身设计个性化产品组合，提供全面、高效、优质的管家式服务。

产品优势： 本专案将针对拟上市企业股份制改造、场外市场挂牌，以及企业在创业板、中小板、主板上市过程中的各阶段提供"3+3"模式的金融服务，即三类产品（债权类融资、股权类融资、直融类产品）和三种服务（现金管理、财务顾问、中介机构推荐），具体操作中可通过产品组合和交叉服务，满足拟上市中小企业个性化金融服务需求。

产品标识：

 **晋商银行**

产品名称： 卡易贷

产品简介： 卡易贷是本行自主研发的一款综合消费贷款，借款人以本行的借记卡为支付介质，在最高循环额度及使用期限内，可以通过柜面、ATM、电子银行、网上银行、商户POS等渠道取现、转账或消费，满足客户衣食住行各方面的需求。

产品优势：

1. 手续简便、流程简单。提供"收入证明+公积金证明"就能获得高额贷款。

2. 费用划算、节约成本。免手续费、免年费，仅按实际使用金额和天数收取利息，不用不产生任何费用。

3. 随借随还、循环使用。一次授信、循环使用，在最长3年的有效期内可以多次循环使用贷款，随借随还，还款后于次日恢复授信额度。

4. 用款方便、省时省力；柜台全额提现、ATM随时取现、POS机刷卡消费、手机银行和网上银行实时转账。

产品标识：

 **盛京银行**

产品名称： 快快贷

产品简介： "快快贷"是本行为适应小微企业贷款"小、频、急、快"的融资特点，成功推出包括循环贷、采购贷、置业贷、组合贷、按揭贷、商铺贷、个人经营贷、创业贷、商圈贷9个融资产品，满足不同发展阶段和各种类型小微企业的资金需求。本行为"快快贷"产品开辟小微企业融资绿色通道，优化审批流程，实行"一站式、标准化"的服务流程，践行"柜台受理、三天答复、十天放款"的服务承诺。

产品优势： 产品功能全，可以全方位满足小微企业各成长阶段多元化的融资需求；申请渠道多，盛京银行各营业机构及便民服务场所均可受理，为客户提供便捷服务体验；审批效率高，盛京银行全面践行"柜台受理、三天答复、十天放款"的服务承诺，最大限度地节省企业的融资时间；贷款成本低，除贷款利率外，原则上不收取如服务费、咨询费等中间服务费用，降低小微企业融资成本，切实让利于小微企业，充分发挥盛京银行扶持小微企业、助推地方经济发展的积极作用。

哈尔滨银行

产品名称： 丰收e贷

产品简介： 丰收e贷是专门为县域地区设计的一款信贷产品，分为"彩虹贷"和"金秋贷"两个子产品。

"彩虹贷"主要满足县域客户的消费需求，客户群分为农户和高端客户两个细分市场，高端客户主要包括公务员、事业单位、哈尔滨银行代发工资企业职工等。根据客户特点设计不同的贷款要素。产品最高金额50万元，可随借随还、循环使用，信用贷款最长期限3年。

"金秋贷"是以农村种养殖大户及普通农户为主要借款对象，以农村土地经营权抵押为核心，依托移动客户端、分支机构、外部机构等多个渠道发放的贷款业务。其目的是满足农户生产经营及生活消费资金不足的需求。产品最高金额500万元，最长期限5年，3年内可循环使用。

产品优势： 1.试用群体广泛。2.具有线上申请渠道。3.具有有效风险防范手段。4.手续简单、方便快捷。

产品标识：

南京银行

产品名称："小股权+大债权"贷投联动模式

产品简介：针对初创期成长科技型企业，依托南京银行控股鑫沅股权投资公司，进行单户不高于5%的"小股权"投资。南京银行围绕企业实际经营和中长期发展规划，设计综合金融服务方案，"一户一策"，配套"大债权"支持，有效合理配比信贷资金，为企业打造安全的资金链，解决企业中长期发展资金不足的后顾之忧。

产品优势：

1. 模式定位：回归银行支持实体经济信贷本源，仅以"小股权"作为纽带，扶持具有持续创新能力的科技企业发展壮大，打造优质信贷资产端。

2. 股权投资：没有对赌、没有期限要求的战略投资者，且相应权利交由创始股东决策，保障积极性。

3. 综合金融服务方案支持：为企业打造安全资金链，企业可专注打造自身核心竞争力；减少单纯财务投资者进入，延缓企业股权再稀释时间，让创始股东宝贵的股权发挥最大效用；增加信用背书，共享南京银行资源整合优势，提升品牌形象。

产品标识：

杭州银行

产品名称："微贷卡"

产品简介："微贷卡"产品指本行对符合贷款条件的个人客户授予的，可以在约定的额度、期限、时间段内，自主循环使用贷款资金的小额高收益高风险类贷款产品。该产品额度上限为100万元，最长期限3年。

产品优势：使用方便，渠道多样；随借随还、按日计息；手续简便、办理快速；最高额度100万元，最长授信期限3年；担保方式灵活（保证、信用）；多渠道

联动放款、可享专属基金"小基快跑"增值服务

产品标识：

 徽商银行

产品名称：徽常有财

产品简介：徽商银行直销银行是创新型银行系跨区域综合金融服务平台，在传统银行"存、贷、汇"业务功能的基础上，重点打造财富管理（聚宝盆、摇钱树、存钱罐）、支付结算（外薪人、集薪宝、学生帮、P2P资金存管）、互联网信贷（及时贷、POS贷、信保贷）三大产品线的拳头产品。支持多家银行卡绑定理财，即刻享受高收益金融产品。

产品优势："徽常有财"强调用户体验，推出四个"非常"：1.非常安全，资金封闭运行，严格原卡进出，保证安全；2.非常简单，扫码、注册、绑卡3分钟完成；3.非常收益，活期收益2%~4%，超过活期存款10倍，固定期限理财收益高于线下银行渠道；4.非常体验，随时随地，方便快捷完成存款、理财等银行金融服务，专属云端客户经理7×24小时全天候线上业务服务。

产品标识：

 齐鲁银行

产品名称：银企家园

产品简介："银企家园"中小企业融资方案是齐鲁银行坚持"银企一家、共赢发展"的理念，结合自身市场定位及广大中小企业的特点，围绕广大中小企业的需

求，连续不断地通过服务模式创新、融资产品创新、管理制度创新等，努力实现密切银企关系，加强沟通互信，破解中小企业融资难题，实现互利共赢、共同发展的根本目的，打造齐鲁银行与广大中小企业家园式的合作关系，为广大中小企业提供家园式的全面服务，齐心合力，共同构建和谐的"银企家园"。

产品优势：

1. 创新服务模式，构建新型银企信息沟通机制，解决融资过程中银企之间的信息不对称问题。

2. 持续推进产品创新，可满足中小企业多元化业务需求。

3. 不断创新和完善面向中小企业的业务发展规划和管理制度，可为全行支持中小企业提供政策和制度上的保障。

产品标识：

银企家园
Yingqi Home

汉口银行

产品名称： 投融通

产品简介： "投融通"是汉口银行结合科技中小企业特点，通过借助合作渠道的资源优势，专门为扶持科技中小企业发展壮大创新推出的科技金融服务方案，方案重点突破科技中小企业的融资难题，为科技中小企业提供"股权融资与债权融资相结合"、"引资与引智相配套"的综合金融服务。

产品优势： 一是量身定制，专为科技中小企业量身定制的专属金融服务。二是覆盖企业生命全周期，全面满足科技中小企业发展过程中各阶段的金融需求。三是"引资"与"引智"相结合，为科技企业提供融资支持的同时，引入合作渠道，为企业在法人治理、财务规范、品牌提升等方面提供增值服务。四是综合创新，突破传统抵押融资的束缚，推广知识产权质押、非上市公司股权质押、集合贷款等创新融资产品。五是投贷联动试点，为科技中小企业提供"债权+股权"的综合金融服务。

产品标识：

投融通
Innovative product of sci-tech finance
投于智 融于新 通达未来

 **华融湘江银行**

产品名称：华融给力贷

产品简介："华融给力贷"是华融湘江银行小微金融专属品牌，涵盖通用信贷产品、特色融资产品、行业模式化解决方案和增值金融服务等金融服务，审批高效、品种齐全、担保灵活、服务全面。

产品优势：贷款金额最高可达2000万元；贷款期限最长可达10年；贷款担保方式多样；贷款流程较短，审批权限下放，资料齐全情况下，15个工作日可发放贷款。

产品标识：

 **广州银行**

产品名称：红棉理财日添金理财产品

产品简介：为进一步丰富广州银行红棉理财产品，满足客户丰富多样的理财需求，广州银行于2014年12月正式推出红棉理财日添金系列理财产品。产品推出以来，深受客户的喜爱，募集规模稳步上升。红棉理财日添金理财产品是一款客户申购实时扣款，每天按照预期收益率计算收益；客户申请赎回，资金实时到账的理财产品，即俗称的"T+0"理财产品。

产品优势：

1. 产品定位清晰，其收益率具有较强的市场竞争力。此外，该产品活存活取，天天收益，在满足客户资产增值的同时，又能实现资金灵活周转。

2. 购买门槛低，5万元起购，后续购买金额以100元递增。

 **重庆银行**

产品名称：幸福存

产品简介："幸福存"是一款可按期结息的特色定期存款产品，存期内提前支取时根据本金实际留存时间对应的存款利率靠档计息并对已付"幸福存"增值收益多退少补，兼具收益性和流动性的定期存款增值服务产品。

产品优势：存期内提前支取时根据本金实际留存时间对应的存款利率靠档计息并对已付"幸福存"增值收益多退少补。

成都银行

产品名称：壮大贷

产品简介："壮大贷"就是一款以本市辖内优质企业名录库中的中小微企业为服务对象，向其提供低价、灵活的融资服务，并建立风险损失分摊补偿机制，以财政风险基金对我行信贷损失进行适当分担的授信业务。

产品优势：该产品实施贷款利率优惠政策，最大限度地让利企业，同时积极为其争取财政贴息、担保补贴、贷款应急周转资金等扶持政策，有效降低企业融资成本。

产品标识：

贵阳银行

产品名称："爽银财富"理财产品

产品简介：贵阳银行 "爽银财富"理财产品，由保证、金债、权益三大系列共12类产品组成，类别丰富、期限灵活，主要投资于银行间债券市场、非标准化债权以及权益市场。对机构客户，既有方便实现资金周转的"现金管理"，又有期限灵活定制的"金债定期"；对同业客户，既有满足与同业资金资产匹配的非标准化债权项目，又有配置银行间债券市场的准化资产项目；对个人客户，既有随买随赎的"金债活期"，又有专户"私人定制"类产品；对高净值客户有投资于权益市场的"打新"、"定增"等收益较高、风险可控的权益型产品。为回归资产管理本质，按照理财业务的发展趋势，贵阳银行近年来均以发行净值型产品为主。"爽银财富"理财产品的创新日趋完善、市场占比不断提高，客户体验不断加强，截至2015年末，产品规模为315亿元，占贵州省银行业机构的33%，占贵州省城商行的75.30%，产品规模在全省银行业机构中排名第一，是股份制银行总存续的2.24倍。截至2016年7月末，产品总规模为526亿元，其中机构理财264亿元，占比50.19%；个人理财262亿元，占比49.81%。同业理财的合作机构由原来的19家提升至43家，市场占比和产品知名度在全国范围内不断提升，机构客户与个人客户趋于平衡发展，客户基础稳定。

西安银行

产品名称： 盈动力

产品简介： "盈动力"包括创易通、融易通和展易通三大核心产品系列，涵盖特色产品、辐射产品和区域产品等多层次金融产品体系，全面解决处于创业期、成长期、成熟期等不同发展阶段小微企业的金融需求，在缓解小微企业贷款难、支持小微企业经营发展与支持地方经济方面起到了积极的推动作用。

产品优势： 西安银行根据目标市场定位，在创新担保方式、设置审批权限、提高审批效率方面进行了调整，使得"盈动力"产品更加适应小微企业需求特点。"盈动力"包括创易通、融易通和展易通三大核心产品系列20多个产品，涵盖了特色产品、辐射产品和区域产品等多层次金融产品体系，全面解决处于创业期、成长期、成熟期等不同发展阶段中小企业的金融需求。

产品标识：

大连银行

产品名称： 国内信用证项下福费廷

产品简介： 大连银行作为可议付延期付款国内信用证项下指定议付行，在收到开证行真实有效的到期付款确认通知后，将无追索权地从信用证受益人处买入的、由大连银行享有的未到期债权无追索权地转让给买入行。

产品优势： 对企业而言，通过国内信用证福费廷，可以提前实现销售收入、加快资金回笼，降低资金使用成本。而且真实贸易背景基础上的融资具有可追溯性和可见性，可以增强企业信用，有利于获得银行授信以及融资额度，加强银行对企业的支持。

对银行而言，市场风险上行期，风险日益增加，银行对票据业务持审慎态度。在这种市场环境下，福费廷业务的自身特点更加凸显。福费廷具有贸易背景较为真实，操作较为规范，风险较低的特点，易于被银行及客户所接受。而且福费廷业务是用银银同业融资代替了银企一般融资，用同业的资金和信贷规模代替展业行的资金及信贷规模，用开证行的授信额度替代了客户的授信额度，是银行提高中间业务收入的快捷安全的渠道，而且风险较低，中间业务收入增长较快，是贸易融资业务创收的主要产品之一。

宁波银行

产品名称： 快审快贷

产品简介： 快审快贷是指宁波银行面向中小企业提供的，自有房地产抵押项下，可以实现快速审批、快速放贷的一款公开授信额度。

产品优势： 一是准入低：公司正常经营、信用良好；抵押物为自有或视为自有住宅。二是速度快：半日评估，半日审批；半日签约，半日出账。三是期限长：授信额度最高五年有效，单笔贷款一年有效。

产品标识：

 **江西银行**

　　产品名称：金手指微贷

　　产品简介：金手指微贷是指向小微企业、企业业主、实际控制人或主要股东、个体工商户以及自然人发放的，用于满足借款人企业或者个人在生产、贸易、服务以及经营性投资过程中的资金需求，单户贷款敞口金额（敞口金额指贷款金额减质押存单及银行承兑汇票、保证金担保金额后的剩余金额）一般不超过100万元人民币（含）的贷款。

　　产品优势：金额100万元（含）以内授信业务，期间无任何手续费，担保及还款方式灵活多样，信贷经理上门给予客户星级服务，手续更简捷，高效快捷，24~72小时即可放款的微小贷款产品。

　　产品标识：

 **河北银行**

　　产品名称：小企业快速贷

　　产品简介：河北银行小企业快速贷是指为满足小微客户快速融资需求，向其发放的以住宅为抵押的贷款。

　　产品优势：不需提供财务报表，手续简便，审批快捷；用款期限灵活，一般可达3年，最长可达5年。

 **秦皇岛银行**

　　产品名称：税保贷

　　产品简介：为支持出口企业进一步扩大出口，开拓外贸企业信贷市场，针对出口企业出口退税款未能及时到账而出现短期资金困难的困境，在对企业出口退税账户进行托管的前提下，向企业提供的以出口退税应收款作为主要还款来源的短期贷款。

产品优势： 该产品实现了税务部门和银行之间的联动，既有效地盘活了税务部门应付给出口退税企业的出口退税款，又解决了企业融资过程中可能出现的担保品不足的难题。

邯郸银行

产品名称： 致富流转贷

产品简介： 以农村土地承包经营权和经营者在地上、地下投资附着物或产生的延期收益作为抵押担保，按其评估价值的一定比例，向借款申请人发放的经营性贷款，主要用于解决其经营过程中所需的周转资金、购置农业设备、支付租赁经营场地租金等资金需求。

产品优势： "致富流转贷"将沉寂在农民手中的"用益物权"，变成了可用于抵押的"活资产"，满足了土地承包经营者和流转土地经营者生产经营的资金需求。

邢台银行

产品名称： 冀南微贷

产品简介： "冀南微贷"是邢台银行面向小微企业和个体工商户推出的一款小额贷款产品。

产品优势：

高效。自调查之日起3个工作日给客户答复。"冀南微贷"的营销、受理、调查、审查、审批、发放、收回、处置等9个环节均在专营机构内部实现，减少了中间环节，提高了审批效率。

便捷。在营销方面，银行工作人员采用"扫街"方式为客户提供上门服务。在调查方面，不要求客户必须提供财务报表，客户经理到客户经营场所现场为客户制作财务报表。

无杂费。主要体现在业务办理过程中"不吸客户一支烟、不喝客户一杯茶"，除利息外，不收取任何费用。

无抵押。是没有抵押物也能申请贷款。"冀南微贷"以客户经营状况作为第一还款来源，重经营、轻担保，重实效、轻报表，只要有一个有稳定收入的个人提供担保就能取得贷款。

保定银行

产品名称： 金支点·商圈贷

产品简介： 为了促进白沟商业商圈繁荣发展，保定银行与白沟总商会深度合作，由商会推荐担保公司设立担保基金，根据基金账户金额设定担保公司可担保最高额度，为总商会会员企业提供能够快速融通资金的创新金融产品。

产品优势： 随时申请，及时发放；手续简便，结算快捷，差别利率，无其他费用；总商会设立基金担保。

张家口银行

产品名称： 全民创业保证保险贷款

产品简介： 在张家口市政府的积极引导下，张家口银行与中国人民财产保险股份有限公司张家口市分公司签约合作，按照"政银保"合作模式，推出全民创业保证保险贷款业务。该业务引入保险机制，市财政局建立风险补偿专项资金、保险公司做担保、银行放款。其中，小微企业单户贷款金额不超过30万元；农村种养殖户不超过20万元；城乡创业者不超过10万元，在进一步加强贷前审查、增加增信措施的基础上，小微企业、农业种养殖大户贷款额度最高50万元。贷款只用于经营，期限一般不超过1年，可采取等额本金或按月计息、到期还本的方式。

产品优势： 作为一项创新金融服务，该业务为无法向银行提供有效担保的小微企业或创业者提供融资渠道，打造普惠金融。该产品贷款利率为人民银行同档基准利率上浮30%；保证保险费率和借款人意外伤害险费率合计为贷款本金的2.3%，财政补贴1.3%保费。借款人的综合融资成本率仅为8.3%。

沧州银行

产品名称： 联贷通

产品简介："联贷通"是指三个以上小微企业法人或个体工商户自愿组成联保小组，向我行申请信贷信用，在共同承担连带责任保证担保的情况下，我行对联保小组及其成员授信，并在授信额度和期限内循环使用的一种信贷业务。

产品优势： 解决了小微企业缺乏强有力抵质押物的问题，为企业提供充沛的金融资金。

廊坊银行

产品名称： 速诚微贷

产品简介： 向个体工商户与小微企业主提供的贷款产品，额度1万元至50万元（含）、期限3~12个月，客户无须提供任何抵押物，2~5个工作日放款，无任何附加费用。有效解决了个体工商户及小微企业在缺乏抵押物的情况下需要获得贷款的诉求。

产品优势：

1. 无抵押，不需借款人提供抵押物；

2. 轻担保，需自然人做担保，担保人应具有稳定的收入和担保能力；

3. 效率高，2~5个工作日即可放款；

4. 简单快，无任何手续费。

 **衡水银行**

产品名称： 金如意理财产品

产品简介： 金如意理财产品是衡水银行自行设计、研发的，于2014年3月面向个人和机构客户推出的首只保证收益型理财产品，同时也是衡水地区首只由地方法人机构推出的理财产品，投资标的主要为债券及货币市场工具等高流动性资产。该产品风险低，收益保障程度高，可售客户群体范围广。自产品推出以来，受到了广大客户的热烈欢迎。

产品优势： 作为衡水地区唯一一家地方法人机构推出的首只理财产品，金如意理财产品具有决策链条短、市场反应快、更贴近衡水民生需求的特点，而且还可以为有大额理财需求的个人和机构客户提供"一对一"的专属理财服务。

 **大同银行**

产品名称： 云冈公益卡

产品简介： 云冈公益卡是大同银行专门为公益性事业量身定做的一款借记卡种。

产品优势： 一是产品创新，丰富大同银行卡产品，满足社会各阶层客户的不同金融服务需求；二是产品效益，公益卡体现了公益性及社会公益服务，突出社会效益；三是产品差异化，公益卡服务群体为保障群体，市内其他金融机构无类似产品；四是树立形象，公益卡基本客户群体为社会保障人群，大力推广公益卡，为大同银行树立了良好的社会形象。

产品标识：

阳泉市商业银行

产品名称： 绿色通道小微企业贷款

产品简介： 申请额度在3000元至300万元（含）之间的小微企业贷款执行绿色通道审批模式，方便、快捷，审批时限为最长不超过5个工作日。用途为生产经营所需的流动资金，暂不支持固定资产贷款。

产品优势： 申请额度在300万元（含）以下的小微企业贷款执行绿色通道审批模式，与传统贷款相比，有着"免评级，审批时限短"的独特优势。

长治银行

产品名称： 兴业贷

产品简介： 兴业贷向个体工商户或小微企业主发放的无须提供抵押物，仅提供保证担保，额度为1万~20万元，期限为3~24个月的无抵押经营性贷款。

还款方式： 按月等额本息还款或灵活还款

产品优势： 该产品准入门槛低，小微企业主只需提供身份证和营业执照即可填写贷款申请；担保方式灵活，小微企业主无须提供抵押物，仅需提供一个担保人借款；放款效率高，3~5个工作日客户即可顺利取得贷款，切实解决了小微企业主资金需求"短、小、频、急"的问题。

晋城银行

产品名称： 婚庆存单

产品简介： 按照山西的婚庆习俗，从订婚、彩礼、嫁妆、婚礼筹备，到结婚现场的改口费、进门费、下车费用、份子钱，再到回门，婚庆存单可以贯穿婚礼的整个过程。晋城银行敏锐地捕捉到客户需求和市场产品的空白，积极将市场需求落地，推出了"婚庆存单"。该产品荣获年度"十佳金融产品创新奖"

产品优势：一是特色。设计上体现喜庆元素，增加存单寄语一栏，填写对新婚夫妻的祝福，使客户得到更多的情感关怀。二是增值。既满足婚庆过程中的资金流转需求，同时帮助新婚客户增强理财观念。三是共赢。通过整合其他婚庆商家为客户让利优惠，也为婚庆商家带来潜在的客户资源。

产品标识：

晋中银行

产品名称：融e家

产品简介：融e家平台是通过互联网的方式，为有借款需求的企业提供借款服务，为全国的个人出借客户提供借款项目的互联网借贷服务平台。融e家按照银行标准审核借款企业信息的真实性、抵质押物的有效性，并评估借款风险，严格把控还款风险。出借面向全国个人用户，平台支持数十家银行网银、银行卡直接付款，流程简捷，支付便捷，为出借客户提供低门槛的出借渠道。

产品优势：

1. 门槛低：百元起投，中小收入投资者都可以参与；

2. 收益高：年化收益率在5%~7%；

3. 购买便捷：通过互联网的方式，可在全国范围内为有融资需要的企业提供融资服务，为个人客户提供优质高收益的出借项目。迅速打破地域限制，扩大客群。

4. 产品丰富：产品期限从7天至一年期均可覆盖，还款类型包含一次性还本付息及按月付息、到期还本。

产品标识：

内蒙古银行

产品名称： 借还随心

产品简介： "借还随心"（个人循环授信贷款），是指综合评价客户资信情况及提供的担保状况，核定客户在一定期限内可使用的最高信用额度，并与之签订授信及相关合同。客户在授信合同期限内可循环使用授信额度。授信项下的信用额度等同于可办理贷款额度。

产品优势： 一次授信、长期使用，最长授信期限为5年；想借就借、瞬间到账，客户通过网银渠道自助放款；想还就还，帮您省息，自助还款，按日计息；手续简便，最高额担保，只需办理一次担保手续；一次申请、反复使用，授信期限内额度可以反复使用。

产品标识：

包商银行

产品名称： 保商赢

产品简介： "保商赢"是指向符合小微客户授信业务准入条件且资金需求量在100万元（不含）~500万元（含）的小微企业、个体工商户，用于保证其生产经营活动正常进行而发放的贷款。

产品优势：

1. 金额较大，客户准入门槛相对较宽。

2. 还款方式灵活，注重客户经营特点与现金流。

3. 授信额度可循环。

乌海银行

产品名称：卡授信循环贷款

产品简介：卡授信循环贷款持卡人可随时凭单位卡和密码在本行任意营业网点交易，在全国范围内入网银联的ATM、POS机和其他自助终端上自助交易，均可支用贷款。企业循环贷款采用一次授信、循环使用的方式，客户可随用随贷、周转使用。具体包括抵押担保、质押担保、保证担保和以上几种形式的合并担保。根据乌海地区企业及个体经营者的筹资成本、风险水平、管理成本、收益目标以及本地区市场利率水平等因素，对不同类型贷款、不同类型的借款人实行差别利率，并在风险因素发生变化时随时调整，实行差别利率定价机制，还款方式采取按季付息、到期还本，为客户提供灵活、方便、快捷、高效的服务。

产品优势：采用一次授信、循环使用的方式，客户可随用随贷、周转使用。由于贷款额度可以循环使用，可以减少资金的占用，提高资金的使用效率，从而节约了成本。

鄂尔多斯银行

产品名称："乐享存"定期存款

产品简介："乐享存"是一款靠档计息的定期存款产品。客户一次性存入本金，支取时根据实际存期对应的利率靠档计付利息。

产品优势：支取灵活、收益最优；是银行存款类金融产品，属一般性存款，纳入《存款保险条例》保障范围。

产品标识：

丹东银行

产品名称："房贷好"贷款

产品简介："房贷好"贷款是丹东银行个人房屋抵押小额贷款的简称，是指丹东银行向个人客户发放的，以客户本人或第三人的房产作为抵押，用于个人客户合法生产经营或个人消费的个人类贷款。

产品优势：贷款申请方便、手续便捷，个人客户可通过丹东银行营业网点、网上银行、电话银行等多种方式了解、咨询贷款业务。办理业务手续简便，可以快捷地受理个人贷款申请，最大程度地满足个人贷款业务需要。

贷款期限合理、计划随心，可根据个人客户申请贷款额度、个人客户偿还能力等具体情况进行确定贷款期限，从根本上满足客户信贷资金使用方面需求，减轻客户还款压力。

还款方法多样、方式轻松，贷款业务的还款方式灵活，如等额本息还款法、等额本金还款法、到期一次还本付息法等多种还款方式。可以根据个人客户自身的资金需求和还款能力的实际情况，选择适合自身的还款方式。

锦州银行

产品名称：个人自助循环贷款

产品简介：个人自助循环贷款是指锦州银行各分支行根据借款人的资信状况，对客户进行综合授信，在明确贷款用途的前提下，在一定期限内核定最高贷款额度供客户循环使用，客户可通过本行提供的各种业务平台（含手机银行、网上银行、电话银行等电子渠道）实施操作，完成借款、还款、查询操作的贷款业务。

产品优势：额度百万、期限三年、循环使用、自放自还。

营口沿海银行

产品名称： 融惠卡

产品简介： "融惠卡"是一款个人信用循环贷产品，以借记卡叠加消费信贷功能的方式，利用借记卡实现贷款的发放。持卡人进行刷卡消费支付过程中，当银行卡账户内存款余额不足时，将自动发放贷款完成消费。

产品优势： 信用担保、无需抵押、随借随还、循环使用、利率低、审批快、不支用不收息。

产品标识：

阜新银行

产品名称： 票据贷

产品简介： 该产品是基于银行、P2P网络平台及第三方支付公司合作的一种票据创新业务，是我行依托于金银猫金融服务公司开发的中间业务。即由金银猫金融服务公司负责搭建融资平台，设计融资项目；我行作为金银猫平台的一个终端，负责联系融资人，收集票源，鉴别票据的真伪，并发布相关信息；投资人通过登录金银猫融资平台查看相关融资项目信息并进行投资；投资者将资金支付给第三方支付平台，第三方支付系统负责资金的管理与划付；融资人线上完成融资；到期后，由第三方支付平台将资金支付给投资者。

产品优势： 地方中小企业可以利用所持票据到融资平台上进行融资，所需时间短、放款速度快，能够方便、及时地满足小微企业的日常资金需求，同时审批流程简单，降低了企业融资的门槛，也降低了融资过程中的交易成本，减轻了企业的融资负担。

辽阳银行

产品名称：设施农业担保贷款

产品简介：为深入贯彻落实市政府《关于创新农村融资服务模式促进现代农业示范区（带）设施农业发展的意见》的文件精神，切实推动地区现代农业发展，更好地支持地方经济，灯塔支行锐意进取，勇于创新，成功研发了服务三农的设施农业担保贷款。设施农业担保贷款的成功发放，推进了我行打造"服务三农的银行"的总体进程，实现了农村融资服务模式的重大突破！

产品出台后，本行深入到"小小线"两侧的灯塔市现代农业产业示范区实地调研，并将产品相关手续及流程向农户宣传推广。为缩短农户贷款的时间链条，简化贷款手续，灯塔支行提供"一站式"服务，将贷款材料复印、签字、盖章等对农户看似复杂的手续简单化。在灯塔市政府的支持推动下，与辽阳绿野农业科技有限公司、辽阳市三立合农业科技有限公司、灯塔市中圣绿色农产品有限公司、灯塔市辽峰葡萄专业合作社签订了贷款合同。

产品优势：通过加深和政府、农业公司、农村合作社之间的合作，政府设立担保公司，农村合作社推荐客户，控制风险。

产品标识：

盘锦市商业银行

产品名称：小微贷款业务产品

产品介绍：主要产品包括小微企业流动资金贷款、小微企业固定资产贷款、小微企业动产质押等业务产品。在创新小微企业金融服务产品方面，开办了动产质押贷款业务，丰富了小微企业的融资渠道；同时开展了针对小微企业的"续贷"、"展期"等业务，降低了企业的融资成本，缓解了企业的还款压力。

产品优势：解决小微企业资金需求、同时贷款业务方便灵活。

铁岭银行

产品名称：中小企业"促保贷"业务

产品简介：铁岭银行积极响应省市各级政府的号召支持西丰发展，制定了"促保贷"业务实施细则及规程，并于2013年2月27日与西丰县人民政府金融工作办公室签订了"促保贷"业务合作协议。通过此协议建设中小企业风险补偿机制，搭建融资平台，促进更多中小企业融资需求，保障西丰地方经济又快又好发展。根据"促保贷"的规程和细则规定，建立了"促保贷"业务评审委员会，同时由县政府财政部门投入1000万元风险补偿资金作为"促保贷"业务的风险补偿基金，以形成资金的规模效应和杠杆放大效应，放大比例为1∶10。

产品优势：手续简洁方便，办理速度快，为中小企业节省中间费用。

朝阳银行

产品名称：保利通

产品简介：朝阳银行"保利通"储蓄存款是开户时一次性存入并约定存款期限，可以多次部分提前支取的定期储蓄存款，最多支取十次，提前支取部分按实际存期对应的同档次整存整取定期储蓄存款利率执行。

产品优势：1. 可以多次部分提前支取，最多支取十次；2. 利率高；3. 提前支取部分按实际存期对应的同档次整存整取定期储蓄存款利率执行。

产品标识：

葫芦岛银行

　　产品名称： 金葫芦系列理财产品

　　产品简介： "金葫芦系列理财产品"是葫芦岛银行自主研发的面向个人客户和机构客户销售的系列银行理财产品，以掌控风险、稳健投资、创造收益、如期兑付的原则操作运营。自2012年6月18日首次以"金葫芦1号"命名发行以来，先后发行了包括各种期限的　"金葫芦"利易达、"金葫芦"富业、"金葫芦"同利、"金葫芦"平安、"金葫芦"宏信等系列产品。截至2016年8月末，共发行不同期限理财产品91期，每期均于投资到期日，按对外公布预期收益率如期兑付客户本金和收益。

　　产品优势： 经营稳健、风险可控、收益良好、兑付及时。

　　产品标识：

 **吉林银行**

产品名称： 两日贷

产品简介： 为更好地满足小微客户"短、小、频、急"融资需求，针对持有商铺、住宅等优质资产，以及有高端自然人或政策性担保机构提供担保的小微客户，简化业务流程，提高审批效率，减少审批节点，推出"快速通道——两日贷"授信业务。该业务充分授权到分（支）行，经支行客户经理、支行部门经理、支行行长或主管行长3个节点即可完成审批。通过"快速通道"，实现当天受理、内部快速评估，在两日内完结，切实为小微客户提供优质、高效、便捷的金融服务。

产品优势： 当天受理、两日内答复，效率较高；资料收集与现场尽职调查同步，手续便捷；押品采用内部评估，取消公证、保险等费用，有效地降低了客户融资成本。

产品标识：

 **龙江银行**

产品名称： 牧场贷

产品简介： "牧场贷"是指龙江银行向黑龙江省范围内规模养殖企业（含农民专业合作社）发放的，用于牧场基础设施建设、购买机器设备、生产性生物资产以及支付饲料、防疫、水电费、人员工资等经营性支出的人民币贷款业务。

贷款用途与期限。"牧场贷"可根据借款主体的实际需求灵活选择固定资产贷款或流动资金贷款，用于牧场构建设施、生产性生物资产以及支付经营性支出。固定资产贷款期限一般不超过6年，流动资金贷款一般不超过1年，且申请固定资产贷款的客户，可根据实际情况设置1~2年的达产前宽限期，减轻还款压力。

贷款额度与利率。"牧场贷"固定资产贷款额度不超过经龙江银行评估后认可项目总投资额的70%；流动资金贷款不超过10个月经营性支出总额；应收账款保理不超过2个月销售收入。贷款利率根据中国人民银行规定的同期同档次贷款利率合理确定。

担保方式多样。"牧场贷"在提供法人连带责任保证的基础上，可采取合格抵质押品、第三方保证（含专业担保机构保证）、牧场资产（含养殖场区等）、奶牛和保险受益权抵押等多种组合担保方式。

产品优势：专属产品、利率优惠、手续简便、担保多样。

苏州银行

产品名称：消费时贷卡

产品简介：消费时贷是以信用卡为载体，授予客户一定的现金分期额度，该额度五年有效，有效期内可循环使用。

产品优势：

1.消费时贷业务分期手续费按日计费，随借随还，按期还息，到期还本，费率按客群风险相对定价。

2.消费时贷业务单笔申请分期金额期限在1天至365天内自由选择，可提前还款或延期还款(最长不可超过365天)。

3.消费时贷分期起点金额为人民币100元整，单笔放款金额不得超过30万元，累计不超过我行核定的额度。超过30万元放款无须受托支付。

4. 消费时贷业务申请放款可以溢缴款形式存入客户的信用卡账户，随后可转账至客户名下不限银行同名借记卡账户。

产品标识：

江苏长江商业银行

产品名称：长江信融乐

产品简介：长江信融乐（200万元以内免担保贷款），是指向注册在本行经营区域内、正常经营12个月（含）以上、经营稳定、信用状况良好、已形成一定积累（净资产）、现金流充足、处于成长期或成熟期的公司类企业、小微企业以及具有经营性背景的自然人发放的信用贷款，借款人无须提供任何担保措施。

产品优势：纯信用贷款，无需任何担保；准入门槛低，受惠群体广；手续简单，操作便捷；序时增信，培育信用意识。

产品标识：

温州银行

产品名称：浙江公务卡

产品简介：浙江公务卡是温州银行针对预算单位工作人员日常公务支出和财务报销，同时也可用于日常消费及分期还款而发行的贷记卡。

产品优势：最高授信额度50万元，永久免收年费、取现手续费，1.5倍消费积分奖励，支持灵活分期、特色分期（3期手续费9折优惠）、无消费免息额度限制。

产品标识：

嘉兴银行

产品名称：无还本续贷

产品简介：小微企业无还本续贷是嘉兴银行2012年5月推出的一款贷款还款方

式创新产品，目的是为了解决小微企业在实际经营中由于经营收入回款期与贷款偿还期不匹配造成的资金周转问题。即当企业周转性流动资金贷款到期后，银行通过对企业发放贷款用于归还到期贷款。无还本续贷业务的创新意义在于，通过改变贷款还款方式，有效解决小微企业普遍面临的"续贷难"问题，实现续贷的"无缝对接"。

产品优势：小微企业"融资难、融资贵"问题十分突出，特别是转贷成本过高现象引起了社会各界的高度关注。通过多次调研论证，嘉兴银行认为"续贷难"问题症结在于资金期限错配。传统的转贷过程是"先还后贷"，即"还旧借新"，企业需事先筹集资金还贷，才能再申请新的贷款。但在实际经营中，企业经营收入回款期与贷款偿还期常常是不匹配的，还贷周转资金筹措压力很大，有时迫不得已通过民间借贷筹资用于贷款周转，甚至是高利贷。"无还本续贷"产品的推出在不额外增加企业负担的情况下为广大小微企业和个人经营性客户解决了这个难题。

湖州银行

产品名称：房票贷

产品简介：房票是指以当地政府部门与拆迁户签订的《拆迁安置补偿协议》为依据，经拆迁安置户所在街道或区(县)委相关部门及其他组织机构签发的，用于确认被拆迁户在一定期限内拆迁安置补偿权益的权利凭证。房票引入了财产收益权的概念，设计成一个有政府担保的、有收益、可定向购买房地产，通过银行可获得信贷资金的权利凭证。

"房票贷"是对符合条件的房票持有人发放的，用于满足其置换安置房、自建房以及合法生产经营、消费等需求，借款人可以房票作质押担保、也可由我行认可的保证人担保的贷款。

产品优势：积极响应国家的供给侧结构性改革，实现拆迁户权益的确权，盘活农民的静态资产，降低政府拆迁的过渡成本，推动社会资源的节约和存量房地产的去库存化，促进城市化进程和稳定当地房地产市场平稳发展。

绍兴银行

产品名称： 年审工厂

产品简介： "年审工厂"，就是银行像工厂标准化制造产品一样对小微企业的流动资金贷款进行集中、批量化管理的信贷管理体系，是以小微企业信贷客户为原材料，以银行《年审制管理办法》为作业标准，以通过年审的优质客户为合格产品，并为合格产品提供还贷便利的全新贷款管理模式。"年审工厂"旨在解决由于贷款期限错配导致信贷供给与小微企业实际需求的脱节，实现小微企业贷款到期与续贷的无缝对接，避免不合理转贷需求，减轻企业因传统的"先还后贷"带来的资金压力。

产品优势： 1.手续简：到期无须筹款清偿到期贷款，无须重新办理续贷申请，无须重新签订《借款合同》；2.服务专：为优质小微企业提供"融资、续贷"一条龙服务专用绿色通道。

台州银行

产品名称： 小本贷款

产品简介： 台州银行与世界银行、国家开发银行合作，经由德国IPC公司引进了欧洲先进的小额信贷技术，并成功进行了本土化改造，推出了以小微企业、个体工商户、家庭作坊及农户为主要服务对象的特色贷款产品——"小本贷款"，中文寓意为"支持做小本生意的贷款"，"小本贷款"也成为了中国首个小微企业信贷服务的专用注册商标。"小本贷款"的设计理念是"为过去大多数无法从银行获取贷款的社会弱势群体，创造平等获得银行贷款的机会"。

产品优势： 与传统信贷产品相比，"小本贷款"具有以下鲜明特点：一是不设门槛。该产品贷款额度设计为2000元~100万元；客户只要愿意通过劳动改善生活，便具有足够的资格申请贷款。二是没有障碍。不要求客户提供任何抵质押物品，甚至为客户提供信用免担保贷款，进一步提高小微企业贷款可获得性。三是办理便捷。实现了"老客户立等可取、新客户两天答复"的高效率，2015年随着台州银行移动工作站的应用，进一步缩短了贷款办理的时间，1笔"小本贷款"在90分钟内便可完成所有环节；四是还款灵活期限长，根据客户需要量身定制还款计划，最长期限可达3年。

产品标识：

小本®

 **金华银行**

产品名称："百灵卡"个人授信业务

产品简介：以金华银行双龙百灵卡（借记卡）为载体，向中高端个人客户发放的以自身信誉作为授信担保，在授信合同核定的授信金额和期限内，随时、分次、循环使用的个人授信业务。

产品优势：免抵押、免担保、循环使用、按日计息，最快当天放款。

1. 金额足：最高可达公积金月均缴存额的100倍或月均代发工资额的30倍。

2. 期限长：一次授信，贷款按年循环使用，符合条件的授信有效期最长可自动延续至退休。

3. 利息低：贷款利息用一天算一天，每万元每天仅需2元多。

4. 用款易：不使用不计息，利息按月结，本金按年还；支持柜面、网银、手机银行、POS、ATM等全渠道无障碍提款。

 **浙江稠州商业银行**

产品名称：惠金卡

产品简介："惠金卡"是面向个人客户发放的，用于满足客户结算、融资与理财等金融服务需求的一款借记卡产品。该产品主打T+0理财，对于符合条件的客户可给予小额卡内循环授信额度。营销方式上，运用移动展业平台、E市通上门营销系统等先进工具，现场办理开卡，对于小额授信通过后台集中审批，高效便捷，为客户提供管家式的综合金融服务。

产品优势：

1. 载体创新：存贷合一卡，具备自动理财功能，可申请小额授信，享受汇取优惠。

2. 申请简单：开卡、贷款申请、功能签约一站式服务，业务办理流程简单便捷，小额贷款办理快速。

3. 授信灵活：担保方式为纯信用，额度核定方式多样化，一次授信最长可用3年。

产品标识：

浙江泰隆商业银行

产品名称： 融e贷

产品简介： "融e贷"贷款是于2010年5月推出的自助循环贷款产品，具有"一次授信、随用随借、随借随还、循环使用"特点，鼓励道义担保、信用贷款为主，贷款金额主要在100万元以下。借款人只需事先签订借款合同，完成一次授信，即可在合同约定的授信期限内，通过网上银行、手机银行、柜面等渠道自助办理借、还款。

产品优势：

1. 便利：一次签约，两年无忧。客户申请"融e贷"，最长可享受两年的授信期限，两年内不用重复申请，无须办理任何手续，随借随还、循环使用。采取利随本清的计息方式。

2. 快捷：几秒钟一笔贷款即可轻松出账！"融e贷"不受银行营业时间、营业地点的限制，客户不用跑银行，不须排队，只需轻点鼠标，就能完成借款或还款，尽情享受银行贷款的快感！

3. 安全：我的贷款，我做主！"融e贷"一旦授信成功，两年内随借随用、随用随还，借款"完全由我说了算"。有了"融e贷"，毋须担心贷款还了不能续借的问题，客户完全可以放心、安心、全心投入生产经营！

产品标识：

融e贷

一次授信、循环使用，随用随借，随借随还足不出户，
上上网就能自助获得贷款。

浙江民泰商业银行

产品名称： 随贷通

产品简介： 向申请用于日常经营周转资金和购买合理用途的消费品或消费项目的客户发放的个人自助循环贷款。贷款最长期限5年，贷款额度最高300万元，可采用信用、保证、质押等多种担保方式。

产品优势： 1.一次授信、循环使用：一次办理后，可在授信额度和期限内循环使用，无须重复办理；2.随借随还：可通过柜面、网银和手机银行等渠道放款和还款，方便快捷；3.免手续费：无论本地、异地，无论金额大小，无论柜面、网银、手机银行转账汇款，均无须支付结算费用。

福建海峡银行

产品名称： "企明星"金融服务产品

产品简介： 作为一家根植于海峡西岸经济区的中小银行，为小微企业主排忧解难，帮助他们轻松创业，实现突破发展是福建海峡银行秉承的服务理念。2009年12月，海峡银行推出了主要面向小微企业和个体工商户的"企明星"小微企业金融服务品牌，通过多种服务形式，为客户着想，替客户赚钱，包括：小微企业授信、结算、代发工资、小微企业主授信及私人银行服务、理财规划等服务。

产品优势： "企明星"小企业金融服务产品引入了"打分卡"信贷技术，创新整合多项针对小企业的金融产品，借助灵活多样的担保方式，通过快速便捷的业务办理流程，满足各类小企业的融资需求。多元的产品、优质的服务、快捷的效率得到了广大小微企业主和市场的认可，"企明星"逐渐成为福建本土具有较高知名度的小微企业金融服务品牌，在单户授信500万元以下的细分市场中，海峡银行在福建省的市场占有率持续保持领先。

产品标识：

 泉州银行

产品名称：无间贷

产品简介："无间贷"是一种创新的还款方式，凡生产经营正常、信用良好的小微企业，在原流动资金贷款到期前向我行提出申请，经审查通过后，即可享受贷款到期无须偿还本金、自动续期的便利政策。

产品优势：续贷无须偿还本金。

产品标识：

 九江银行

产品名称：桔时贷

产品简介：南丰县政府为解决蜜桔产业资金紧张问题，2011年与九江银行达成"一对一"帮扶共识，并于10月招商引资九江银行进驻南丰当地。"桔时贷"经营性小额贷款（以下简称贷款）是由3户（含）以上有资金需求的桔农或者桔农相

关产业个体经营户自愿组成联保小组，由每一户对联保小组内的其他成员贷款共同承担连带保证责任而发放的经营性贷款，用于日常生产经营周转的不足。联保小组成员之间彼此了解，不得为关联方，不得同时参加多个联保小组。单户贷款金额3000~50万元，具体额度根据客户主营业务偿还债务的能力来判断。贷款期限从3个月到3年，随借随还，贷款到期时借款人与联保人不得超过65岁。

产品优势：贷款期限从3个月到3年，随借随还。

赣州银行

产品名称：特色产业信贷通

产品简介：特色产业信贷通，是指县（市、区）财政与当地产业主管单位（产业协会）安排专项资金与银行合作，帮助辖区内符合特色产业政策的中小微企业申请获得原则上不超过1年期、300万元（含）以下流动资金贷款的融资模式。

特色产业是指依托本市、本省乃至全国长期发展中所积淀成型的特有的资源、文化、技术、管理、人才等方面的优势，形成本地区特色的具有核心市场竞争力的产业或产业集群。

产品优势：1.贷款企业无须提供抵押担保，由当地财政提供风险保证金，贷款企业法人、股东、实际控制人及其配偶承担连带担保责任；2.给予企业贷款利率优惠，上浮上限不得超过同期银行贷款基准利率的30%。

上饶银行

产品名称：掌易行

产品简介："掌易行"服务是上饶银行作为移动数据业务内容提供商，利用移动、联通和电信无线通信网络而开办的金融服务、团购、互联网增值等业务。

产品优势："掌易行"是结合上饶银行自身业务发展需要，为客户、商家提供基于互联网交易的客户端及服务平台。服务范围和内容包括：转账汇款、生活缴费、信用卡业务服务、理财、团购、互联网增值业务等。

 **齐商银行**

产品名称： 齐动力——知识产权质押贷款

产品简介： 齐商银行的"齐动力——知识产权质押贷款"是在满足生产经营过程中，企业或国家规定可以作为借款人的其他组织以其依法拥有的，已被国家知识产权局依法授予专利证书的发明专利、实用新型专利的财产权作出质押，从齐商银行取得一定金额的信贷资金，并按约定的利率和期限偿还贷款本息的一种贷款方式，齐商银行知识产权质押的范围囊括了商标权、专利权、著作权等广义的知识产权范围。

产品优势： 一是创新担保方式，以发明专利权、实用新型专利权和商标专用权等为质物，解决了科技型中小微企业担保难题，无须提供抵押担保；二是真正有效盘活了科技型中小微企业的无形资产，将企业"知本"变为"资本"，促进成果商品化和知识产权产业化；三是期限灵活、还款灵活，齐商银行知识产权质押贷款期限最长可达三年，有效支持科技型企业中长期发展，同时依据企业资金利用及回笼情况设计符合企业经营特点的灵活还款方式；四是组建专家客户经理团队，提供专业快捷的金融服务，开辟审批绿色通道；五是支持企业科技创新，保障了专利权当事人的合法权益。

产品标识：

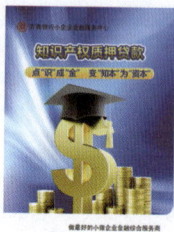

 **枣庄银行**

产品名称： "幸福易贷"个人消费贷款

产品简介： "幸福易贷"是枣庄银行向符合规定条件的自然人发放的用于个人

消费用途的人民币贷款，旨在以快捷方便的审批流程和优质的服务满足客户在大件商品或服务消费等方面的个人资金需求，如家装、婚庆、旅游、教育、家电等。该产品主要面向以小康阶层为主的中青年客户，提供利率适中、便捷高效的个人消费信用服务，申贷周期平均2~3天，单笔贷款金额最高30万元，贷款期限最长4年，放款快捷，还款灵活。

产品优势：

1. 无担保无抵押，仅凭客户个人信用即享贷款额度，解决了客户"担保难担保贵"的难题，并提供多样化的还款方式方便客户使用。

2. 通过系统上传图像实时上报贷款申请，增强了业务办理的时效性，将平均申贷周期缩至2~3天，缩短了客户办贷时间。

3. 采用"信贷工厂"模式颠覆了传统审贷模式，实现个人授信业务的专业化、标准化、流程化、自动化，建立专人专岗管理制度，并通过系统的决策引擎功能实现自动化审批。

产品标识：

东营银行

产品名称：就业贷

产品简介："就业贷"是东营银行小企业专营中心为鼓励下岗人员再就业，支持灵活再就业人员创业，与当地财政局、人力资源和社会保障局等部门合作，发放针对下岗失业人员的个人或符合条件的法人客户的经营性贷款产品。该产品个人贷款额度在20万元以内，法人客户贷款额度在300万元以内，个人可享受政府财政全额贴息，法人客户可享受当期基准利率50%的财政贴息，最长可享受2年贴息政策。

产品优势：1. 贷款门槛低。持有失业证或灵活再就业证并已开始自主创业的个人客户及符合下岗再就业条件的法人客户均可申请该产品贷款。2. 批量化操作。由人力资源和社会保障局审查借款人资格，引入专业担保公司担保，实行批次放款。

3. 引入贷款贴息。个人贷款20万元以内财政全额贴息，小微企业贷款300万元以内可获得当期基准利率50%的财政贴息。

烟台银行

产品名称："链式快贷"小企业信贷产品

产品简介："链式快贷"是烟台银行向核心单位推荐或提供担保的小微客户发放的用于生产经营的授信业务。"链式快贷"遵循"总体评估风险、单笔流程简化"的原则，依托核心单位，实现对其上、下游集群客户批量开发和整体风险控制，合理评估借款人的风险，并实现资料标准化、流程标准化、操作标准化。

产品优势：（1）贷款额度高，单户最高可贷3000万元；

（2）担保灵活，可采用应收账款质押、商票质押、核心客户担保、核心客户回购、协议代偿等多种担保方式；

（3）手续简便，总体控制风险，单笔流程简化。

产品标识：

潍坊银行

产品名称：即时贷

产品简介："即时贷"是潍坊银行一款独具特色的经营性贷款产品。该业务一次授信之后，在授信期限内客户可以通过ATM、柜台、刷卡交易、网银自助等方式激活贷款，按天计息，循环使用。

这种随贷随还的特性充分考虑了小微客户其生意淡旺季明显、利息成本承担能力有限，资金使用时间不固定的种种特点，为客户解决了后顾之忧，一推广便受到客户的青睐。

产品优势：随贷随还，便利灵活，降低了客户的融资成本。

产品标识：

济宁银行

产品名称：儒商卡

产品简介：儒商卡是标准银联借记卡，具有消费、转账结算和存取现金、网上支付等基本功能，可以办理储蓄、理财、代收代付等多种增值业务。

产品优势：卡内特色理财"定活互转"，资金"后进先出"，保证利息收益最大化、活期便利，定期收益，理财门槛低，钱多钱少一样打理；银联跨行取款、转账前20笔免手续费；短信通知实时了解账户变动情况，保障用卡安全。

产品标识：

泰安银行

产品名称：快易贷

产品简介："快易贷"业务是泰安银行向能够符合融资条件的中小企业推出

的一项快速融通资金、满足临时生产经营需要的贷款产品。担保方式分为保证、抵押、质押、信用或以上四种方式的任意组合。业务有效期最长不超过12个月，审批额度在有效期内可循环使用。

产品优势： 通过快速审批、一次授信、多次使用的业务模式，真正做到根据企业经营周期匹配信贷资金，切实满足企业的临时性资金需求，有效解决中小企业生产经营周期与银行贷款周期之间的期限错搭问题。

产品标识：

威海市商业银行

产品名称： 智领通

产品简介： "智领通"是威海市商业银行为支持科技型小微企业科技创新和科技成果转化开发设计的特色化系列融资产品。具体包含知识产权质押、股权质押、合同能源管理、应收账款质押、存货质押和订单融资等融资产品。

产品优势：

1. 产品设计的出发点依赖的不是科技型小微企业的有形资产，而是科技型小微企业的技术、成长性和市场潜力。

2. 科技型小微企业可在自身固定资产少的情况下，凭借其自有技术价值与收益、股权或者订单等途径有效解决融资难题。

3. 融资期限灵活，期限可以涵盖科技开发和产业化的周期。

4. 还款方式灵活，可以到期一次还本付息，可以分期还款，也可以在额度内随借随还。

5. 支付费用少，融资成本低。

产品标识：

日照银行

产品名称： 阳光贷

产品介绍： "阳光贷"业务以快捷方便的审批流程和优质的服务满足个人客户在消费方面的资金需求，贷款用途包括：住房装修、购家具家电、购车、结婚、旅游、学习进修等多种个人消费用途。

产品优势：

1.无担保、无抵押：帮助客户解决了办理传统贷款中遇到的"担保人难找、人情债难还"、"抵押手续繁杂、办理周期长"等困难。

2.放款快、耗时短：根据申请人的信用情况自动评定授信结果，最快当日即可完成授信。

3.手续简单，办理方便：支持官网、手机银行、微信银行、pad移动终端、网点等多种线上、线下的申请方式，提升客户金融体验。

4.一次申请、循环使用：额度授信后申请人可以在额度内循环使用贷款，不用款不生息，最大限度地帮助客户节省费用。

5.额度高、期限长、还款方式多样：额度最高50万元，期限最长5年，客户可以根据自身需求，灵活选择多种还款方式。

产品标识：

 **莱商银行**

产品名称：信用贷

产品简介：以借款人信用程度作为还款保证的，无须提供抵（质）押品或第三方保证即可获得贷款资金。一方面成功解决了企业贷款互保产生的担保链风险；另一方面又成为企业融资的"通行证"、"贷款证"，破解了贷款抵押担保难问题，使银企双方从中受益。

产品优势：（1）信用放款。申请人无须提供担保，只需凭借企业良好信用就能从银行申请贷款；（2）利率优惠。信用贷款客户可享受利率优惠，利率上浮最高不超过40%。

产品标识：

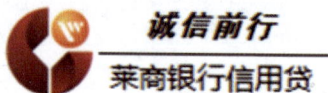

 **临商银行**

产品名称：工会惠员卡

产品简介：工会惠员卡是临商银行与临沂市总工会联合，以特约服务商家为合作单位，为临沂市工会会员量身定制的一张集身份识别、帮扶服务、特惠服务、公共服务和金融服务于一身的公益性惠民IC卡。

产品优势：工会惠员卡实现了一卡多用功能：

一是身份识别。工会惠员卡能有效证明持卡人的工会会员身份，并可凭此卡办理会员关系转接，及时加入到务工单位工会。

二是特惠服务。工会会员凭卡可享受各类签约特惠商家所提供的打折或折上折优惠服务；享受各级职工服务中心和工人文化宫等工会所属服务机构提供的免费、优惠服务。

三是公共服务。该卡已与临沂市公交公司互联互通，将享受公交卡的乘车功能；市人民医院、市中医院给予职工医保范围内，扣除医保报销金额之外，剩余个人负担部分5%的优惠(在职职工享受)。

四是帮扶服务。承担市总工会帮扶资金支付职能；享受工会机构开展的法律咨询、法律援助、职业介绍、技能培训等服务项目。

五是金融服务。该卡除具有普通银行卡的所有金融功能外，还可享受免收年费、小额账户管理费、短信提醒等金融优惠服务；每月免收前6笔境内ATM跨行取款、转账手续费。

产品标识：

 德州银行

产品名称： "快易贷"——中小企业循环贷款

产品简介： "快易贷"是借款人与德州银行签订相关借款合同后，可在合同约定的时间和金额内，随用随贷、循环使用额度的信贷产品。

产品优势：

额度循环——省时！贷款额度循环用，还清贷款接着贷，省去审核环节；网银支持每日500万元最高额还款，不用排队叫号等待！

手续便捷——省力！期限长，手续少：贷款期限最长3年，期限内只需提供一次资料办理贷款手续，小企业贷款手续不必奔波。额度高，利息低：保证担保额度高至2000万元，抵质押担保额度无上限，随借随还，不用款不计息，为您节省贷款利息开支。

方式灵活——省心！用款期限您说了算：合同期限内用款多久由您决定。用款金额您说了算：合同期限内资金随用随还，按日计息，不用不计息，为您节省利息支出。贷款利率您说了算：根据客户对德州银行贡献度系统自动执行浮动利率，银行流水越多，利息越少。

产品标识：

郑州银行

产品名称： 鼎融易互联网金融服务平台

产品简介： 郑州银行鼎融易互联网金融服务平台已基本形成"一个核心、二类客户、三大条线、四项内容"的应用场景打造。即以金融互联网化为核心，服务于本、外行两类银行卡客户，集合鼎融易直营银行、鼎融易金融电商、鼎融易支付网关三大服务板块，实现PC及手机移动端投资理财、网络融资、生活缴费、电商服务四项互联网服务内容呈现，实现在线开户、在线理财、网络融资、便民缴费、B2B电商入驻、订单撮合、在线交易、物流配送、仓储管理、供应链融资等多样化互联网金融服务功能，全面提升郑州银行互联网金融服务能力和普惠水平。

产品优势： 鼎融易互联网金融服务平台实现互联网客户无时间限制、跨区域进行跨行账户资金归集、理财产品购买、网络贷款预约、公共事业缴费、定单缴费等功能。鼎融易金融电商零成本入驻，极大地解决了线下中小微企业触网难、成本高、结算慢等问题。鼎融易支付网关为互联网独立电商提供账户管理、资金管理等金融支付结算服务，有效助力商户日常经营。

产品标识：

中原银行

产品名称： "e通天下"银行卡

产品简介： "e通天下"系列卡是中原银行推出的第一个借记卡品牌，寓意中原银行始终以诚信经营为本，立足中原、惠泽八方。

产品优势： 中原银行"e通天下"借记卡是集存取现金、转账结算、消费支付、智能存款、代收代付、投资理财于一体的多功能借记卡，采用PBOC3.0标准的磁条和芯片复合卡，具有使用安全、应用广泛、支付便捷等特点。"e通天下"品牌含4个卡等级，分别是普卡、金卡、白金卡和钻石卡。根据客户需要并结合自身业务发展情况，不断丰富和完善银行卡产品，推出社会保障卡和工会会员卡等联名卡，蜜蜂卡、永续卡等主题卡以及客户可自选图案或照片为客户专属卡面的DIY彩照卡，深受广大客户的喜爱。

自本行发行金融IC卡以来，为服务地方经济、围绕区域战略、发挥自身优势，以创新金融服务手段，积极拓展金融IC卡的各行业应用，通过科技投入和产品创新，推出了公交卡、校园卡、燃气卡、居民健康卡等多种便民惠民举措，在满足广大客户需求的同时，也提升了我行的知名度和影响力，得到了社会各界的一致好评。

产品标识：

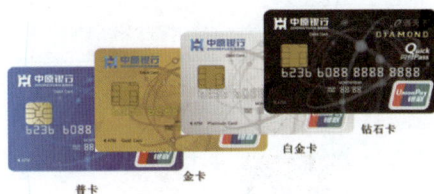

普卡　　金卡　　白金卡　　钻石卡

洛阳银行

产品名称： 创业提升贷

产品简介： "创业提升贷"是洛阳银行针对"创业贷"目标客户衍生的配套服务产品。该产品特点是额度为30万元，可满足创业者更多的资金需求，利息是市场平均贷款利率的一半甚至更低。在创业者进入创业阶段后，洛阳银行通过推出从创业初期、成长期到成熟期整个生命周期的组合产品，为创业者提供一揽子金融服务方案。

产品优势： 在创业者进入创业阶段后，洛阳银行通过推出从创业初期、成长期到成熟期整个生命周期的组合产品，为创业者提供一揽子金融服务方案。支持大众创业、万众创新。

平顶山银行

产品名称： 手机银行

产品简介： 平顶山银行手机银行是为智能手机用户及移动终端用户量身定制的移动金融服务平台，致力于为客户提供"7×24"小时移动金融服务，为客户随时获取增值金融服务信息提供方便，让客户的金融体验不再单调枯燥。

产品优势：

1. 安全可靠：多重验证安全机制，充分保障使用安全。

2. 功能丰富：金融资讯、转账汇款、便民缴费、投资理财等，满足客户多样化使用需求。

3. 经济实惠：免收全国跨行转账手续费，随时转账就是这么任性。

产品标识：

焦作中旅银行

产品名称： "i旅游"卡

产品简介： "i旅游"卡既是一张标准银联卡，又是一张"星赏会"会员卡，具备四个方面的基本功能和服务：一是具备焦作中旅银行银行卡结算账户基本功能和相关优惠权益；二是具有"星赏会"员工专属卡相关权益；三是具有中国银联"中国旅游卡"相关权益；四是加载了小额循环授信服务功能。

产品优势：

1. 个人业务免费优惠；

2. 一卡在手、走遍全球；

3. 享受"星赏会"会员相关功能和权益；

4. 享受"中国旅游卡"相关权益；

5. 获取小额循环授信；

6. 享受个人住房按揭贷款优惠；

7. 尊享焦作中旅银行VIP客户服务；

8. 享受购买专供理财产品；

9. 获取旅游消费按揭；

10.享受特惠商户服务。

产品标识：

 # 湖北银行

产品名称：微易贷

产品简介："微易贷"是本行针对发展初期的个体工商户、小微企业等客户推出的一款"纯信用"信贷产品，不需要任何实物抵押，金额可大可小，最小授信金额5000元，最高可达200万元。"微易贷"产品以"交叉检验技术"作为核心技术，以借款人经营现金流为分析和放款的依据，通过"眼见为实"的现场调查为手段，为企业编制"三表"，围绕客户的现金流量，分析客户的第一还款来源和真实还款意愿。"微易贷"产品手续简便，最快24小时即可放款。

产品优势：1.门槛低：该产品为"纯信用"的信贷产品，无需任何实物资产抵押，只需经营3个月以上，提供相关经营材料便能提交贷款申请。2.手续简：无需客户聘请专业财务人员制作、审计财务报表及流动资产评估，全流程由本行小企业信贷人员提供专业服务，无任何中间费用。3.效率高：将贷款的审批权授予最基层、最了解现场、最了解客户实际情况的客户经理。"微易贷"的贷审会由客户经理组成，最少3个人、最多4个人的贷审会即可决定一笔贷款是否发放。贷审会随到随开，老客户1天即可放款，新客户一般3天即可审批完成。

产品标识：

BCS 长沙银行

产品名称： e钱庄

产品简介： e钱庄是长沙银行的"手机银行+直销银行"，秉承"轻松赚钱、快乐生活"的理念，以客户为中心，立足于"智慧金融+特色生活"，通过线上线下全渠道互通，为所有长沙银行和其他银行卡客户提供智慧、简单、便捷的存款、贷款、理财、转账、缴费、信用卡、预约排队、无卡取款等综合金融服务功能。

产品优势：

1. 金芙蓉理财：一键理财、支持他行卡购买，提供新手专享、社保用户专享、差异定价等特色产品。

2. 添现宝：对接货币基金、天天收益、随用随取。 1元申购、天天收益、500万元随用随取。

3. 快乐秒贷/税e融：在线申请、实时放贷、按日计息、随借随还。

4. 一键付：创新"云盾"技术、7×24小时实时到账、智慧路由自动选择、支付计划简单无忧、面对面扫码支付轻松便捷。

5. 便民缴费：首创全国车辆在湘违章"一站式"服务，支持社保、智慧校园、生活缴费等。

6. 多端互动：扫码登录、预约排队、无卡取款，无缝对接智慧银行，线上线下服务一体化。

产品标识：

广东南粤银行

产品名称： 如意通

产品简介： 如意通是广东南粤银行打造的储蓄存款组合产品，客户可以根据需要自由选择套餐类型，使闲置的存款获得更好的利息收入，同时满足客户随时支取的需要。

产品优势： 存款使用灵活，多种存期选择，增加客户利息收入。

产品标识：

东莞银行

产品名称： 玉兰理财

产品简介： "玉兰理财"是东莞银行为客户精心打造的理财品牌，旗下拥有"稳健收益系列"、"平稳增利系列"、"创盈系列"和"价值成长系列"四大子品牌，满足不同客户的需求，秉承稳健经营风格，投资风格稳健，获得权威研究机构普益标准《普益标准·银行理财能力排名报告》"收益能力"及"综合能力"等多项前列排名殊荣。

产品优势： 东莞银行致力打造的稳健理财产品体系，收益稳定性强，客户信赖度高，赢得良好口碑。至今到期的预期收益型产品，全部兑现预期收益。在风险管理方面，理财架构完善，内控管理制度完善，投资风格稳健，配备专业理财投资和风险管理团队；在投资管理方面，投资实力居领先地位，处于全国银行前列水平，一直以来，严格遵守有关监管部门对理财业务的各项规定，做到产品前中后期的信息披露，为投资者提供经营合规、信息公开、运作透明的理财产品，获得监管部门、业内及广大投资者的认可及高度评价。

产品标识：

 广东华兴银行

产品名称："华兴卡"

产品简介："华兴卡"是广东华兴银行向符合申请条件的个人客户发行的符合银联标准的、具有查询、转账结算、存取现金、消费、理财服务、圈存等功能的借记卡。卡内包括存款账户和电子现金账户。

产品优势："华兴卡"具有"省钱、生钱、省心、贴心"的四大特色优势：

1. "省钱"：免全球跨行（带银联标志）自助终端（ATM）查询、取款手续费，以及免网银/手机银行交易手续费、短信通知费、年费、账户管理费、卡片工本费等；

2. "生钱"：可享受存款利率上浮的优惠、以及灵活购买或赎回理财产品；

3. "省心"：招财猫智能存款产品系列，起点低、并且有傻瓜式的自动操作；

4. "贴心"：可自选卡号、享受银联柜面通服务以及"支付宝"快捷支付、"财付通"快捷支付、微信支付等。

产品标识：

 广西北部湾银行

产品名称：跨境人民币特色业务

产品简介：含跨境人民币购售业务、越南盾区域交易业务等。其中跨境人民

币购售业务是指本行与境外参加行基于跨境贸易需求而形成的外币对人民币交易业务；购汇业务是指本行按照即期汇率买入境外参加行的外汇，并支付相应人民币的业务；售汇业务是指本行按照即期汇率向境外参加行卖出外汇，并收取相应人民币的业务。

产品优势：广西北部湾银行作为中国外汇交易中心会员，资质优异、清算快捷，业务系统安全、先进，交易人员专业、富有经验，能为境外参加行提供更为优惠的报价和周到的服务，2013、2014年外汇交易量位居交易中心百强队列。

柳州银行

产品名称：市民卡

产品简介：柳州银行市民卡

产品优势：具有电子凭证、小额支付、信息存储和查询功能，将政府公共服务、公用事业服务、金融服务、商业小额支付及多种个性化服务汇聚于一体，实现市民"一卡多用，一卡通用"的美好愿望。

桂林银行

产品名称：漓江储蓄之如意宝系列

产品简介：漓江储蓄之如意宝系列业务是一种随时存入，用时支取，存取方便，既享有活期储蓄存取之便利，又享受定期储蓄之固定回报的个人储蓄存款产品。

首次办理：1万元起存，按1000元递增。

续存：以2000元为起点，按1000元递增。

支取：支取时可一次性支取，也可多次部分支取，部分支取不影响剩余存款按原存期计息。

约转：签约可享漓江储蓄之如意宝系列自动转入、转出功能，可在柜面、网银、自助终端、手机银行办理签约。

消费：签约后，当活期余额不足时，可直接用于ATM取现或POS消费。

产品优势：

1. 安全稳健：按我行挂牌同期利率计付利息。

2. 方便灵活：随时存入，用时支取，存期可长可短，桂林银行任意网点通存通兑。

3. 避免利息损失：避免了一时急用提前支取定期存款时，利息收益的损失；避免了定期存款到期忘记转存时，利息收益的损失。

4. 畅享消费：签约后，当ATM取款、POS刷卡消费金额不足时，漓江储蓄资金可自动将差额转回活期账户完成交易，随时随地畅享消费。

产品标识：

 **海南银行**

产品名称： 政银保

产品简介： 小微企业"政银保"业务是海南银行在综合评价企业及企业主信用的基础上，对资信良好的小微企业、个体工商户发放的用于短期生产经营周转的人民币信用贷款业务。本产品仅用于流动资金贷款。

产品优势：

1. 无抵押、免担保、低利率。无需任何抵押和担保，低贷款利率。

2. 审批快，额度高。审批流程简便，贷款最高金额可达500万元。

3. 保险增信。可由保险公司提供贷款保证保险为企业增信。

 **重庆三峡银行**

产品名称： 知识产权质押贷款

产品简介： 此产品为重庆三峡银行与重庆市科学技术委员会为促进重庆市高科

技产业发展，推动高新技术产业科技成果转化，而推出的创新质押型贷款产品。知识产权质押贷款是指借款人或第三人以合法享有的且可以转让的专利权、注册商标专用权中的财产权向本行出质，取得一定金额的人民币、外币贷款，用于生产经营活动，并按期偿还贷款本息的一种贷款业务。

产品优势： 与专业评估机构签订合约进行合作，并按照贷款金额对评估结果投保评估执业险，约束评估公司评估准确性。

自贡市商业银行

产品名称： 享利存

产品简介： 享利存产品是针对自贡市商业银行个人客户设计的一款特色储蓄定期存款产品。该产品将存款的收益性和流动性有机结合，做到了"随你所取，享你所得"。产品一万元起存；存期可选择2年、3年、5年，年利率最高执行5.225%（该利率是目前本地区同期限存款产品的最高利率）；结息周期可选择月、季、年度；支持一次性全额提前支取。真正做到月月收息，期限灵活，成为客户的存款优选。

产品优势： 起存金额低、存期多样、结息灵活、支取便利、收益稳定无风险。

攀枝花市商业银行

产品名称： 芒果银行

产品简介： 芒果银行为攀枝花市商业银行的直销银行，即客户无须办理银行卡即可购买产品。不依赖于实体网点，将开户、转账、理财等传统银行业务搬到互联网上，为客户提供更便捷、更优惠的金融服务。

产品优势： 核心突出"简单"和"收益"两大特点，便捷服务、极简流程、精选产品；目前已推出的产品有芒果宝、芒果存、芒果票和芒果贷。

1. 芒果宝是为芒果银行客户打造的货币基金产品，与易方达基金合作为客户提供申购、赎回货币基金的结算服务产品。业务开放时间为7×24小时，每日计算分红收益，按日支付收益。

2. 芒果存是一款人民币储蓄增值服务产品。客户购买"芒果存"后，最长结算周期为五年。持有期间内客户可根据资金使用需要随时对"芒果存"提前支取。每笔资金按实际持有期来确定对应收益率并计算增值收益。

3. 芒果票是芒果银行推出的创新的银行承兑汇票质押投融资产品，每款产品是由融资企业以银行承兑汇票为抵押，作为债权实现的担保，票据到期，银行将无条件承兑。保障投资人利益，具有高收益低风险的特点。

4. 芒果贷是芒果银行用户将持有未到期的芒果票理财产品质押，由该行向申请人发放的贷款。申请操作完成后，资金将实时转入到芒果银行电子账户。最高可获得30万元贷款。

产品标识：

泸州市商业银行

产品名称： 全心道

产品简介： "全心道"贷款是指本行对中小企业（包括中型企业、小型企业、微型企业、企业业主、个体工商户）办理的用于满足其生产经营资金需求的表内外信贷业务。授信及贷款额度：根据申请人的生产经营活动规模、经营周期、还款来源等，确定合理的表内外授信额度、期限、还款方式。单户表内外授信业务最高限额5000万元。

担保方式：1.以企业为借款人的，担保方式为担保（保证、抵押、质押）+企业业主个人无限责任保证；2.以企业业主为借款人的，担保方式为担保（保证、抵押、质押）+企业保证；3.借款人为个体工商户的，担保方式为担保（保证、抵押、质押）。

产品优势： 多种产品组合，根据借款人不同发展阶段的资金需求，为其提供个性化融资方案。

 **德阳银行**

产品名称：自购贷

产品简介："自购贷"是指本行及其授权经办机构向符合规定条件的自然人发放的用于个人消费用途的人民币贷款。贷款用途包括购车、家装、婚庆、旅游、教育、家电等。

产品优势：无抵押、无担保的个人信用贷款，放款速度快，最快当天可放款。

 **绵阳市商业银行**

产品名称：养殖通

产品简介："养殖通"是绵阳市商业银行针对从事饲料经销的小微企业、小微企业主及养殖农户因为购买饲料等原因形成的资金需求，而发放的流动资金贷款，有效地解决了为核心饲料生产企业配套的小微企业及养殖农户经营性流动资金需要的问题。

产品优势：利用支行贴近县城，贴近客户的优势，下放权限，缩短时间，牵手实力较强的饲料供应企业实现"核心饲料供应企业+养殖户+银行"三方合作的模式，及时有效地解决了养殖企业及农户贷款难、贷款贵的问题。

产品标识：

遂宁市商业银行

产品名称：遂心贷

产品简介：遂心贷是指遂宁市商业银行根据借款人的资信状况，对客户进行综合授信，在明确贷款用途的前提下，在一定期限内核定最高贷款额度供客户循环使用，客户可通过本行提供的业务平台实施业务操作，完成借款、还款、查询等操作的个人自助循环贷款业务。

产品优势：

1. 一次核定。一次申请、一次核定授信额度及期限，在期限内无须逐笔出具书面申请和签订借款合同。

2. 随借随还。需要资金时可随时放款、不用时可随时还贷，方便快捷，用款灵活。

3. 循环使用。客户在授信期限内可循环使用贷款额度。

4. 更经济。客户可根据自身的资金需求情况，想借就借，瞬间到账，想还就还，节省利息支出，最短计息周期为1天。

5. 可用于购车、旅游、装修等个人消费支出和投资经营。

乐山市商业银行

产品名称："金土地"贷款

产品简介：指在不改变土地公有制、不突破耕地红线、不改变农村承包土地所有权和承包权权属，不改变土地农业用途，不破坏农业综合生产能力的前提下，以农村承包土地的经营权作为抵押，由本行向符合条件的承包方农户或农业经营主体发放的、在约定期限内还本付息的贷款。

产品优势：在产品设计中，突破了必须由担保公司进行担保的局限，在风险可控的前提下，增加了企业、专业合作社以及有条件的个人保证，减轻申请人的融资成本，担保方式更为灵活。

产品标识：

![宜宾市商业银行]

宜宾市商业银行

产品名称： 窖池抵押贷款

产品简介： 酒类生产企业将其生产酿造酒的窖池，以及窖池所在车间的厂房和土地使用作为贷款的抵押担保物，该产品支持了地方酒类企业发展，拓宽了酒类企业原酒抵押融资担保渠道。

产品优势： 迎合地方优势产业需求，适合地方特色产业特点。

DCCB ◇ 达州市商业银行

产品名称： 丹凤借记IC卡

产品简介： 丹凤借记IC卡是达州市商业银行发行的符合国家金融标准，除具有丹凤磁条卡购物消费、存取现金、转账结算、代理业务、小额支付等功能外，还可以实现脱机消费支付，可加载大型超市、校园、医院、住宅社区、公共交通、社保、公共事业缴费等行业应用的新一代银行卡产品。

产品优势： 丹凤借记IC卡由达州市商业银行发行，符合PBOC3.0标准，采用集成电路技术，以芯片为介质的银行卡，比传统磁条卡具有更高的安全性和交易便捷性。丹凤借记IC卡具体优势有：免年费、免开卡费、免境内跨行自助设备取款手续费、免换卡费、免小额账户管理费、免网银开户手续费、免网银转账手续费。

产品标识：

雅安市商业银行

产品名称：薪易贷

产品简介：该产品是以个人薪资为保障发放的无需担保的信用贷款，有效满足优质客户的消费融资需求。

产品优势：全信用无担保；贷款额度高；贷款期限长；贷款利率低；还款方式活。

凉山州商业银行

产品名称：小商贷

产品简介：凉山州商业银行于2010年10月19日与国家开发银行四川省分行正式签订了《微小企业贷款项目合作协议》，引入了"中国商业可持续"为特征的世界银行微小贷款项目，并推出了独具特色的贷款品种小商贷。

该贷款品种引进国际先进的信贷技术，明确服务个体经营者、小企业、专业合作社等处于社会实体经济金字塔底层，多年来被认为没有信誉或无抵押物而无法获得正规银行贷款的社会底层经营者的市场定位，明显扩大贷款支持范围，促进当地"草根经济"的发展。在支持地方商业银行发展的同时，弥补凉山州内面向中低收入群体和微小企业的金融产品支持空白，对改善民生、扩大就业促进金融普惠目标实现具有积极和深远的意义，也是我行履行"增强国力、改善民生"使命的重要体现。

产品优势：信贷决策链短、审批环节少，担保便捷，信贷额度高。可通过协会、商会、商圈、专业市场的担保基金、租赁权质押、应收账款质押等多种方式开展合作。

 **贵州银行**

产品名称：养老贷

产品简介：社保养老贷是为特定养老金补缴人员量身定制的一款专属服务创新产品，方案设计无历史经验借鉴，既要考虑"惠民"政策初衷，最大范围地体现政府撬动金融供给的实际，又要有效配置各方资源，促进业务健康发展。

产品优势：

1. 客户准入创新：养老贷产品的准入客户必须为经贵州省各级社会保险经办机构审核确认，且符合省人社厅黔人社厅发〔2015〕7号文件要求的补缴及续缴养老保险条件，且自愿向我行申请贷款用于补缴及续缴养老保险的城乡居民。

2. 担保方式创新：社保养老贷产品以信用方式作为担保，不需要客户提供抵押物。

3. 风险防范创新：贷款额度的测算合理；养老金账户绑定还款账户；客户承诺若在借款存续期间身故，养老金账户内所有余额用于偿还我行贷款。

产品标识：

 **富滇银行**

产品名称：链票融

产品简介："链票融"是为维护优质核心客户，围绕其贸易链、项目链、资金链，依托核心企业与上游客户集群之间真实存在的贸易关系或债权债务关系，以商业承兑汇票为载体，采用链条上小微企业持核心企业开具商业承兑汇票向我行质押申请流动资金贷款，批量营销其链条上优质小客户群集而推出的融资模式。

产品优势： 商业承兑汇票市场属于远未深度挖掘的"荒地"，竞争者少，潜力较大。采用商业承兑汇票作为链条中各企业资金传递工具，将票据的支付功能、融资功能、营销功能、风控功能、收益功能有效地融入了该模式，实现了安全性、流动性、收益性的有机结合。

曲靖市商业银行

产品名称： 融惠通小企业信贷中心

产品简介： 贷款金额：1000元至100万元；贷款期限：三个月到两年；还款方式：按月等额本息；担保方式：个人担保为主；申请条件：只需生意在本地，并已经营三个月。

产品优势： 无任何手续费；为小商户、小企业提供专业金融解决办法；立足地方经济，支持中小企业，服务广大市民．

产品标识：

云南红塔银行

产品名称： 经营性租金贷

产品简介： 为解决实体店经营商户进驻商贸圈租借商铺的租金困难，解决小微企业、个体工商户的前期融资难题，云南红塔银行与各大型商贸企业签订《租金贷合作协议》，由商贸企业为经营户提供担保，向经营商户提供经营性租金贷款。贷款期限根据与大型商贸企业的合作协议而定，一般不超过10年，还款方式一般为等额本息方式。

产品优势：客户准入门槛低；还款期限合理，还款压力小。

西藏银行

产品名称：个人贷款

产品简介：个人贷款是指向符合条件的自然人发放的用于其本人及其家庭具有指定消费、生产经营等用途的人民币贷款，主要包括个人信用贷款、个人消费贷款、个人购房贷款、个人经营性贷款等品种。

产品优势：手续简便、操作灵活。

长安银行

产品名称：长长卡

产品简介：长长卡是长安银行面向个人客户发行的银联标准借记卡。"长长"二字蕴含着恒久长安、财富长安的视听联想；是长治久安、恒久不息长安文化的特有符号；是长安银行长远战略经营眼光的真实映射；是履行"永世诚信"金融服务理念的保证；是对产品、服务最恒久、最坚实的品质承诺；展现了我行对客户财富管理、资产增值和未来成功上市的美好愿景。长安银行期待与您"财富长长伴"！

产品优势：功能全面。一卡多账户、多储种；自动理财，综合投资；费用优惠，节省资金；支持快速支付；结算渠道多样；支持交行柜面通，农民工特色业务；数卡有积分等。

产品标识：

 兰州银行

产品名称： 小微e+亿

产品优势： "小微e+亿"一方面采用"单客户、多产品、集合化"手段提升客户市场价值。在依靠信评打分卡技术确定小微客户商业模式可持续开发的基础上，通过多平台交叉检验技术，计算并筛选"毛利率"、"经营性现金净流量/净利润率"两项关键指标均符合条件的集群化小微客户入围。另一方面通过建立以核心客户、市场管理方、货押监管平台、单向违约履约方加倍受益的合作协议等风险管控措施手段,定向向小微客户发放的贷款，解决小微客户高成本资金负担问题，实现相比同类客户更高利润的目标。"小微e+亿"下设互助型、供应链销售链型、相伴型、置业型、促长型、资产型六大类金融产品，代表性子产品包括"互助基金贷"、"政采贷"、POS贷、"种子基金贷"、"仓储贷"、"一铺双贷"、"租金贷"、"信用传承贷"、"账户流量贷"等。

产品标识：

 甘肃银行

产品名称： 精准扶贫专项贷款

产品简介： 根据甘肃省委省政府部署，由甘肃银行承担定西6县1区精准扶贫专项贷款工作，为此专门研发了精准扶贫贷款产品。贷款对象为建档立卡贫困户，额度5万元以内，期限3年，采用同期人民银行基准利率发放，且由省财政全程全额贴息，采用信用形式发放。贷款模式为政府平台公司承贷、贫困农户使用，村级农民专业合作社承贷、贫困农户使用，帮扶组织承贷、贫困农户使用等。

产品优势： 一是标准低，凡是符合条件的建档立卡贫困户均能得到贷款；二是采用"政府主导、产业支撑、能人带动、信贷跟进、多元扶持"的方针开展工作。

 **青海银行**

产品名称： 青企通

产品简介： 青企通产品下设六款子产品，分别为："普通贷"、"循环贷"、"随借随还"、"联保联贷"、"互助社"、"总授分销"。

贷款期限：1~36个月。

贷款金额：根据借款申请人正常生产经营投资活动所需资金的合理范围、借款人的还款能力、担保方式等方面综合确定。

还款方式：根据借款人实际经营情况或投资计划特点，制定灵活的还款方式。

担保方式：抵押、质押、保证、联保互保、互助基金等灵活多样的担保方式。

其他费用：无任何手续费。

产品优势： 手续简便、担保方式灵活、服务高效快捷。

产品标识：

 宁夏银行

产品名称： 如意信用卡

产品简介： "如意"是宁夏银行信用卡的品牌名称，象征吉祥和如意。本产品具有最长56天免息信用消费、分期付款、预借现金、网上购物、24小时客户服务、免费短信通知等金融功能。

产品优势： 除具备基本的信用卡金融功能之外，具备用款灵活，分期方式多样，还款渠道便捷，增值服务丰富，特惠活动密集的特点。

石嘴山银行

产品名称： "麒麟系列"理财产品

产品简介： "麒麟"系列理财面向客户有三款理财产品，分别为"麒麟稳赢"封闭式保证收益型理财产品、"麒麟赢佳"封闭式非保本浮动收益型理财产品和"麒麟赢佳周周盈"开放式非保本浮动收益型理财产品，三款产品均面向零售客户销售，并可针对私人银行客户和机构客户特殊需求定制销售。

产品优势：

1. 收益比较优势：较同期限定期存款收益率高。

2. 投资门槛优势：最低门槛相对较低。

3. 流动性优势：不同期限产品可灵活选择，可质押贷款，变现能力强。

4. 风险比较优势：理财产品多为中低风险产品，收益相对较高。

产品标识：

昆仑银行

产品名称： 油企通

产品简介： 油企通业务是昆仑银行为中石油的供应商开发的集融资支持、资金结算、理财服务于一体的综合金融服务方案特色产品。

产品优势：

1. 覆盖全部交易环节的融资支持：可根据交易环节的不同，选择使用订单融资（取得供货通知、开工通知、中标通知等）、工作量融资（产生一定的工程量、供货量、服务量等）、合同融资（签署正式的交易合同）、发票融资（开具发票进行结算）等多种产品。

2. 融资金额：随着交易环节的变化逐步增加，能够有效满足企业与中石油交易活动的资金需求，从订单阶段的40%持续增加到发票阶段的90%；交易金额越高，融资金额越多。

3.还款方式：结算资金到账即期归还。

4.担保方式简便：仅需提供交易活动产生的应收账款质押。

产品标识：

 **哈密市商业银行**

产品名称：商圈贷

产品简介：银行以商场、市场等商圈从事经营活动的商户为基础，批量向其发放用于经营周转的流动资金贷款。

产品优势：贷款质量高，风险小。

 **库尔勒市商业银行**

产品名称：小金贷

产品简介："小金贷"目前共有七款产品分别为无抵押微贷、小额联保微贷、超值抵押贷、循环随心贷、乐果贷、家兴贷、POS乐。

产品优势：该产品具有简、快、小、省、灵特色，申请后3~5个工作日即可办理完毕。无须提供抵押物，还款灵活。0手续费。

产品标识：

宁波东海银行

产品名称：福瀛家

产品简介：由宁波东海银行自主开发并主动管理的封闭式代客理财产品，投资于低风险的债券、存款、定向资产管理计划等资产。

产品优势：预期收益水平处于市场同等期限理财产品前列。由于对理财产品投资资产的风险控制视同银行自营资金，所以投资者本金亏损和预期收益不能实现的概率极低。迄今为止，从实际兑付情况来看，每一期均实现预期收益。

产品标识：

宁波通商银行

产品名称：精英通

产品简介："精英通"是宁波通商银行为优质企业受薪人士提供的，用于其日常消费用途的人民币信用贷款。该产品以客户偶发的消费性资金需求为出发点，提供随用随取、自助提款、随借随还等功能，是企业"精英"们理想的大额生活备用金。

产品优势：

1. 更广泛的人群覆盖：涵盖机关、事业、国企、民企、公益社团等各类机构。

2. 更充裕的额度给予：额度根据客户收入的相应倍数给予，充裕而直观。

3. 更灵活的还款方式：根据贷款期限长短，可选择先息后本或按月本息分摊的多种还款方式。

4. 更高效的业务办理：申请资料简洁、最快当日即可获批额度。

5. 更省心的用户体验：提供电子账户，电子银行自助提款、还款，足不出户，更省心省力。

厦门银行

产品名称： 展业宝

产品简介： "展业宝"是厦门银行响应政府支持实体经济的号召而特别推出的专为小微企业日常经营资金周转提供免抵押信用贷款的小微企业贷款品牌，是大陆银行首次引进台湾金融机构"信贷工厂"经验，实现小微金融条线化、流水线和集中处理的运营模式，也是海峡两岸金融机构首个就小微金融服务创新的合作交流项目。

产品优势： 轻松申办免抵押——采取标准化产品模式，特色鲜明、手续简便、申办快捷，且不必缴交任何保证金。专注信贷不搭售——不搭售任何产品，不捆绑销售，让您"贷"得实在，"贷"得放心。快速审批不久等——"展业宝"产品配备了专职的小微企业服务团队，对小微企业实行单独匹配资金、单独匹配规模，确保小微企业贷款优先、足额投放，让小微企业无须经受抵押担保手续繁琐或额度规模紧张需排队等候放款的困扰，只要审批通过、资料齐全，完成合同签约手续当天即可放款。

产品标识：

厦门国际银行

产品名称： 非上市金融股权质押融资业务

产品优势：

1. 股权质押准入范围大：国有商业银行、股份制商业银行、城商行、农商行、农信社、农合行、人寿保险、财产保险、证监会评级BBB级以上的券商股权均可以允许准入。

2. 股权质押率具备优势：净资产质押率可超过100%。其中质押率的设定会根据不同规模、资质的银行、保险、证券等金融机构股权及股权市场交易、增资扩股、净资产等综合情况，并结合融资人资质情况，对质押率进行差异化设定，极大程度上满足融资人融资需求。

3. 第一性与第二性高度结合的风险控制模式：即第一性资质相对偏弱，则通过提高对股权资质要求，控制业务整体风险。

 **青岛银行**

产品名称： 海融财富

产品简介： "海融财富"系列人民币个人理财计划由青岛银行自行管理运作，该系列产品类型丰富，收益稳健，是投资者资产配置的有效工具。海融财富旗下包括安赢、稳赢、创赢、尊享、钱潮五大子系列。

产品优势：

1. 系列全，类型丰富。产品包括固定收益型、保本浮动收益型、非保本浮动收益型，涉及安赢、稳赢、创赢、尊享、钱潮五大系列。

2. 运作稳健，收益好。积极稳健的投资风格下，将收益性、安全性、流动性优势集于一身。该系列产品发行至今所有到期产品均实现了预期收益率。

3. 市场美誉度高。在近年普益财富全国理财评估报告中,青岛银行理财综合排名位列全国区域型银行前十。荣获2015年度"金牛理财银行奖"（综合奖）、2015年度"金牛银行理财产品奖"（海融财富稳赢系列）。

产品标识：

附录四

2015年城商行工作委员会大事记

1月22日，中国银行业协会城商行工作委员会一届五次常委会在北京召开。

2月12日，《变革与发展–城市商业银行20年发展报告》专家评审会在北京召开。

4月24日,中国银行业协会城商行工作委员会战略发展研究工作组2015年第一次会议在上海召开。

5月21日，中国银行业协会城商行工作委员会贸易金融业务工作组2015年第一次工作会议在安徽合肥召开。

6月26日，中国银行业协会城商行委员会战略发展研究工作组课题讨论会在江苏苏州召开。

6月30日，银行前沿问题大讲堂第三十讲"金融支持大众创业万众创新最佳实践探讨"在湖北黄石举行。

8月14日，中国银行业协会城商行工作委员会小微金融工作组2015年第一次会议在浙江杭州召开。

9月14日下午，中国银行业协会城商行工作委员会一届六次常委会在北京召开。

9月22日至23日，2015年城商行年会在安徽合肥召开。

10月15日–16日，2015创新驱动与转型发展高峰论坛在上海召开。

10月20日–21日，中国银行业协会城商行工作委员会战略发展研究工作组2015年第二次工作会议在黑龙江哈尔滨召开。

11月20日，中国银行业协会城商行工作委员会小微金融服务工作组2015年第二次会议在江苏南京召开。

11月24日，中国银行业协会城商行工作委员会宣传信息工作组第一次工作会议在北京召开。

12月4日，中国银行业协会城商行工作委员会银团贷款与交易业务工作组2015年工作会议在江苏南京召开。

参考文献

［1］尚福林：《城商行应担当起与经济转型升级互动发展的历史使命》，载《中国银行业》，2015（11）。

［2］尚福林：《银监会主席尚福林在2015年全国城商行年会上的讲话》，中国银监会网站。

［3］尚福林：《"十三五"银行业改革发展方向》，载《中国金融》，2016（1）。

［4］尚福林：《城商行要与经济转型升级良性互动》，载《金融时报》，2015（9）。

［5］曹宇：《认清形势　把握大势　推动城商行新时期新发展》，载《中国银行业》，2015（11）。

［6］银监会：《支持城商行在境内外上市》，载《证券时报》，2015（9）。

［7］蔡颖：《监管层表态支持城商行跨区兼并》，载《经济参考报》,2015（9）。

［8］马腾跃：《坚持改革创新　提升服务品质——写在北京农村商业银行正式更名为"北京农商银行"之际》，载《中国金融家》，2011（6）。

［9］陆岷峰、张惠：《构建以科技商业银行为核心的科技金融管理体制》，载《金融理论与教学》，2011（6）。

［10］李麟、钱峰：《商业银行挑战互联网金融:发展现状及未来方向》，载《银行家》，2015（8）。

［11］冯娟娟：《互联网金融背景下商业银行竞争策略研究》，载《现代金融》，2013（4）。

［12］高建平：《把握服务大局　实现科学发展——改革创新中的兴业银行》，载《中国金融家》，2012（7）。

［13］万里滨、关艳芬、黄洪满、付强、姚兴伍、张忠海、磨玉慧：《小微企业信贷专营机构的发展与作用研究》，载《南方金融》，2015（2）。

［14］王旭明、时磊、李立群、李琪：《城商行:超越二十年探寻新未来》，载《中国银行业》，2015（11）。

［15］王莉：《金融租赁公司的"破"与"立"》，载《中国外汇》，2015（12）。

［16］阳晓霞：《从百强银行走向百年老店——北京银行董事长闫冰竹谈二十载筑梦之路》，载《中国金融家》,2016（2）。

［17］杨再德：《关于将"善建"文化融入企业思想政治工作的思考》，载《经济研究导刊》，2012（12）。

［18］杨少芬、吴湧超：《互联网金融发展对利率市场化的影响效应研究》，载《金融发展评论》,2015（8）。

［19］赵南岳：《地方中小商业银行资本战略》，载《中国金融》,2012（12）。

［20］张劲勋：《金融IC卡营销策略探讨》，载《金融经济（理论版）》，2013（9）。

［21］中国银行业协会行业发展研究委员会：《中国银行业发展报告2015》，中国金融出版社，2015。

［22］中国银行业协会行业发展研究委员会：《中国银行业发展报告2016》，中国金融出版社，2016。

［23］中国银行业协会城商行工作委员会：《变革与发展——城市商业银行20年发展报告》，中国金融出版社，2015。

［24］马德辉：《电子银行步入网络金融时代》，载《中国邮政》，2013（7）。

［25］丘永萍：《供给侧改革给银行业带来新机遇》，载《中国城乡金融报》，2016（2）。

［26］龚时镠、蒋颂惠：《产业基金助推产业链构建》，载《中国电信业》，2011（6）。

［27］张劭辉：《立足政策性银行业务定位 提升全面风险管理能力——中国进出口银行推进以经济资本为核心的管理实践探索》，载《武汉金融》，2016（1）。

［28］方家喜：《湖北:2000亿基金助力供给侧改革》，载《广西经济》，2016（2）。

［29］张春艳：《浅析新经济时代下企业文化管理的作用》，载《内蒙古科技与经济》，2011（5）。

后 记

2015年9月，中国银行业协会成功发布《变革与发展——城市商业银行20年发展报告》，此报告是第一部记录城商行发展历史和变革历程的成果，填补了城商行行业发展报告的空白，得到社会各界的充分认可。为进一步向社会各界全面、系统、客观地展现城商行致力于"服务地方经济、服务中小企业、服务城市居民"的工作成果，记述城商行转型发展的轨迹，中国银行业协会城商行工作委员会决定将年度行业发展报告撰写工作常态化，会员单位轮流牵头负责，每年发布一份城商行发展报告。

2015年10月，在哈尔滨召开的城商行工作委员会战略发展研究工作组2015年度工作会议上，《城市商业银行发展报告（2016）》报告撰写小组正式成立，由北京银行牵头，小组成员由北京银行、晋商银行、汉口银行、成都银行、贵阳银行、宁波银行、吉林银行、齐商银行、莱商银行和安永华明会计师事务所（特殊普通合伙）组成。

本报告以中国银监会公开发行的数据、各城商行提供的资料为基础进行研究。报告撰写过程中，中国银监会城市银行部给予高度关切，在数据、案例及产品信息收集方面提供了大力支持，城市银行部副主任刘荣先后参加报告提纲讨论会以及报告初稿讨论会，并对报告结构、内容及研究方法提出指导意见。中国银行业协会副秘书长张亮全程指导报告提纲设计、结构布局、内容设置等工作。北京银行认真组织报告撰写工作，行长助理罗亚辉亲自主持召开报告提纲讨论会、报告撰写讨论会、报告修改讨论会等，并直接参与报告修订及统稿工作。城商行工作委员会战略组2016年度工作会议成立了发展报告核心小组，主要负责对报告的结构安排、文字表述、案例布局、报告重点、数据分析等严格把关。核心小组由江苏银行董事会办公室陆岷峰、重庆银行金融研究院陈邦强、上海银行计划财务部张吉光、北京银行研究发展部邓志国、吉林银行资产负债管理部张光华、青岛银行研究发展部赵建组成。为集中精力修改完善报告内容，报告核心小组与撰写小组先后于2016年7月、8月两次在北京进行封闭撰写，充分吸收各方意见和建议，对报告内容进行进一步修改和完善。2016年9月，专家评审组对该报告进行了评审，评审组专家成员包括中国银监会城市银行部风险分析处副处长周特立，中国社会科学院金融研究所所长助理杨涛，北京大学经济学院教授、博士生导师、经济史研究所所长萧国亮，中国银行业协会发展研究委员会副主任单位代表、包商银行行长助理刘鑫，《中国银行业》杂志社编辑部主任戴硕。

　　本报告由主报告和附录组成，主报告共分为九章，附录共有四个。第1章为发展环境回顾，由青岛银行赵建指导，贵阳银行郑维丹执笔；第2章为整体发展，由重庆银行陈邦强指导，重庆银行魏琪、成都银行周雪梅执笔；第3章为业务经营，由重庆银行陈邦强指导，北京银行徐龙静执笔；第4章为特色服务，由上海银行张吉光指导，汉口银行张绍君、晋商银行李璟执笔；第5章为风险管理，由上海银行张吉光指导，北京银行尹婵娟执笔；第6章为基础管理，由吉林银行张光华指导，安永华明会计师事务所（特殊普通合伙）许旭明、楼坚执笔；第7章为履行社会责任，由北京银行邓志国指导，齐商银行李刚、程远水执笔；第8章为机遇与挑战，由江苏银行陆岷峰指导，安永华明会计师事务所（特殊普通合伙）陈露、刘晓颖执笔；第9章为2016年发展展望，由江苏银行陆岷峰指导，吉林银行张光华、何珊执笔；附录中的《稳中求进　稳中求优　稳中求新——城商行2015年年报分析》由江苏银行陆岷峰、上海银行张吉光指导，莱商银行刘纯琪、安永华明会计师事务所（特殊普通合伙）许旭明、陈露合作撰写；报告中案例资料由各城商行提供，并由宁波银行王栋整理；附录中的数据及产品信息由各城商行提供，由莱商银行刘纯琪及其团队整理。江苏银行董事会办公室陆岷峰作为城商行委员会战略组组长单位代表，主持了报告后期的统稿工作。北京银行研究发展部唐一鸣、刘彦雷、赵瑞兰等参与报告的讨论和修改，庞博、王海澜、王利玲、李论、吴建青、杨坤、杨梁、秦鹏等参与报告初稿的撰写。中国银行业协会中小银行服务部叶晴、朱童、齐丽荣、侯哲、杜峰、曲艺、杨虹在报告撰写过程中做了大量具体协调沟通工作。中国金融出版社编辑部主任戴硕和编辑董飞对报告出版给予了大力支持。

本报告全面回顾了城商行2015年的发展环境，综述了城商行2015年整体发展、业务经营、特色服务、风险管理、基础管理、社会责任等情况，分析了城商行发展面临的机遇与挑战，全面展望了城商行的发展环境与方向，是城商行群体向各级党委、政府、各级监管部门以及社会各界系统性的汇报，更是城商行自身总结2015年转型发展历程，相互沟通交流的载体和平台。希望通过此报告的发布向社会各界展现一个完整的、真实的城商行群体，也希望城商行的成长与发展得到更多的关注和关心。

中国银行业协会城商行工作委员会

2016年9月